Ausbildungsliteratur

Private Kranken- und Pflegeversicherung

Kaufmann für Versicherungen und Finanzen
Kauffrau für Versicherungen und Finanzen

Geprüfter Versicherungsfachmann IHK
Geprüfte Versicherungsfachfrau IHK

Ausbildungsliteratur

Private Kranken- und Pflegeversicherung

Kaufmann für Versicherungen und Finanzen
Kauffrau für Versicherungen und Finanzen

Geprüfter Versicherungsfachmann IHK
Geprüfte Versicherungsfachfrau IHK

Herausgegeben vom Berufsbildungswerk
der Deutschen Versicherungswirtschaft (BWV) e.V.

VVW
KARLSRUHE

Bibliografische Information der Deutschen Nationalbibliothek

Die Deutsche Nationalbibliothek verzeichnet diese Publikation in der Deutschen Nationalbibliografie; detaillierte bibliografische Daten sind im Internet über http://dnb.d-nb.de abrufbar.

Herausgegeben vom Berufsbildungswerk der Deutschen Versicherungswirtschaft (BWV) e.V.

Autoren:

Petra Bertram Köln
Peter Schlinck Köln

Verantwortlicher Redakteur:

Hubert Holthausen Köln

Anregungen und Kritik bitte an E-Mail: Ausbildungsliteratur@vvw.de

Satz: Satz-Schmiede Bachmann Bietigheim
Druck: VVA/Konkordia Baden-Baden

ISBN: 978-3-89952-379-9

Vorwort

Eine wesentliche Konstante der Ausbildung in der Versicherungswirtschaft ist die Vermittlung von rechtlichen Inhalten auf dem aktuellsten Stand. Mit der Neuerscheinung „Krankenversicherung" der Ausbildungsliteratur trägt das Berufsbildungswerk der Deutschen Versicherungswirtschaft (BWV) e.V. dazu bei, diesem Qualitätsanspruch gerecht zu werden.

Im Rahmen der Einführung des neuen Versicherungsvertragsgesetzes 2008 und der aktuellen Rechtsprechung wurden die Kranken- und Pflegeversicherungsbedingungen angepasst. Von der Risikoanalyse und -bewältigung über die versicherten Leistungen bis hin zur Beitrags- und Leistungsberechnung werden die Lernenden systematisch in diese Materie eingeführt. Diese Kenntnisse und Fertigkeiten sind unabdingbar für eine qualifizierte Kundenberatung und -betreuung.

Der vorliegende Band wurde konzipiert für die Auszubildenden im Beruf „Kaufmann/Kauffrau für Versicherungen und Finanzen". Der Band nimmt Bezug auf die Lernfelder des Rahmenlehrplans für den Ausbildungsberuf. Diese sind in den jeweiligen Kapiteln optisch hervorgehoben. Alle versicherungsrechtlichen Inhalte beziehen sich auf

Lernfeld 2 – Versicherungsverträge anbahnen

Lernfeld 9 – Kunden über die Absicherung im Krankheits- und Pflegefall beraten

Lernfeld 15 – Schaden- und Leistungsmanagement durchführen

Der Band eignet sich ebenso hervorragend für die Ausbildung Geprüfte/-r Versicherungsfachmann/-fachfrau IHK bzw. für die Fortbildung Geprüfte/-r Fachwirt/Fachwirtin für Versicherungen und Finanzen (IHK).

Alle Beispiele beziehen sich ausschließlich auf das aktuelle Bedingungswerk 2 Proximus Versicherung.

Unser Dank gilt all denen, die durch kritische und konstruktive Anregungen zum vorliegenden Band beigetragen haben.

Allen Lernenden wünschen wir viel Erfolg bei ihrer Ausbildung und Prüfung!

München, im Juli 2009

Inhaltsverzeichnis

Abkürzungsverzeichnis		XIII
Lernziele		2
1.	**Grundlagen**	3
1.1	Risikoanalyse und Risikobewältigung	3
1.2	Gesetzliche Krankenversicherung (GKV)	7
1.2.1	Die GKV als Zweig der Sozialversicherung	7
1.2.2	Geltungsbereich	7
1.2.3	Rechtsgrundlagen	8
1.2.4	Träger des Versicherungsschutzes	8
1.2.5	Versicherbarer Personenkreis	9
1.2.6	Versicherungsverhältnisse und Beiträge	14
1.2.6.1	Beginn des Versicherungsschutzes	14
1.2.6.2	Beitragsbemessung, -zuschuss und -zahlung	14
1.2.6.3	Einführung des Gesundheitsfonds	17
1.2.7	Beendigung des Versicherungsverhältnisses und Erlöschen des Leistungsanspruchs	19
1.2.8	Leistungserbringung	20
1.2.9	Leistungen	21
1.2.10	Belastungsgrenze und Zuzahlungsbefreiung	33
1.2.11	Wahltarife der GKV	34
1.2.12	Gerichtsbarkeit	36
Übungen		38
1.3	Private Krankenversicherung (PKV)	40
1.3.1	Anzahl und Arten der privaten Unternehmen	40
1.3.2	Beitragseinnahmen nach Versicherungsarten	41
1.3.3	Anzahl der versicherten Personen	42
1.3.4	Versicherter Personenkreis	43
1.3.4.1	Selbstständige und Freiberufler	43
1.3.4.2	Beamte, Richter und Soldaten	44
1.3.4.3	Höherverdienende Arbeitnehmer	46
1.3.4.4	Zusatzversicherte (Mitglieder der GKV)	48
1.3.5	Arbeitgeberzuschuss zum Krankenversicherungsbeitrag	49
2.	**Versicherungsarten und Leistungen**	51
2.1	Krankheitskostenversicherung	51
2.1.1	Leistungsarten	52
2.1.2	Tarifarten	56

2.2	Tagegeldversicherungen	63
2.2.1	Krankenhaustagegeldversicherung	63
2.2.2	Krankentagegeldversicherung (Verdienstausfallversicherung)	63
2.2.3	Pflegetagegeld	64
2.3	Sonstige Versicherungen	69
2.3.1	Auslandsreise-Krankenversicherung	69
2.3.2	Tarife für Kur- und Sanatoriumsaufenthalte	72
2.3.3	Restschuldversicherung	72
2.3.4	Tarif zur Beitragsentlastung im Alter	72
2.4	Selbstbeteiligungssysteme	73
2.5	Tarifwechsel	75
2.6	Gruppenversicherung	79
2.6.1	Wesen	79
2.6.2	Personengruppen	80
2.6.3	Vergünstigungen aus dem Gruppenversicherungsvertrag	80
2.7	Anwartschaftsversicherung	82
2.7.1	Anwartschaftsversicherung in der Krankenversicherung	82
2.7.2	Anwartschaftsversicherung in der privaten Pflegepflichtversicherung (PPV)	84
Übungen		85
2.8	Beitragsberechnung und Tarife	86
2.8.1	Beitragsberechnung	86
2.8.2	Tarife	87
Übungen		92
3.	**Rechtsgrundlagen der privaten Krankenversicherung**	**97**
3.1	Rechtsgrundlagen der privaten Krankenversicherung	97
3.1.1	Versicherungsvertragsrecht	97
3.1.2	Unternehmensrecht	98
3.1.3	Aufsichtsrecht	99
3.1.4	Sozialgesetzbuch	99
3.1.5	Steuerliche Abzugsfähigkeit	99
3.1.6	Ombudsmann	99
3.1.7	Wettbewerb	99
3.1.8	Informationspflichten	100
3.1.9	Vertragsbedingungen	100

4. Zustandekommen des Vertrages 102

4.1 Informationspflichten in der Krankenversicherung 102

4.2 Erfassung des Risikos (Antrag) 105

4.3 Beurteilung des Risikos 108

4.4 Begrenzung des Risikos 111

Übungen 115

5. Beitrag 117

5.1 Rechnungsgrundlagen und Beitragsbestandteile 117

5.2 Beitragsanpassung 129

5.3 Beitragsentlastungsstrategie 130

5.4 Rating der PKV 130

5.5 Auffanggesellschaft – Medicator AG 131

Übungen 132

6. Versicherungsschutz und Wartezeiten in der PKV 133

6.1 Gegenstand des Versicherungsschutzes 133

6.2 Beginn des Versicherungsschutzes 134

6.3 Wartezeiten 137

6.3.1 Beginn und Dauer der Wartezeiten 137

6.3.2 Zweck der Wartezeiten 138

6.3.3 Entfall und Anrechnung der Wartezeiten 138

6.4 Beginn und Ende des Versicherungsfalles 141

6.5 Umfang des Versicherungsschutzes 143

Übungen 145

7. Liquidation und Abrechnung 149

7.1 Umfang der Leistungspflicht 149

7.2 Liquidation 152

Übungen 157

7.3 Leistungsberechnung 158

7.4 Einschränkungen der Leistungspflicht (Ausschlüsse) 159

7.5 Obliegenheiten 159

7.6 Zusammentreffen mehrerer Kostenträger 160

7.7 Auszahlung der Versicherungsleistungen 162

7.8 Gerichtsbarkeit 164

Übungen 166

8. Vertragsbeendigung 170

8.1 Ordentliche Kündigung 170

8.2 Außerordentliche Kündigung 171

8.3 Rücktritt und Anfechtung 173

8.4 Sonstige Beendigungsgründe 173

9. Kranken-/Pflegeversicherung und Steuern 176

9.1 Arbeitgeberanteil 177

9.2 Eigenanteil an den Beiträgen 177

9.3 Eigenanteile an den Leistungen 182

9.4 Leistungen aus der Krankenversicherung 184

Übungen 187

10. Verkaufsargumente der PKV 189

10.1 Beitragsvorteile 189

10.2 Leistungsvergleich (Stand: 1. 1. 2009) 194

11. Gegenüberstellung: PKV und GKV 195

12. Pflegeversicherung 198

12.1 Soziale Pflegeversicherung (SPV) 198
12.1.1 Versicherter Personenkreis 200
12.1.2 Begriff 201
12.1.3 Stufen der Pflegebedürftigkeit 202
12.1.4 Leistungen für ambulante Pflege 202
12.1.5 Leistungen bei stationärer Pflege 204

12.2 Private Pflegepflichtversicherung (PPV) 206
12.2.1 Versicherter Personenkreis 206
12.2.2 Leistungen der privaten Pflegepflichtversicherung 206
12.2.3 Bedingungen an das private Versicherungsunternehmen 207
12.2.4 Beiträge 209
12.2.5 Poolvertrag 210
12.2.6 Meldungen bei fehlendem Versicherungsschutz 211
12.2.7 Pflegegeld im Ausland 211

12.3 Ergänzungsversicherungen zur privaten und zur sozialen Pflegepflichtversicherung 212

13. Internet-Informationen zur Kranken- und Pflegeversicherung 218

Wiederholungsaufgaben 219

Fallsituationen 225

Schaden- und Leistungsmanagement 231

Kundenberatungsgespräche zur privaten Krankenversicherung 235

Versicherungsfachmann / Versicherungsfachfrau
Wiederholungsfragen zum Sachgebiet
Private Kranken- und Pflegeversicherung – Test 1 239

Versicherungsfachmann / Versicherungsfachfrau
Wiederholungsfragen zum Sachgebiet
Private Kranken- und Pflegeversicherung – Test 2 247

Stichwortverzeichnis 257

Leider ist es kaum vermeidbar, dass Buchinhalte aufgrund von Gesetzesänderungen in immer kürzer werdenden Abständen schon bald nach Drucklegung nicht mehr dem neuesten Stand entsprechen.

Beachten Sie bitte daher stets unseren Aktualisierungsservice auf unserer Homepage unter http://www.vvw.de/vvw/links/download.asp. Dort halten wir für Sie wichtige und relevante Änderungen und Ergänzungen zum Download bereit.

Abkürzungsverzeichnis

Abs.	Absatz
AG	Aktiengesellschaft
a. G.	auf Gegenseitigkeit
AGBG	Gesetz zur Regelung des Rechts der Allgemeinen Geschäftsbedingungen
AktG	Aktiengesetz
ALG II	Arbeitslosengeld II
allg.	allgemein
AN	Arbeitnehmer
AVB	Allgemeine Versicherungsbedingungen
BaFin	Bundesanstalt für Finanzdienstleistungsaufsicht
BBG	Beitragsbemessungsgrenze
BDSG	Bundesdatenschutzgesetz
BGB	Bürgerliches Gesetzbuch
BGH	Bundesgerichtshof
BhV	Beihilfevorschriften des Bundes
BPflV	Verordnung zur Regelung der Krankenhauspflegesätze
BUZ	Berufsunfähigkeitszusatzversicherung
d. h.	das heißt
EStDV	Einkommensteuer-Durchführungsverordnung
EStG	Einkommensteuergesetz
EuGH	Europäischer Gerichtshof
ff.	Folgende
GDV	Gesamtverband der Deutschen Versicherungswirtschaft e. V.
GKV	Gesetzliche Krankenversicherung
gem.	gemäß
GMG	Gesetz zur Modernisierung der Gesetzlichen Krankenversicherung
GOÄ	Gebührenordnung für Ärzte
GOZ	Gebührenordnung für Zahnärzte
GebüH	Gebührenverzeichnis für Heilpraktiker
HGB	Handelsgesetzbuch
inkl.	inklusive
JAEG	Jahresarbeitsentgeltgrenze
KalV	Kalkulationsverordnung

MB/KK	Musterbedingungen Krankheitskosten- und KHT-Versicherung
MB/KT	Musterbedingungen Krankentagegeldversicherung
MB/PPV	Musterbedingungen Private Pflegepflichtversicherung
MB/EPV	Musterbedingungen Pflegeergänzungsversicherung
MB/ST	Musterbedingungen Standardtarif
MB/BT	Musterbedingungen Basistarif
Mio.	Millionen
Mrd.	Milliarde
p. a.	per anno (pro Jahr)
p. r. t.	pro rata temporis
PKV	Private Krankenversicherung
PPV	Private Pflegeversicherung
RVO	Reichsversicherungsordnung
SGB	Sozialgesetzbuch
SPV	Soziale Pflegeversicherung
Stat	Statut für den Ombudsmann für die Private Kranken- und Pflegeversicherung
u. a.	unter anderem
USG	Unterhaltssicherungsgesetz
VAG	Versicherungsaufsichtsgesetz
VVG	Versicherungsvertragsgesetz
VVG-InfoV	Versicherungsvertrags-Informationsverordnung
WettbRiLi	Wettbewerbsrichtlinien
z. B.	zum Beispiel

Private Kranken- und Pflegeversicherung

Lernziele

In diesem Band erwerben Sie Kenntnisse und Fertigkeiten, um dem Privatkunden in Kranken- und Pflegeversicherung den Versicherungsbedarf zu ermitteln, Proximusangebote zu erstellen, bei Risikoänderungen Vertragsanpassungen und im Schadenfall eine Deckungsprüfung vorzunehmen:

Sie

- können Kunden über die Vorschriften des SGB informieren
- beurteilen den Bedarf des zukünftigen Kunden und der Familienmitglieder
- unterbreiten Vorschläge zur Risikobewältigung über PKV und Pflege
- definieren den Gegenstand der PKV und Pflege anhand des neuen VVG
- verdeutlichen die Gebührenordnungen der Ärzte, Zahnärzte und Heilpraktiker
- verdeutlichen die Kosten (Abschluss- und laufende Verwaltungskosten) und den Sparanteil – gleichbleibender Beitrag
- können den Geltungsbereich sowie die Obliegenheiten der PKV und Pflege erläutern
- nennen die Leistungsarten, bei denen Wartezeiten bestehen und wann auf die Wartezeiten eine Anrechnung, ein Erlass oder ein Wegfall besteht
- veranschaulichen am Beispiel die verschiedenen Leistungsarten der PKV und der Pflegeversicherung
- wenden die Ausschlüsse auf Fallsituationen an
- umschreiben die Leistungsbereiche der Vollkostentarife und der Zusatztarife
- stellen die Tagegeldversicherung für Selbst- und Nichtselbstständige dar
- erklären den Versicherungsschutz in der Pflege- und Pflegezusatzversicherung
- verweisen auf die Auslandsreisekrankenversicherung für alle
- stellen die verschiedenen Vertragsarten gegenüber
- erklären die Ausschlüsse zur PKV und Pflegeversicherung
- wenden die Beiträge des Proximustarifes an, erklären den gesamten Tarif und errechnen die optimalen Tarifkombinationen
- informieren über die steuerlichen Auswirkungen der Beiträge, der Eigenanteile und der Leistungen zur PKV und Pflege
- ermitteln den Beginn des Versicherungsfalles
- weisen anhand eines Versicherungsfalles die Notwendigkeit einer PKV und einer Pflegeversicherung nach
- erledigen einfache Schadenfälle – Abtretung – Regress
- stellen die Notwendigkeit einer Beitragsanpassung dar
- unterscheiden zwischen der BaFin und dem Ombudsmann
- weisen auf den Abschluss eines Altersentlastungstarifes zur PKV und Pflege hin

1. Grundlagen

1.1 Risikoanalyse und Risikobewältigung

▶ Situation

Das Ehepaar Johannes und Katharina Zensen ist freiwillig gesetzlich krankenversichert und überlegt, da die Beiträge zur gesetzlichen Krankenversicherung (GKV) laufend steigen, die Mitgliedschaft zu kündigen und privat krankenversichert zu sein, zumal sie aufgrund ihrer gesunden Lebensweise hoffen, durch Risikomeidung wenig medizinische Leistungen in Anspruch nehmen zu müssen. Da sie selbst ihr Risiko, das Leistungsangebot und die Prämien der privaten Krankenversicherung (PKV) nicht bzw. nicht genau kennen, lassen sie sich durch den Außendienstmitarbeiter Norbert Werker, der für die Proximus Versicherung AG tätig ist, beraten.

▶ Erläuterung

Das Gespräch könnte, nachdem sich Herr Werker vorgestellt und ihm das Problem geschildert wurde, wie folgt verlaufen:

Herr Werker: „Wenn Sie glauben, durch Ihren ausgeglichenen Lebenswandel das Risiko einer Erkrankung zu minimieren, haben Sie nicht ausreichend berücksichtigt, dass viele Erkrankungen erblich bzw. durch die Umwelt bedingt sind. Ferner können Sie die Folgen eines Unfalls hierdurch nicht beeinflussen. Im Übrigen könnte sich auch eine Schwangerschaft einstellen, so dass Sie den Gesundheitsdienst für Vorsorge und Entbindung in Anspruch nehmen müssen. Auch kann eine noch so gute Zahnvorsorge eine frühe bzw. spätere Zahnbehandlung mit evtl. Zahnersatz nicht ausschließen. Die hohen Kosten dürften Ihnen bekannt sein."

Frau Zensen: „Mit den Schwangerschafts- und Entbindungskosten haben Sie sicher Recht, da bei uns noch der Wunsch nach einem eigenen Kind besteht."

Herr Zensen: „Na klar, aber auch die anderen Argumente sind nicht von der Hand zu weisen."

Herr Werker: „Die Notwendigkeit einer Risikoabwälzung auf die Versicherungsgemeinschaften der PKV bzw. der GKV hat die Bevölkerung eingesehen."

Auch nehmen Personen sowohl die GKV als auch durch Zusatzbehandlungen die PKV in Anspruch.

Herr Zensen: „Wir sehen ja auch grundsätzlich die Notwendigkeit des Versicherungsschutzes ein, zumal bei den teuren Operationen eine

Finanzierung durch eigene Mittel bzw. durch eingesparte Beiträge unmöglich ist. Bei einem schweren Unfall, z. B. beim Sport, müssten wir uns verschulden."

Frau Zensen: „Aber vielleicht haben wir Glück und es passiert nichts Schlimmes."

Herr Werker: „Die Gesundheit als Ihr höchstes Gut sollten Sie nicht dem Glück überlassen. Aber noch ein finanzieller Hinweis: Ihre Arbeitgeber müssen sich wohl an den Beiträgen beteiligen, aber nicht an den Leistungen, so dass Sie im Endeffekt das Risiko alleine tragen, wenn Sie nicht versichert sind."

Herr Zensen: „Selbstverständlich wollen wir das auch nicht, aber uns stören jeden Monat aufs Neue die hohen Beitragsbelastungen in der GKV, so zahlen wir beide zusammen mehr als 1 000 € Monat für Monat plus den Beitrag zur Pflegeversicherung."

Herr Werker: „Ja, ich weiß, denn höher verdienende Doppelverdiener sind in der GKV mit den Höchstbeiträgen belastet. Aber diese Beitragsbelastungen können Sie durch den Abschluss einer PKV erheblich reduzieren."

Frau Zensen: „Ist denn eine private Krankenversicherung nicht noch teurer?"

Herr Werker: „Wenn ich, wie in Ihrem Fall, von normalen Gesundheitsverhältnissen ausgehe, werden Sie zusammen ca. 650 € Prämie pro Monat zahlen bei einem verbesserten Versicherungsschutz."

Herr Zensen: „Und wenn sich bei uns Nachwuchs einstellt?"

Herr Werker: „In diesem Falle wird Ihr Kind auf jeden Fall in die PKV aufgenommen und eine extra Prämie von ca. 120 € erhoben."

Frau Zensen: „Dann zahlen wir aber 650 € bzw. 770 € pro Monat alleine."

Herr Werker: „Nein, denn Ihre Arbeitgeber müssen sich mit fast 50 % an den Beiträgen, wie in der GKV üblich, beteiligen."

Herr Zensen: „Ich glaube, es wäre wohl am besten, wenn Sie uns ein gezieltes Leistungsangebot mit den entsprechenden Prämien unterbreiten."

Herr Werker: „Das werde ich gerne tun. Im Übrigen sollten Sie überlegen, im Rahmen der gesparten Beiträge eine private Rentenversicherung abzuschließen, um eine Versorgungslücke im Alter auszugleichen."

▶ Zusammenfassung

Risk-Management

- **Risikomeidung** → z. B. keine gefährlichen Sportarten und Reisen unternehmen
- **Risikovorsorge** → z. B. nicht rauchen, kein Alkohol
- **Risikoabwälzung** → PKV-Gemeinschaft beitreten

Entstehung und Bedeutung der Krankenversicherung

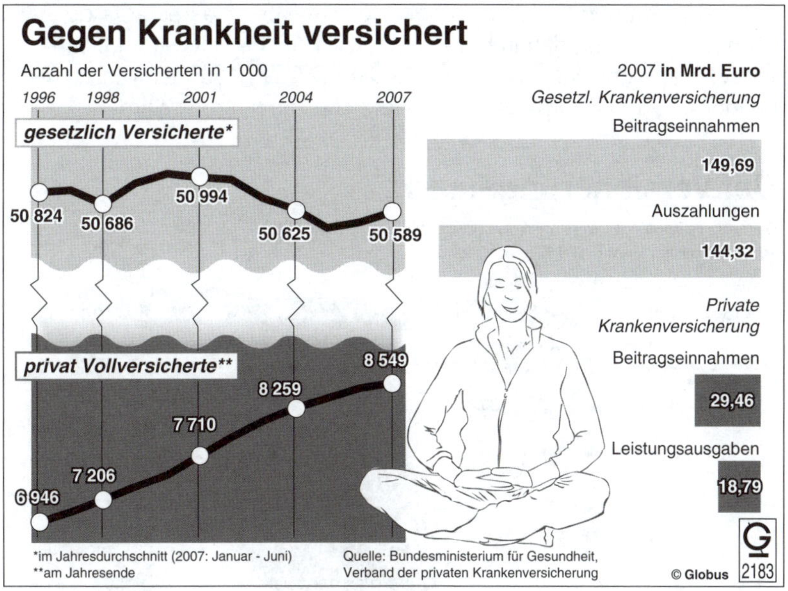

Gesetzliche Krankenversicherung (GKV)

Am 15. 6. 1883 wurde durch das Reichsgesetz die gesetzliche Krankenversicherung (GKV) gegründet. Ziel des Reichsgesetzes war es, die einkommensschwächsten Gruppen der Arbeitnehmerschaft vor den wirtschaftlichen Folgen durch Krankheit mittels Versicherungszwang zu schützen. Damals umfasste die GKV etwa 10 % der Gesamtbevölkerung.

Private Krankenversicherung (PKV)

Nach Gründung der GKV konnte die PKV zunächst nicht zum Durchbruch kommen, weil der Mittelstand über ausreichend finanzielle Mittel verfügte, um sich selbst zu schützen.

Dieser Zustand änderte sich jedoch schlagartig nach der Inflation im Jahre 1924. Der allgemeine Vermögensverlust führte dazu, dass die Kosten bei Krankheit nicht mehr aus Rücklagen bezahlt werden konnten. Sie suchten Schutz in der PKV, da sie aufgrund gesetzlicher Bestimmungen der GKV nicht beitreten konnten.

Bis 1924 bot die PKV nur Tagegeldversicherungen zur Sicherung des Einkommens an. Danach entwickelte sie auch Krankheitskostentarife, die die Kosten der Krankheitsbehandlung abdecken. Diese Tarife ähnelten aber noch dem Leistungsgefüge der GKV.

Erst in den 30er Jahren, als die Kalkulationsgrundlage zur Berechnung der Leistungen und Gegenleistungen für Krankheitskostentarife geschaffen wurde und dadurch die dauernde Erfüllbarkeit der Versicherungsverträge gesichert war, brachte die PKV Tarife auf den Markt, die den individuellen Bedürfnissen der Versicherten gerecht wurden.

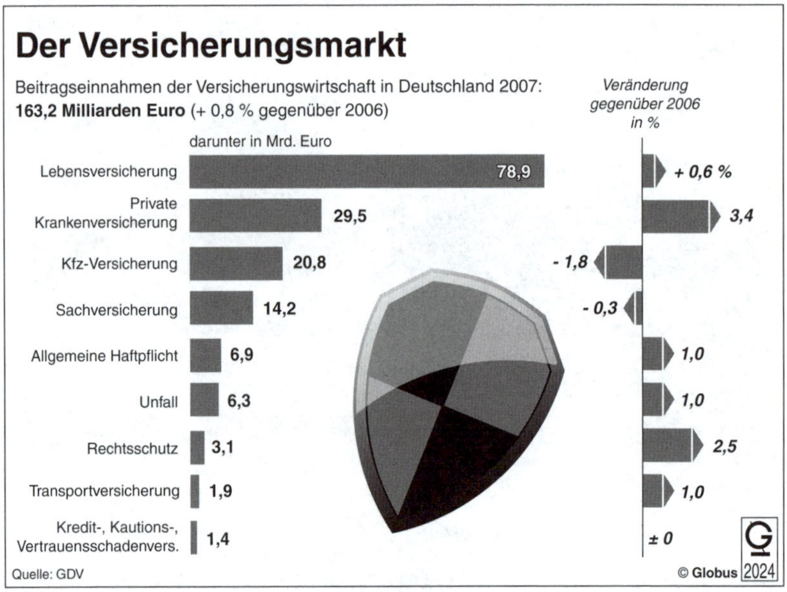

1.2 Gesetzliche Krankenversicherung (GKV)

▶ Situation

Sabine beginnt ihre Ausbildung zur Industriekauffrau und muss sich nun in der gesetzlichen Krankenversicherung versichern. Ihr kommen in diesem Zusammenhang viele Fragen in den Sinn:

- Muss sie von ihrer Ausbildungsvergütung auch Beiträge zu anderen Versicherungen zahlen?
- Gilt der Versicherungsschutz auch, wenn sie mit ihrem Freund Klaus ins Ausland in Urlaub fährt?
- In welchen Gesetzen oder Rechtsgrundlagen kann sie etwas über die gesetzliche Krankenversicherung finden?
- Welcher gesetzlichen Krankenversicherung soll sie beitreten, es gibt doch so viele unterschiedliche?

▶ Erläuterung

1.2.1 Die GKV als Zweig der Sozialversicherung

Die Bürger unseres Staates erfahren ihre soziale Absicherung im Wesentlichen über die fünf Versicherungszweige der Sozialversicherung:

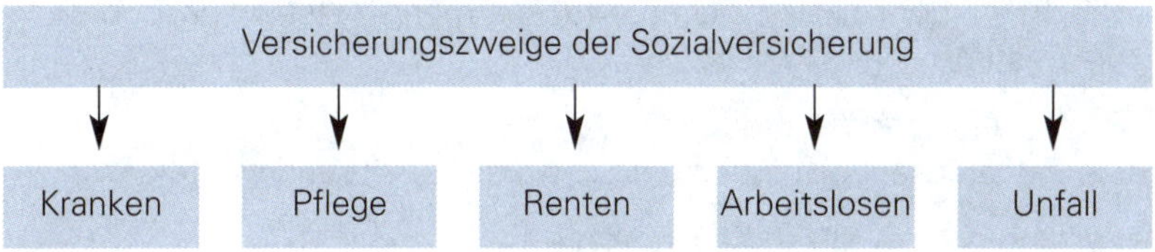

Die Mehrheit der Bevölkerung gehört diesen Zwangsversicherungen an.

1.2.2 Geltungsbereich

Der Versicherungsschutz der GKV erstreckt sich grundsätzlich auf die Bundesrepublik Deutschland.

Dieser Grundsatz wird aber durchbrochen durch

(1) die EU-Verordnung
(2) das Sozialversicherungsabkommen.

Danach gewährt die GKV auch für diejenigen Versicherungsschutz, die sich vorübergehend als Arbeitnehmer oder als Urlauber in den Staaten der EU oder in Ländern aufhalten, mit denen die Bundesregierung ein Sozialversicherungsabkommen abgeschlossen hat.

Dazu zählen u. a.:

Belgien, Bosnien-Herzegowina, Dänemark, Estland, Finnland, Frankreich, Griechenland, Großbritannien / Nordirland, Irland, Island, Italien, Jugoslawien, Kroatien, Lettland, Liechtenstein, Litauen, Luxemburg, Malta, Mazedonien, Niederlande, Norwegen, Österreich, Polen, Portugal, Schweden, Schweiz, Slowakei, Slowenien, Spanien, Tschechien, Türkei, Tunesien, Ungarn, griechischer Teil Zyperns

In allen EU-Ländern, in denen es wie in Deutschland bereits eine Krankenversichertenkarte gibt, wurde im Jahr 2004 die Europäische Krankenversichertenkarte eingeführt. Die Europäische Krankenversichertenkarte wird den Versicherten bisher zusätzlich zur nationalen Krankenversichertenkarte zur Verfügung gestellt. Die separate EU-Karte gilt nicht innerhalb Deutschlands. Die Karte oder die Ersatzbescheinigung kann direkt beim Arzt oder in der Klinik vorgelegt werden.

1.2.3 Rechtsgrundlagen

Die Rechtsgrundlagen der GKV sind im Wesentlichen:

- Sozialgesetzbuch (SGB)
  In ihm ist der allgemeine Teil des gesamten Sozialrechts für sämtliche Träger der sozialen Sicherung zusammengefasst, insbesondere die Bestimmungen zur GKV in SGB V.
- Reichsversicherungsordnung (RVO)
  Sie enthält u. a. Leistungen bei Schwangerschaft und Mutterschaft.
- Satzung der jeweiligen Krankenkasse
  In ihr sind hauptsächlich die Leistungen der betreffenden Krankenkasse festgehalten.
- Rechtsprechungsrecht
- Reformgesetze

1.2.4 Träger des Versicherungsschutzes

Die Aufgaben der gesetzlichen Krankenversicherung werden von den Krankenkassen wahrgenommen.

§ 4 SGB V

- Allgemeine Ortskrankenkassen (AOK)
- Betriebskrankenkassen (BKK)
- Ersatzkassen
- Landwirtschaftliche Krankenkassen
- Innungskrankenkassen (IKK)
- Knappschaftliche Krankenkasse

LF 2
LF 9
LF 15

Es sind rechtsfähige Körperschaften des öffentlichen Rechts mit Selbstverwaltung. Sie unterliegen der Rechtsaufsicht des Staates. Die Anzahl der Krankenkassen hat sich seit 1991 von 1 209 auf 197 Krankenkassen reduziert.

1.2.5 Versicherbarer Personenkreis

▶ Situation

In Sabines Bekanntenkreis gibt es viele Menschen mit unterschiedlichen Berufen, Selbstständige, Angestellte, einen Abteilungsleiter, Beamte und einige Freunde, die noch studieren. Sie überlegt, ob alle – wie sie selber – in der gesetzlichen Krankenversicherung versichert sein müssen.

▶ Erläuterung

In der GKV unterscheidet man

- Pflichtversicherte
- Familienversicherte
- Versicherungsfreie Personen
- Freiwillig Versicherte

Pflichtversicherte

§ 5 SGB V

Pflichtversicherung bedeutet in diesem Zusammenhang, dass die Versicherung nicht durch den Willensentschluss des zu versichernden, sondern auch notfalls gegen dessen Willen begründet wird, wenn die gesetzlichen Voraussetzungen dafür erfüllt sind. Diese Voraussetzungen sind im SGB V bei den zu versichernden Personengruppen genannt. Seit dem 1. April 2007 besteht eine Pflicht zur Versicherung für alle, die der gesetzlichen Krankenversicherung zuzuordnen sind:

- Arbeiter, Angestellte und zu ihrer Berufsausbildung Beschäftigte, wenn sie gegen Arbeitsentgelt beschäftigt werden.
- Empfänger von Arbeitslosengeld, Arbeitslosengeld II oder Unterhaltsgeld.
- Landwirte und ihre mitarbeitenden Familienangehörigen.
- Künstler und Publizisten.
- Behinderte Menschen, die in Anstalten, Heimen oder gleichartigen Einrichtungen Leistungen erbringen.
- Studenten, die an staatlichen oder staatlich anerkannten Hochschulen eingeschrieben sind, bis zum Abschluss des 14. Fachsemesters, längstens bis zur Vollendung des 30. Lebensjahres.
- Rentner, wenn sie seit der erstmaligen Aufnahme einer Erwerbstätigkeit bis zur Stellung des Rentenantrages mindestens $\frac{9}{10}$ der 2. Hälfte des Zeitraumes Mitglied in der gesetzlichen Krankenversicherung waren oder im Rahmen der Familienversicherung versichert waren.

- Teilnehmer an Leistungen zur Teilhabe am Arbeitsleben
- Personen, die in Einrichtungen der Jugendhilfe für eine Erwerbstätigkeit befähigt werden sollen.
- Personen, die keinen anderweitigen Anspruch auf Absicherung im Krankheitsfall haben und zuletzt gesetzlich krankenversichert waren oder bisher nicht gesetzlich oder privat krankenversichert waren, es sei denn, es handelt sich um Selbstständige, Arbeitnehmer mit einem Jahresarbeitsentgelt über der Jahresarbeitsentgeltgrenze, Beamte, Richter, Soldaten auf Zeit sowie Berufssoldaten.

Durch die Gesundheitsreform 2007 wurde die Pflicht zur Versicherung eingeführt, so dass davon auszugehen ist, dass künftig immer ein Nachweis über einen Krankenversicherungsschutz vorzulegen ist. Nichtversicherte, die zuletzt in der gesetzlichen Krankenversicherung versichert waren, werden von jeder Krankenkasse aufgenommen. Es gilt nachzuweisen, dass zuvor eine Mitgliedschaft in der gesetzlichen Krankenversicherung bestand. Auch Menschen, die aus dem Ausland zurückkehren, erlangen nun wieder Versicherungsschutz.

Keiner wird jedoch behördlich gezwungen, sich zu versichern. Wenn eine nichtversicherte Person nach Einführung der Versicherungspflicht eine Behandlung benötigt, schuldet sie jedoch der betreffenden Krankenkasse, die sie für die Leistungen in Anspruch nimmt, die nicht gezahlten Beiträge. Und zwar gerechnet seit dem 1. 4. 2007. Wenn Beiträge nicht geleistet werden, ruhen die gängigen Leistungen und die Kasse leitet ein Inkassoverfahren ein. Wer mutwillig nicht zahlt, bekommt nur noch unaufschiebbare Leistungen, wie z. B. für die Behandlung akuter Erkrankungen oder Schmerzen sowie bei Schwanger- und Mutterschaft. Die Krankenkassen können Säumniszuschläge von 5 % des Beitragsrückstands erheben.

Wer seine Versicherung wechseln möchte, muss nachweisen, dass ein neuer Vertrag abgeschlossen wurde. Ein Mix aus Sanktionen und finanziellen Hilfen soll dafür sorgen, dass die allgemeine Versicherungspflicht umgesetzt wird, damit alle Versicherungsschutz erhalten.

§ 9 SGB V

Freiwillig Versicherte (Versicherungsberechtigte)

Ein freiwilliges Versicherungsverhältnis ist – im Gegensatz zur Pflichtversicherung – weitgehend vom eigenen Willen abhängig.

Der gesetzlichen Krankenversicherung können beitreten:

1. Personen, die aus der Versicherungspflicht ausgeschieden sind und
   - in den letzten 5 Jahren mindestens 24 Monate oder
   - unmittelbar vor dem Ausscheiden ununterbrochen mindestens 12 Monate

   versichert waren.

LF 2
LF 9
LF 15

2. Personen, die aus der Familienversicherung ausscheiden.

   Seit 1. Januar 2000 muss aber auch bei diesen Personen eine Vorversicherungszeit von 24 Monaten in den letzten 5 Jahren oder eine 12-monatige Versicherung unmittelbar vor dem Ausscheiden gegeben sein.

   Bei Kindern reicht es jedoch aus, wenn ein Elternteil diese Vorversicherungszeit erfüllt.
3. Schwerbehinderte Menschen im Sinne des SGB IX, wenn sie, ein Elternteil, ihr Ehegatte oder ihr Lebenspartner in den letzten fünf Jahren vor dem Beitritt mindestens drei Jahre versichert waren.
4. Arbeitnehmer, deren Mitgliedschaft durch Beschäftigung im Ausland endete, wenn sie innerhalb von zwei Monaten nach Rückkehr in das Inland wieder eine Beschäftigung aufnehmen.

Der Beitritt ist der Krankenkasse innerhalb von 3 Monaten anzuzeigen.

Familienversicherte

§ 10 SGB V

Versichert sind der Ehegatte, der Lebenspartner[1] und die Kinder von Mitgliedern, wenn diese Familienangehörigen

- ihren Wohnsitz oder gewöhnlichen Aufenthalt im Inland haben,
- keine anderweitige Mitgliedschaft in der GKV oder PKV besteht,
- nicht versicherungsfrei oder von der Versicherungspflicht befreit sind,
- kein Gesamteinkommen haben, das regelmäßig im Monat ein Siebtel der monatlichen Bezugsgröße überschreitet (Wert für 2009: 360 €). Bei Ausübung geringfügiger Beschäftigung gilt seit dem 1. 4. 2003 eine Entgeltobergrenze von 400 €, bis zu der eine beitragsfreie Familienversicherung möglich ist,
- nicht hauptberuflich selbstständig sind.

Ehegatten sind für die Dauer der Schutzfristen des Mutterschutzgesetzes sowie der Elternzeit nicht versichert, wenn sie zuletzt vor diesen Zeiträumen nicht gesetzlich krankenversichert waren.

Die Familienversicherung besteht für Kinder bis zur

- Vollendung des 18. Lebensjahres,
- Vollendung des 23. Lebensjahres, wenn sie nicht erwerbstätig sind,
- Vollendung des 25. Lebensjahres, wenn sie sich in Schul- oder Berufsausbildung befinden oder ein freiwilliges soziales Jahr oder ein freiwilliges ökologisches Jahr leisten.

Als Kinder gelten auch Stiefkinder und Enkel, die das Mitglied überwiegend unterhält, sowie Pflegekinder. Außerdem sind Kinder ohne Alters-

1 Seit 1. 8. 2001 sind die Partner einer eingetragenen Lebenspartnerschaft in der Familienversicherung mitversichert.

grenze familienversichert, wenn sie wegen körperlicher, geistiger oder seelischer Behinderung auf nicht absehbare Zeit außerstande sind, für ihren Lebensunterhalt zu sorgen.

Kinder sind generell von der Familienversicherung ausgenommen, wenn der mit den Kindern verwandte Ehegatte nicht Mitglied einer Krankenkasse ist und sein Gesamteinkommen regelmäßig die Jahresarbeitsentgeltgrenze übersteigt und regelmäßig höher als das Gesamteinkommen des Mitglieds der gesetzlichen Krankenversicherung ist.

§ 6 SGB V

Versicherungsfreie Personen

Dazu zählen im Wesentlichen:

- Arbeiter und Angestellte, deren regelmäßiges Jahresarbeitsentgelt die Jahresarbeitsentgeltgrenze übersteigt und in drei aufeinander folgenden Kalenderjahren überstiegen hat; dies gilt nicht für Seeleute; Zuschläge, die mit Rücksicht auf den Familienstand gezahlt werden, bleiben unberücksichtigt.
- Beamte, Richter, Zeitsoldaten, Berufssoldaten, Personen, die Anspruch auf Fortzahlung der Bezüge und auf Beihilfe oder Heilfürsorge haben
- Studenten, die gegen Arbeitsentgelt beschäftigt sind
- Geistliche und
- Lehrer, wenn sie beamtenrechtlichen Vorschriften unterliegen
- Ruhestandsbeamte mit Beihilfeanspruch (und Hinterbliebene)
- alle Selbstständigen (mit Ausnahme der Künstler und Landwirte)
- Freiberufler (Rechtsanwälte, Architekten, Apotheker, Wirtschaftsprüfer usw.)
- Personen, die von der Versicherungspflicht befreit sind
- geringfügig Beschäftigte (§ 7 SGB V)
  Eine geringfügig entlohnte Beschäftigung liegt vor, wenn das Arbeitsentgelt aus dieser Beschäftigung regelmäßig 400 € im Monat nicht übersteigt. Der Arbeitgeber hat für geringfügig Entlohnte, die in dieser Beschäftigung versicherungsfrei oder nicht versicherungspflichtig sind, dennoch 13 % Krankenversicherungspauschale (jeweils gerechnet vom Arbeitsentgelt) zu leisten. Diese entfällt bei privat Krankenversicherten.
- Personen nach Vollendung des 55. Lebensjahres (§ 6 SGB V)
  Nach § 6 Abs. 3 a SGB V sind „Personen, die nach Vollendung des 55. Lebensjahres versicherungspflichtig werden, versicherungsfrei, wenn sie in den letzten fünf Jahren vor Eintritt der Versicherungspflicht nicht gesetzlich versichert waren. Weitere Voraussetzung ist, dass diese Personen mindestens die Hälfte dieser Zeit versicherungsfrei, von der Versicherungspflicht befreit oder nicht versicherungspflichtig waren."
  Diese Bestimmung gilt auch für Ehepartner und Personen in einer Lebensgemeinschaft, allerdings nicht für Bezieher von Arbeitslosen-

geld II. Damit ist der Wechsel in die GKV ab 55 Jahre für nahezu alle in der Praxis vorkommenden Fälle seit dem 1. Juli 2000 unmöglich.

▶ Beispiel

Ein Ehepaar ist privat krankenversichert. Im Alter von 55 Jahren nimmt die Frau am 1. 10. 2008 eine grundsätzlich versicherungspflichtige Beschäftigung auf. Da sie in den letzten 5 Jahren (1. 10. 2000 bis 30. 9. 2008) schon privat krankenversichert war, bleibt sie trotz aufgenommener Beschäftigung krankenversicherungsfrei.

Befreiung von der Versicherungspflicht

▶ Situation

Herr Meyer ist Abteilungsleiter eines großen Verlages und seit 10 Jahren privat krankenversichert. Am 1. 6. dieses Jahres gibt er diese Tätigkeit nach schwerer Krankheit auf und übernimmt eine weniger verantwortungsvolle Tätigkeit mit einem deutlich geringeren Gehalt, so dass er versicherungspflichtig wird. Er möchte jedoch gerne weiterhin privat krankenversichert bleiben.

▶ Erläuterung

Auf Antrag wird von der Versicherungspflicht befreit, wer versicherungspflichtig wird wegen

§ 8 SGB V

- Änderung der Jahresarbeitsentgeltgrenze
- nicht voller Erwerbstätigkeit während der Elternzeit
- Teilzeitarbeit, wenn die Arbeitszeit auf die Hälfte oder weniger als die Hälfte der regelmäßigen Wochenarbeitszeit herabgesetzt wird und er bereits seit mindestens fünf Jahren wegen Überschreitens der Jahresarbeitsentgeltgrenze versicherungsfrei ist
- Antrag auf Rente oder den Bezug von Rente
- Einschreibung als Student
- Tätigkeit in einer Einrichtung für behinderte Menschen
- Arbeitslosigkeit, wenn der Arbeitslose in den letzten fünf Jahren nicht gesetzlich krankenversichert war. Allerdings muss er Vertragsleistungen nachweisen, die der Art und dem Umfang der gesetzlichen Krankenversicherung entsprechen. Die Bundesagentur für Arbeit übernimmt dann den Beitrag zur privaten Krankenversicherung bis zu der Höhe, in der sie ihn bei einer Mitgliedschaft in der gesetzlichen Krankenversicherung getragen hätte.

Der Antrag ist innerhalb von 3 Monaten nach Beginn der Versicherungspflicht zu stellen. Die Befreiung wirkt von Beginn der Versicherungspflicht an, wenn keine Leistungen gewährt wurden, sonst mit Beginn des Monats, der auf die Antragstellung folgt. Die Befreiung ist unwiderruflich.

1.2.6 Versicherungsverhältnisse und Beiträge

▶ Situation

Der Ausbildungsbeginn 15. August naht, doch Sabine weiß nicht so genau, wie das Versicherungsverhältnis eigentlich zustande kommt, ab wann sie Versicherungsschutz hat und wie viel sie für die Versicherung zahlen muss. Daher spricht sie mit einem Bekannten, der sich in diesen Dingen gut auskennt.

▶ Erläuterung

Das Versicherungsverhältnis kommt zustande bei

§ 5 SGB V
§ 9 SGB V

- Pflichtversicherten – kraft Gesetzes
- freiwillig Versicherten – durch Beitritt, dieser ist schriftlich zu erklären

§§ 173 Abs. 1 und 175 Abs. 1 SGB V

Versicherungspflichtige und Versicherungsberechtigte sind Mitglied der von ihnen gewählten Krankenkasse. Diese darf die Mitgliedschaft nicht ablehnen.

1.2.6.1 Beginn des Versicherungsschutzes

Der Versicherungsschutz beginnt bei

- Pflichtversicherten mit dem Tag des Eintritts in das Beschäftigungsverhältnis

§ 188 Abs. 1 SGB V

- freiwillig Versicherten mit dem Tag ihres Beitritts zur Krankenkasse.

1.2.6.2 Beitragsbemessung, -zuschuss und -zahlung

Die **Beitragsbemessung** in der GKV erfolgt nach dem Solidaritätsprinzip. Das besagt, dass der Leistungsanspruch sich nach der Bedürftigkeit und nicht nach dem individuellen Risiko richtet.

Die Beitragshöhe richtet sich nach

- dem Einkommen des Versicherten bis zur Beitragsbemessungsgrenze
- dem prozentualen Beitragssatz der Krankenkasse.

Seit dem 1. Januar 2003 ist erstmals die so genannte Jahresarbeitsentgeltgrenze von der Beitragsbemessungsgrenze getrennt worden. Dies hat zur Folge, dass für die Jahresarbeitsentgeltgrenze ein höherer Betrag gilt als für die Beitragsbemessungsgrenze. Das über die Beitragsbemessungsgrenze hinaus gewährte Entgelt bleibt beitragsfrei und wird auch bei der Bemessung von Leistungen (z. B. Krankengeld) nicht berücksichtigt.

Die Beitragssätze betragen seit dem Inkrafttreten des Gesundheitsfonds bundeseinheitlich:

- allgemein: 14,9 %
- ermäßigt: (ohne Anspruch auf Krankengeld) 14,3 %

Jeweils inklusive 0,9 % Zusatzbeitrag für Versicherungsnehmer.

Der Preisunterschied, der sich bisher durch höhere bzw. niedrige Beitragssätze ergab, besteht nicht mehr.

In den Gesundheitsfonds fließen Beiträge der Arbeitnehmer, Arbeitgeber und auch Steuergelder aller Steuerzahler. Aus diesem Topf erhält jede Krankenkasse eine Pauschale pro Mitglied und zusätzlich eine besondere Zuweisung, die Alter, Krankheit und Geschlecht berücksichtigt.

§ 257 SGB V

Der Arbeitgeber hat aufgrund gesetzlicher Bestimmungen seinem Arbeitnehmer einen **Zuschuss** zum Krankenversicherungsbeitrag zu gewähren.

Freiwillig in der gesetzlichen Krankenversicherung versicherte Beschäftigte, die nur wegen Überschreitens der Jahresarbeitsentgeltgrenze versicherungsfrei sind, erhalten von ihrem Arbeitgeber als Beitragszuschuss die Hälfte des Beitrags, der bei Anwendung des um 0,9 Beitragssatzpunkte verminderten allgemeinen Beitragssatzes der gesetzlichen Krankenversicherung zu zahlen wäre.

Beitragsbemessungsgrenzen und Beitragssätze 2009

	Kranken-versicherung	Pflege-versicherung	Renten-versicherung für Arbeiter und Angestellte	Arbeitslosen-versicherung
monatliche Beitrags-bemessungsgrenze alte Bundesländer neue Bundesländer	€ }3 675	€ }3 675	€ 5 400 4 550	€ 5 400 4 550
Beitragssatz in % vom Bruttolohn	je nach Träger ab 1. 7. 2009 einheitlich 14,9 %	1,95 % (Kinderlosen-Zuschlag 0,25 %)	19,9 %	2,8 %
monatliche Entgelt-grenze für gering-fügig Beschäftigte alte und neue Bundesländer	€ 400	€ 400	€ 400	€ 400

Von der Geringfügigkeitsgrenze in Höhe von 400 € zu unterscheiden ist die so genannte „Geringverdienergrenze“, die 325 € beträgt und nur bei Auszubildenden zur Anwendung kommt.

1.2.6.3 Einführung des Gesundheitsfonds

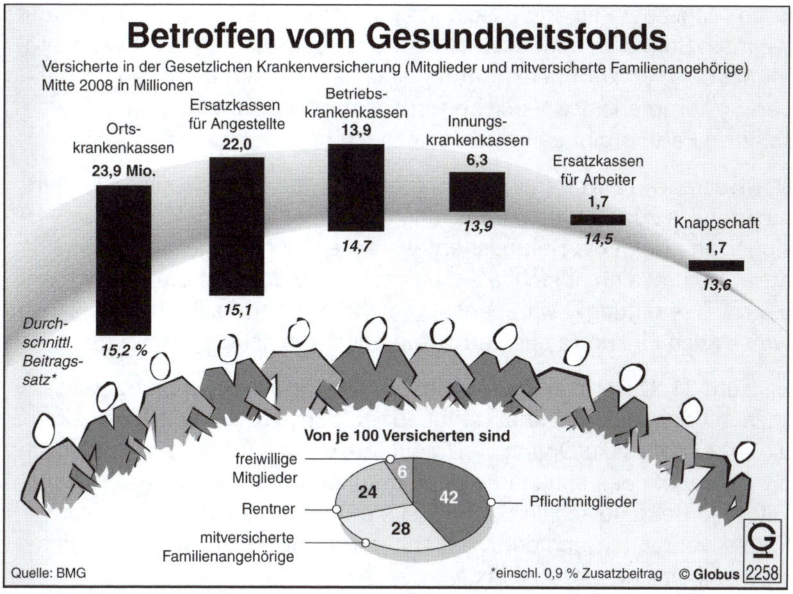

Die Finanzierung der gesetzlichen Krankenversicherung (GKV) wurde mit der Einführung des Gesundheitsfonds neu gestaltet.

Mit der Einführung des Gesundheitsfonds zum 1. 1. 2009 wurden die Beiträge zur gesetzlichen Krankenversicherung bundeseinheitlich festgelegt. Danach beträgt der paritätisch finanzierte Beitragssatz in der GKV 14,6 %. Hinzu kommt der „Sonderbeitrag" von 0,9 %, den die Versicherten seit 2005 alleine bezahlen. Beides zusammen ergibt den allgemeinen Beitragssatz von 15,5 %.

Das Konjunkturpaket II sieht die Absenkung des paritätisch finanzierten Beitragssatzes um 0,6 %-Punkte von 14,6 % auf 14,0 % vor. Der „Sonderbeitrag" von 0,9 % bleibt erhalten. Damit werden Arbeitgeber und die Versicherten um je 0,3 %-Punkte entlastet. Finanziert wird die Absenkung des paritätisch finanzierten Beitragssatzes durch Erhöhung des Bundeszuschusses für 2009 um 3 Mrd. €, für 2010 um 6 Mrd. €.

> Derzeit beträgt der Steueranteil bei der Finanzierung der gesetzlichen Krankenversicherung bei einem Ausgabenvolumen von 166,8 Mrd. € 4 Mrd. €. Im Jahr 2010 und in den folgenden Jahren soll der Steueranteil um jeweils 1,5 Mrd. € angehoben werden, bis schließlich 14 Mrd. € erreicht sind. Durch das jetzt angekündigte Konjunkturpaket erhöht sich der Steueranteil in diesem Jahr auf 7,0 Mrd. € und im Jahr 2010 auf 11,5 € (6,0 Mrd. € aus dem Konjunkturpaket plus 5,5 Mrd. € aus der bereits geplanten Erhöhung).

Auszug aus Pressemeldung GKV Spitzenverband vom 13. 1. 2009

Eine Krankenkasse, die gut wirtschaftet, kann ihren Versicherten Geld zurückzahlen. Eine Krankenkasse, die schlechter wirtschaftet, muss bei ihren Mitgliedern einen Zusatzbeitrag erheben. Dem Versicherten steht dann ein Sonderkündigungsrecht zu. Der Zusatzbeitrag darf bis 8 € pro Monat ohne Einkommensprüfung, höchstens 1 % des beitragspflichtigen Einkommens des Versicherten ausmachen. Für Kinder und mitversicherte Partner gibt es keine Zusatzbeiträge.

Der Beitrag wird weiterhin prozentual nach den beitragspflichtigen Einnahmen bis zur Beitragsbemessungsgrenze erhoben. Bei freiwillig Versicherten erfolgt die Beitragsbemessung anhand der gesamten wirtschaftlichen Leistungsfähigkeit, das heißt, sie umfasst alle Einnahmen, die zur Bestreitung des Lebensunterhalts bestimmt sind (beispielsweise auch Einkünfte aus Vermietung und Verpachtung).

Bis zum 31. Dezember 2010 bleibt die Organisation des Beitragseinzugs in der bisherigen Form erhalten. Ab dem 1. Januar 2011 erhalten die Arbeitgeber die Option, ihre Beiträge, Beitragsnachweise und Meldungen gebündelt an eine einzelne Krankenkasse zu entrichten. Diese leitet die Beiträge an alle Sozialversicherungsträger weiter. Der neue Spitzenverband „Bund der Krankenkassen" sichert dann eine bundesweit einheitliche Einzugspraxis.

Jede Krankenkasse erhält pro Versichertem eine pauschale Zuweisung. Diese wird nach Alter, Geschlecht und bestimmten Krankheitsfaktoren modifiziert. Dieser so genannte morbiditätsorientierte Risikostrukturausgleich berücksichtigt die ungleich verteilte Krankheitsbelastung der Versicherten. Er orientiert sich an 50 bis 80 Krankheiten, bei denen die durchschnittlichen Leistungsausgaben je Versichertem die üblichen Ausgaben um mindestens 50 % übersteigen. Der neue Risikostrukturausgleich wurde ebenfalls zum 1. Januar 2009 eingeführt.

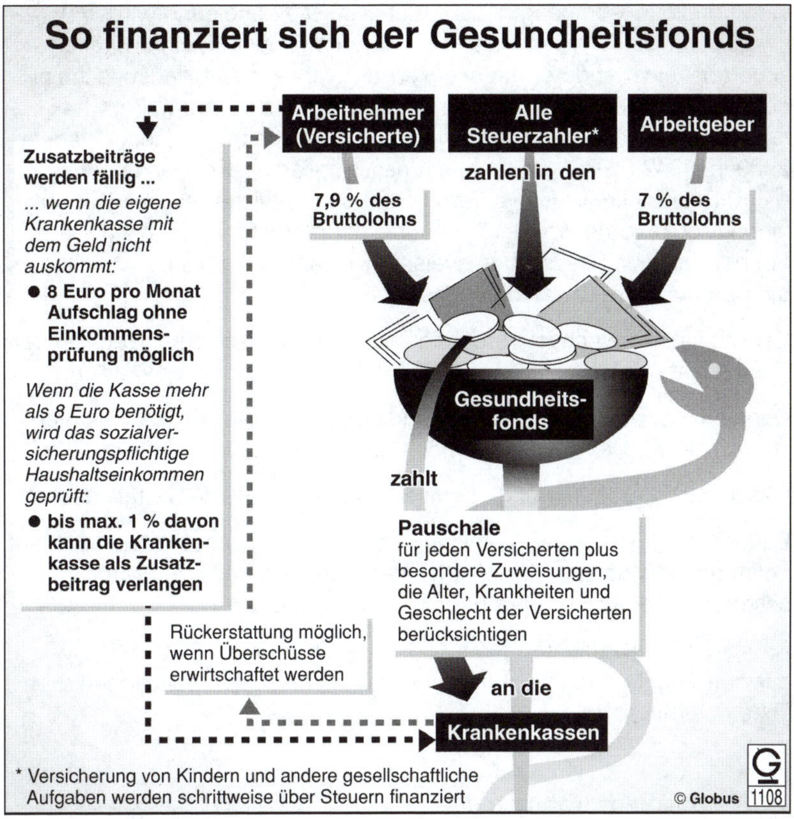

1.2.7 Beendigung des Versicherungsverhältnisses und Erlöschen des Leistungsanspruchs

▶ Situation

Familie Brehmer hat sich furchtbar geärgert. Viele Jahre ist sie bei ihrer Kasse versichert und hat bereits einige Beitragssatzerhöhungen erlebt. Nun erhöht sich der Beitrag schon wieder. Herr Brehmer ist es leid und möchte die Kasse wechseln.

▶ Erläuterung

Versicherungspflichtige und Versicherungsberechtigte sind an die Wahl der Krankenkasse mindestens 18 Monate gebunden. Eine Kündigung der Mitgliedschaft ist zum Ablauf des übernächsten Kalendermonats möglich, gerechnet von einem Monat, in dem das Mitglied die Kündigung erklärt. Die Krankenkasse hat dem Mitglied unverzüglich, spätestens jedoch innerhalb von zwei Wochen nach Eingang der Kündigung

§ 175 SGB V

eine Kündigungsbestätigung auszustellen. Die Kündigung wird wirksam, wenn das Mitglied innerhalb der Kündigungsfrist eine Mitgliedschaft bei einer anderen Krankenkasse durch eine Mitgliedsbescheinigung oder das Bestehen einer anderweitigen Absicherung im Krankheitsfall nachweist. Bei Erhebung eines Zusatzbeitrages (seit 1. Januar 2009 in § 242 SGB V geregelt) hat das Mitglied ein Sonderkündigungsrecht. Die Krankenkasse ist verpflichtet den Versicherten mindestens einen Monat vorher vor der Erhebung zu unterrichten und ihn auf das Sonderkündigungsrecht hinzuweisen. Diese Regelung ist auch gültig bei Erhöhung des Zusatzbeitrages.

Ein Arbeitgeberwechsel berechtigt nicht automatisch zum Wechsel der Krankenkasse. Auch hier muss die Bindungsfrist beachtet werden.

Dagegen gelten Bindungs- und Kündigungsfrist nicht für freiwillig Versicherte, die zur PKV wechseln möchten.

§ 19 SGB V

Der Anspruch auf Leistungen erlischt mit dem Ende der Mitgliedschaft.

Endet die Mitgliedschaft Versicherungspflichtiger, besteht Anspruch auf Leistungen längstens für einen Monat nach dem Ende der Mitgliedschaft, solange keine Erwerbstätigkeit ausgeübt wird.

Endet die Mitgliedschaft durch Tod, erhalten die nach § 10 SGB V versicherten Angehörigen Leistungen längstens für einen Monat nach dem Tode des Mitglieds.

1.2.8 Leistungserbringung

▶ Situation

Gertrud Weber geht in ihrem Beruf auf. Da sich in der letzten Zeit jedoch einige gesundheitliche Beschwerden bemerkbar machen, beschließt sie endlich mal den Arzt sowie einen Zahnarzt zu konsultieren. Die Krankenkasse gewährt in der Regel Sachleistungen, doch Frau Weber möchte lieber als Privatpatientin zu den Ärzten gehen, da sie sich davon unter anderem kürzere Wartezeiten verspricht und sie diese Zeit lieber für ihre berufliche Tätigkeit einsetzten möchte.

▶ Erläuterung

In der GKV gilt grundsätzlich das **Sachleistungsprinzip**.

Damit die GKV ihren Versicherten eine kostenlose Heilbehandlung und eine fast kostenlose Versorgung mit Medikamenten, Heil- und Hilfsmitteln gewähren kann, schließt sie mit den Interessenverbänden der Ärzte, Krankenanstalten, Apotheker usw. Verträge ab.

LF 2
LF 9
LF 15

Dadurch werden die Mitglieder dieser Interessenverbände verpflichtet, den GKV-Versicherten im Krankheitsfall nach Vorlage ihrer Versichertenkarte die notwendigen Leistungen zur Verfügung zu stellen.

Die Gegenleistung aus diesen Verträgen erbringt die GKV über die Kassenärztliche Vereinigung, die anschließend mit ihren Mitgliedern abrechnet. Dieses Verfahren nennt man Sachleistungsprinzip.

§ 13 SGB V

Versicherte können anstelle der Sach- oder Dienstleistungen Kostenerstattung wählen. Hierüber haben sie ihre Krankenkasse vor Inanspruchnahme der Leistung in Kenntnis zu setzen. Der Leistungserbringer hat die Versicherten vor Inanspruchnahme der Leistung darüber zu informieren, dass Kosten, die nicht von der Krankenkasse übernommen werden, von dem Versicherten zu tragen sind. Der Versicherte hat die erfolgte Beratung gegenüber dem Leistungserbringer schriftlich zu bestätigen.

Anspruch auf Erstattung besteht höchstens in Höhe der Vergütung, die die Krankenkasse bei Erbringung als Sachleistung zu tragen hätte.

Die Krankenkasse hat dabei ausreichende Abschläge vom Erstattungsbetrag für Verwaltungskosten und fehlende Wirtschaftlichkeitsprüfungen vorzusehen sowie vorgesehene Zuzahlungen in Abzug zu bringen. Die Versicherten sind an ihre Wahl der Kostenerstattung mindestens ein Jahr gebunden.

1.2.9 Leistungen

▶ Situation

In der Arztpraxis unterhalten sich Frau Abels und Frau Felten über die Leistungen der gesetzlichen Krankenkasse. Beide haben neben der ärztlichen Behandlung auch schon Arznei-, Heil- und Hilfsmittel in Anspruch genommen. Frau Felten ist recht aufgebracht, weil sie das Gefühl hat, dass die Versorgung nicht mehr so gut ist wie früher und die Zuzahlungen, die sie als Patientin zu erbringen hat, immer umfangreicher werden.

Frau Abels erwidert, dass sie dies nicht so empfindet und im Rahmen der angesagten Notwendigkeit zum Sparen den Kassen gar keine andere Wahl bleibt und die Kosten eingedämmt werden müssen. Sie erzählt, dass sie sogar noch eine Haushaltshilfe bekommen hat, als sie wegen einer schweren Operation im Krankenhaus lag und ihr Mann auf Montage im Ausland war.

Die Frauen unterhalten sich weiter über die Leistungen der Kassen, welche diese überhaupt übernehmen bzw. welche Zuzahlungen der Patient bei den Leistungen zu erbringen hat.

▶ Erläuterung

Überblick über die wesentlichen Leistungen der GKV

- Arznei- und Verbandmittel
- ärztliche Behandlung
- Auslandsschutz
- Empfängnisverhütung
- Fahrtkosten
- Früherkennung (Gesundheitsuntersuchungen)
- Haushaltshilfe
- Heilmittel (z. B. Bäder, Massagen)
- Hilfsmittel (z. B. Sehhilfen, Körperersatzstücke)
- kieferorthopädische Behandlung
- Krankengeld
- Krankengeld bei Erkrankung des Kindes
- Krankenhausbehandlung
- Krankheitsverhütung und Vorbeugung (z. B. Impfungen)
- künstliche Befruchtung
- Kur zur Rehabilitation, Genesung und Vorbeugung
- Mutter-Kind-Kur
- Mutterschaftsleistungen
- Schwangerschaftsabbruch (sofern nicht rechtswidrig)
- zahnärztliche Behandlung
- Zahnersatz

§§ 20 ff SGB V

Leistungen zur Verhütung von Krankheiten, betriebliche Gesundheitsförderung und Prävention arbeitsbedingter Gesundheitsgefahren, Förderung der Selbsthilfe

Die gesetzlichen Krankenkassen sind gehalten, ihre Mitglieder über die Verhütung von Krankheiten aufzuklären und zu beraten. Hierzu zählt auch die Kostenübernahme, z. B. für bestimmte Schutzimpfungen. Ausgenommen sind Schutzimpfungen, die wegen eines durch einen nicht beruflich bedingten Auslandsaufenthalt erhöhten Gesundheitsrisikos indiziert sind.

Maßnahmen zur Prävention und Gesundheitsförderung der Gesetzlichen Krankenversicherung können an einzelne Versicherte gerichtete Kurse, Präventionsmaßnahmen in „Settings" (Lebenswelten), wie Schulen und Kindergärten sowie Maßnahmen der betrieblichen Gesundheitsförderung sein. Themen sind z. B. Bewegungsförderung, gesunde Ernährung, Stressbewältigung und Tabakentwöhnung. Darüber hinaus unterstützen die Krankenkassen Träger von Lebenswelten (Schulen, Kindergärten, Betriebe) bei der Schaffung gesundheitsfördernder Rahmenbedingungen und leisten damit auch einen maßgeblichen Beitrag zur Verminderung ungleich verteilter Gesundheitschancen.

§§ 24 a, 24 b SGB V

Empfängnisverhütung, Schwangerschaftsabbruch und Sterilisation

Versicherte haben Anspruch auf ärztliche Beratung über Fragen der Empfängnisregelung. Zur ärztlichen Beratung gehören auch die erforderliche Untersuchung und die Verordnung von empfängnisregelnden Mitteln. Versicherte bis zum vollenden 20. Lebensjahr haben Anspruch

LF 2 LF 9 LF 15

auf Versorgung mit empfängnisverhütenden Mitteln, soweit sie ärztlich verordnet werden.

Ebenfalls werden Leistungen bei einer durch Krankheit erforderlichen Sterilisation und bei einem nicht rechtswidrigen Abbruch der Schwangerschaft durch einen Arzt bezahlt.

Haushaltshilfe

§ 38 SGB V

Anspruch auf Haushaltshilfe kann wegen Krankenhausbehandlung, medizinischer Vorsorgeleistungen, einer Vorsorgekur für Mütter, einer medizinischen Rehabilitationsmaßnahme oder wegen einer Müttergenesungskur bestehen, wenn wegen einer dieser Leistungen die Weiterführung des Haushaltes nicht möglich ist. Auch wenn aus medizinischen Gründen die Mitaufnahme mit einem Kind im Krankenhaus notwendig ist, besteht Anspruch auf Haushaltshilfe.

Voraussetzung ist, dass im Haushalt ein Kind unter 12 Jahren lebt und keine andere Person, die im Haushalt lebt, diesen weiterführen kann. Eine Ausnahme hiervon bilden Kinder, die behindert und auf Hilfe angewiesen sind, in diesen Fällen gilt die Altersgrenze nicht. Bei ambulanter Krankenbehandlung besteht grundsätzlich kein Leistungsanspruch. Für die Inanspruchnahme einer Haushaltshilfe muss eine Zuzahlung geleistet werden. Diese beläuft sich auf 10 % der Kosten pro Leistungstag, jedoch mindestens 5 € und höchstens 10 € täglich. Dies gilt nur für volljährige Versicherte.

Maßnahmen zur Früherkennung und Krankheitsvorsorge

§§ 25 f. SGB V

Früherkennung trägt dazu bei, Krankheiten im Vorfeld ihres Ausbruches bereits zu erkennen und rechtzeitig therapeutische Gegenmaßnahmen zu ergreifen.

Die Krankenkasse trägt die vollen Kosten für Untersuchungen zur Früherkennung von

- Herz-, Kreislauf- und Nierenerkrankungen sowie Zuckerkrankheiten jedes 2. Jahr ab Vollendung des 35. Lebensjahres
- Krebserkrankungen
  einmal jährlich bei Frauen ab 20. Lebensjahr
  bei Männern ab 45. Lebensjahr
- Krankheiten, die die körperliche und geistige Entwicklung von Kindern gefährden, bis zur Vollendung des 6. Lebensjahres, sowie nach Vollendung des 10. Lebensjahres auf eine Untersuchung zur Früherkennung von Krankheiten
- Zahn-, Mund und Kiefererkrankungen.

Ebenso besteht ein Anspruch auf Vorsorgeuntersuchungen während der Schwangerschaft.

§ 28 SGB V

Ärztliche und zahnärztliche Behandlung

Die Behandlung umfasst die Tätigkeit des Arztes, die zur Verhütung, Früherkennung und Behandlung von Krankheiten ausreichend und notwendig ist.

§ 27 a SGB V

Die Leistungen der Krankenbehandlung umfassen auch medizinische Maßnahmen zur Herbeiführung einer Schwangerschaft.

Die zahnärztliche Behandlung umfasst die Tätigkeit des Zahnarztes, die zur Verhütung, Früherkennung und Behandlung von Zahn-, Mund- und Kieferkrankheiten dient. Sie umfasst auch konservierend-chirurgische Leistungen und Röntgenleistungen, die im Zusammenhang mit Zahnersatz einschließlich Zahnkronen und Suprakonstruktionen erbracht werden. Wählen Versicherte bei Zahnfüllungen eine darüber hinausgehende Versorgung, haben sie die Mehrkosten selbst zu tragen. In diesen Fällen ist von den Kassen die vergleichbare preisgünstigste plastische Füllung als Sachleistung abzurechnen.

Versicherte, die das 18. Lebensjahr vollendet haben, leisten je Kalendervierteljahr für jede erste Inanspruchnahme eines an der ambulanten ärztlichen, zahnärztlichen oder psychotherapeutischen Versorgung teilnehmenden Leistungserbringers, die nicht auf Überweisung aus demselben Kalendervierteljahr erfolgt, eine Praxisgebühr von 10 €.

Die Krankenkassen haben ihren Versicherten eine besondere hausärztliche Versorgung (hausarztzentrierte Versorgung) anzubieten.

Versorgung mit Zahnersatz

Versicherte haben Anspruch auf befundbezogene Festzuschüsse bei einer medizinisch notwendigen Versorgung mit Zahnersatz einschließlich Zahnkronen und Suprakonstruktionen in den Fällen, in denen eine zahnprothetische Versorgung notwendig ist. Die Festzuschüsse umfassen 50 % der Regelversorgung. Für eigene Bemühungen zur Gesunderhaltung der Zähne erhöhen sich die Festzuschüsse um 20 %. Die Erhöhung entfällt, wenn der Gebisszustand des Versicherten regelmäßige Zahnpflege nicht erkennen lässt und während der letzten fünf Jahre vor Beginn der Behandlung keine regelmäßigen Untersuchungen stattgefunden haben.

§ 29 SGB V

Kieferorthopädische Behandlung

Leistungen für kieferorthopädische Maßnahmen erhalten grundsätzlich nur Personen, die bei Behandlungsbeginn das 18. Lebensjahr noch nicht vollendet haben.

Die Krankenkasse leistet für die Behandlung von Kiefer- oder Zahnfehlstellung, die das Kauen, Beißen, Sprechen oder Atmen erheblich beeinträchtigen. Versicherte zahlen zur kieferorthopädischen Behandlung

LF 2
LF 9
LF 15

20 % der Kosten direkt an den Zahnarzt. Sie erhalten das Geld von ihrer Krankenkasse nach erfolgreichem Abschluss der Behandlung zurück erstattet.

Ist mehr als ein Kind unter 18 Jahren in kieferorthopädischer Behandlung, übernimmt die Kasse für dieses und jedes weitere Kind die Kosten zu 90 % und zahlt dem Versicherten den Eigenanteil von 10 % nach Behandlungsende ebenfalls zurück.

Arznei- und Verbandmittel

§§ 31, 34, 35 SGB V

Versicherte haben Anspruch auf Versorgung mit apothekenpflichtigen Arzneimitteln, soweit die Arzneimittel nicht nach § 34 SGB V (= nicht verschreibungspflichtige Arzneimittel) ausgeschlossen sind, sowie auf Versorgung mit Verbandmitteln.

Die Spitzenverbände der Krankenkassen haben Festbeträge für wirkstoffgleiche Arznei- und Verbandmittel festgesetzt. Für diese Mittel trägt die Krankenkasse die Kosten bis zur Höhe dieses Betrages, für andere Arznei- oder Verbandmittel die vollen Kosten jeweils abzüglich der vom Versicherten zu leistenden Selbstbeteiligung.

Rezeptfreie Arzneimittel werden grundsätzlich nicht von den gesetzlichen Krankenkassen erstattet. Ausnahmen: Kinder unter 12 Jahren und Jugendliche mit Entwicklungsstörungen nach ärztlicher Verordnung. Auch schwer Erkrankte bekommen unter Umständen die Kosten für rezeptfreie Arzneimittel von ihrer Krankenkasse ersetzt.

Versicherte der gesetzlichen Krankenversicherung zahlen für jedes rezeptpflichtige Arzneimittel eine Zuzahlung von 10 % des Verkaufspreises dazu, höchstens 10 € und mindestens 5 €. Die Zuzahlung beträgt jedoch nie mehr als die tatsächlichen Kosten des Mittels.

Im Zuge des GKV-Wettbewerbsstärkungsgesetzes sind Apotheker angehalten, nur die Arzneien abzugeben, für die die Kasse des Patienten einen Rabattvertrag mit den Arzneimittelherstellern abgeschlossen hat. Dies gilt nur dann nicht, wenn der Arzt „aut idem" auf dem Rezept ausschließt.

„Aut idem" ist lateinisch und bedeutet: „oder das Gleiche". Im Apothekenrecht wird damit die Möglichkeit des Apothekers beschrieben, statt eines vom Arzt verordneten Arzneimittels ein anderes, wirkstoffgleiches Präparat an den Patienten abzugeben. Das Präparat muss in Wirkungsstärke und Packungsgröße mit dem verordneten Arzneimittel identisch und für das gleiche Krankheitsbild zugelassen sein sowie die gleiche oder eine austauschbare Darreichungsform haben.

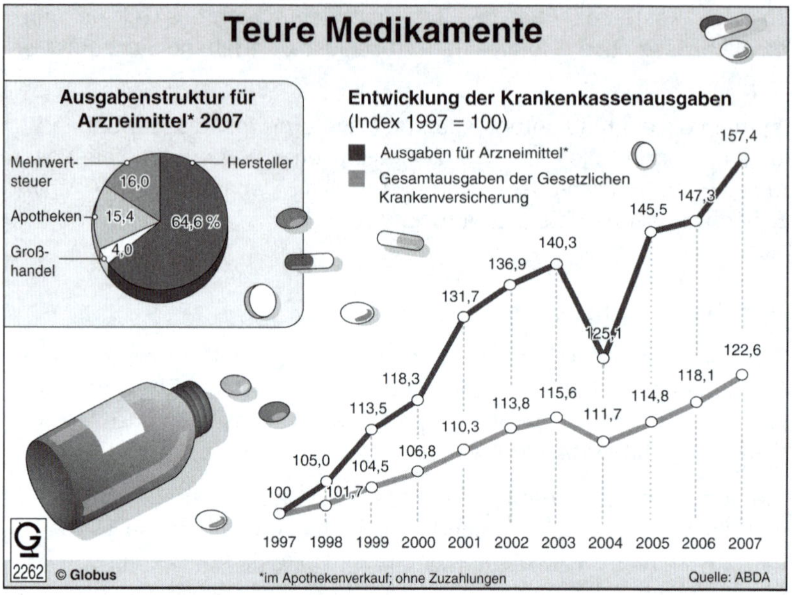

§ 32 SGB V

Heilmittel

Unter Heilmittel versteht man Maßnahmen der physikalischen Therapie, der Stimm-, Sprech- und Sprachtherapie sowie Maßnahmen der Ergotherapie.

Versicherte, die das 18. Lebensjahr vollendet haben, haben zu den Kosten der Heilmittel eine Zuzahlung von 10 % der Kosten sowie 10 € je Verordnung zu leisten.

§§ 33, 34, 36 SGB V

Hilfsmittel

Hilfsmittel im Sinne des SGB V sollen Behinderungen ausgleichen oder die Rehabilitation unterstützen oder Menschen mit bereits vorhandenen gesundheitlichen Risiken vor weiteren Risiken bei der Bewältigung ihres normalen Lebens schützen. Als Hilfsmittel gelten z. B. Brillengläser, Kontaktlinsen, Hörgeräte, Arm- und Beinprothesen, Geh- und Stützapparate, Brillengestelle, Gipsschalen, orthopädische Schuhe, künstliche Augen, Bruchbänder, Leihbinden, Gummistrümpfe, Einlagen, Heimdialysegeräte, Krankenfahrstühle.

Die Selbstbeteiligung für Hilfsmittel wie Gehhilfen oder Rollstühle beträgt 10 % der Kosten, jedoch mindestens 5 € und höchstens 10 €; allerdings nicht mehr als die Kosten des Mittels. Für Hilfsmittel, die zum Verbrauch bestimmt sind, z. B. Inkontinenz-Windeln, gilt die Zuzahlungsregel: 10 % je Verbrauchseinheit, aber höchstens 10 € im Monat. Bei Hilfsmitteln, für die ein Festbetrag festgesetzt wurde, höchstens bis zur Höhe des Festbetrags. Sehhilfen erstattet die Krankenkasse nur noch

LF 2
LF 9
LF 15

für Kinder und Jugendliche unter 18 Jahren sowie schwer Sehbehinderte.

Krankenhausbehandlung

§ 39 SGB V

Die Krankenhausbehandlung wird vollständig, teilstationär, vor- und nachstationär sowie ambulant erbracht. Versicherte haben Anspruch auf vollstationäre Behandlung in einem zugelassenen Krankenhaus, wenn die Aufnahme nach Prüfung durch das Krankenhaus erforderlich ist, weil das Behandlungsziel nicht durch teilstationäre, vor- und nachstationäre oder ambulante Behandlung einschließlich häuslicher Krankenpflege erreicht werden kann.

Versicherte, die das 18. Lebensjahr vollendet haben, zahlen vom Beginn der vollstationären Krankenhausbehandlung an innerhalb eines Kalenderjahres für längstens 28 Tage 10 € an das Krankenhaus, die diesen Betrag an die Krankenkasse weiterleitet.

Leistungen für Kuren

§§ 23, 24 SGB V

Die Krankenkasse kann, soweit kein Anspruch bei einem anderen Sozialversicherungsträger besteht, die Kosten einer

- ambulanten oder stationären Vorsorgekur sowie einer Müttergenesungskur

übernehmen oder bezuschussen.

Kuren sollen Krankheiten verhüten. Geht der Patient in einen Kurort, spricht man von einer ambulanten oder stationären Vorsorgekur. Darunter fallen auch Maßnahmen der medizinischen Vorsorge für Mütter und Väter (so genannte Mutter-Kind-Kuren bzw. Vater-Kind-Kuren). Vorsorgekuren dauern in der Regel 3 Wochen und werden nur alle 3 (ambulant) bzw. 4 (stationär) Jahre genehmigt. Es gilt der Grundsatz „ambulant vor stationär". Bei Vorsorgemaßnahmen für Mütter und Väter gilt dieser Grundsatz nicht.

Eine ambulante Vorsorgekur wird an einem anerkannten Kurort erbracht.

- Für Unterkunft und Verpflegung muss der Versicherte selber aufkommen, jedoch gibt es je nach Satzung der Krankenkasse einen Zuschuss von bis zu 13 € täglich.
- Für chronisch kranke Kleinkinder kann dieser Zuschuss je nach Satzung der Krankenkasse bis zu 21 € täglich betragen.

Im Gegensatz zur stationären Vorsorgekur müssen Versicherte nach dem 18. Geburtstag Zuzahlungen für Anwendungen am Kurort leisten. Bei Arztbesuchen ist eine Praxisgebühr zu entrichten, außer der Versicherte hat einen Überweisungsschein.

Reichen ambulante Vorsorgemaßnahmen nicht aus, kann die Krankenkasse eine stationäre Vorsorgekur bewilligen. Diese umfasst die stationäre Behandlung mit Unterkunft und Verpflegung in einer Vorsorgeeinrichtung. Versicherte nach dem 18. Geburtstag zahlen täglich 10 €. Eine

Vorsorgekur für Mütter und Väter wird nur stationär in einer Einrichtung des Müttergenesungswerks oder einer gleichartigen Einrichtung erbracht.

§§ 40, 41 SGB V

Medizinische Rehabilitation

Reicht bei Versicherten eine ambulante Krankenbehandlung nicht aus, erbringt die Krankenkasse aus medizinischen Gründen erforderliche ambulante oder stationäre Rehabilitationsleistungen in Rehabilitationseinrichtungen für längstens 3 Wochen. Diese Leistungen können nicht vor Ablauf von 4 Jahren nach Durchführung solcher Leistungen erbracht werden.

Versicherte, die das 18. Lebensjahr vollendet haben und diese Leistung in Anspruch nehmen, deren unmittelbarer Anschluss an eine Krankenhausbehandlung medizinisch notwendig ist, zahlen die Zuzahlung für längstens 28 Tage je Kalenderjahr an die Einrichtung; als unmittelbar gilt der Anschluss auch, wenn die Maßnahme innerhalb von 14 Tagen beginnt, es sei denn, die Einhaltung dieser Frist ist aus zwingenden tatsächlichen oder medizinischen Gründen nicht möglich.

Versicherte haben Anspruch auf aus medizinischen Gründen erforderliche Rehabilitationsleistungen in einer Einrichtung des Müttergenesungswerks oder einer gleichartigen Einrichtung; die Leistung kann in Form einer Mutter-Kind-Maßnahme erbracht werden.

§§ 44, 47, 48 SGB V

Krankengeld

Versicherte haben Anspruch auf Krankengeld, wenn die Krankheit sie arbeitsunfähig macht oder sie auf Kosten der Krankenkasse stationär in einem Krankenhaus, einer Vorsorge- oder Rehabilitationseinrichtung behandelt werden.

Das Krankengeld beträgt 70 % des erzielten regelmäßigen Arbeitsentgelts und Arbeitseinkommens, soweit es der Beitragsberechnung unterliegt. Das aus dem Arbeitsentgelt berechnete Krankengeld darf 90 % des Nettoarbeitsentgelts nicht übersteigen. Das Krankengeld wird für Kalendertage gezahlt. Das Regelentgelt wird bis zur Höhe des Betrages der kalendertäglichen Beitragsbemessungsgrenze berücksichtigt. Es wird bei Angestellten i. d. R. ab dem 43. Tag gezahlt.

Versicherte erhalten Krankengeld ohne zeitliche Begrenzung, für den Fall der Arbeitsunfähigkeit wegen derselben Krankheit jedoch längstens 78 Wochen innerhalb von je drei Jahren, gerechnet vom Tage des Beginns der Arbeitsunfähigkeit an. Tritt während der Arbeitsunfähigkeit eine weitere Krankheit hinzu, wird die Leistungsdauer nicht verlängert. Für Versicherte, die im letzten Dreijahreszeitraum wegen derselben Krankheit für 78 Wochen Krankengeld bezogen haben, besteht nach

LF 2
LF 9
LF 15

Beginn eines neuen Dreijahreszeitraums ein neuer Anspruch auf Krankengeld wegen derselben Krankheit.

Das Krankengeld ist grundsätzlich beitragspflichtig zur Renten-, Arbeitslosen- und Pflegeversicherung. Die Beiträge werden direkt von der Krankenkasse einbehalten und an die entsprechenden Versicherungsträger abgeführt. Die Beitragsanteile des Arbeitgebers (bei Arbeitnehmern) übernimmt während des Krankengeldbezuges die Krankenkasse. In der Krankenversicherung besteht während des Bezuges von Krankengeld Beitragsfreiheit.

Für Ehegatten und Kinder wird im Rahmen der Familienversicherung kein Krankengeld gezahlt.

Ab dem 1. Januar 2009 gilt für freiwillig versicherte Selbstständige grundsätzlich der einheitliche ermäßigte Beitragssatz. Der Versicherungsschutz umfasst zunächst keinen Krankengeldanspruch. Selbstständige können dann aber freiwillig und flexibel entscheiden, ob sie über einen Wahltarif einen Krankengeldanspruch bei ihrer Krankenkasse erhalten möchten oder nicht. Entscheiden sie sich dafür, zahlen sie eine entsprechende zusätzliche Prämie. Dabei sind verschiedene Tarifvariationen möglich. Die Krankenkassen sind gesetzlich verpflichtet, entsprechende Krankengeld-Wahltarife anzubieten; eine Gesundheitsprüfung wie in der privaten Krankenversicherung ist nicht zulässig. Am 18. Februar 2009 beschloss die Bundesregierung, die durch die Gesundheitsreform verschlechterten Regelungen zum Krankengeld für gesetzlich versicherte Selbstständige wieder zu ändern. Freiwillig versicherte Selbstständige können einen Krankengeldanspruch ab der siebten Woche der Arbeitsunfähigkeit entweder über das „gesetzliche" Krankengeld zum allgemeinen Beitragssatz oder einen Wahltarif absichern. Auch darüber hinausgehende Absicherungswünsche (z. B. höhere oder früher einsetzende Krankengeldansprüche) können über Wahltarife realisiert werden.

Die neue Regelung tritt ab August 2009 in Kraft.

Krankengeld bei Erkrankung des Kindes

§ 45 SGB V

Versicherte einer gesetzlichen Krankenkasse, die mit Anspruch auf Krankengeld versichert sind, haben Anspruch auf Krankengeld, wenn es nach ärztlichem Zeugnis erforderlich ist, dass sie zur Beaufsichtigung, Betreuung oder Pflege ihres erkrankten Kindes der Arbeit fernbleiben. Voraussetzung ist auch, dass eine andere in ihrem Haushalt lebende Person das Kind nicht beaufsichtigen, betreuen oder pflegen kann und das Kind das 12. Lebensjahr noch nicht vollendet hat oder behindert und auf Hilfe angewiesen ist. Das erkrankte Kind muss dabei selbst gesetzlich krankenversichert, das heißt in der Regel, familienversichert sein.

Anspruch auf Krankengeld besteht in jedem Kalenderjahr für jedes Kind längstens für 10 Arbeitstage, für allein erziehende Versicherte längstens für 20 Arbeitstage. Der Anspruch besteht für Versicherte für nicht mehr als 25 Arbeitstage, für allein erziehende Versicherte für nicht mehr als 50 Arbeitstage je Kalenderjahr.

Versicherte mit Anspruch auf Krankengeld haben für die Dauer dieses Anspruchs gegen ihren Arbeitgeber Anspruch auf unbezahlte Freistellung von der Arbeitsleistung.

§ 60 SGB V

Fahrtkosten

Seit dem 1. Januar 2004 übernimmt die gesetzliche Krankenkasse die Fahrtkosten für Taxi- und Mietwagenfahrten zur ambulanten Behandlung nur noch in Ausnahmefällen. Es ist eine Genehmigung durch die entsprechende Krankenkasse erforderlich. In allen anderen Fällen werden die Kosten nur übernommen, wenn zwingende medizinische Gründe für den Transport vorliegen. Dies sind z. B. Rettungsfahrten, Fahrten zur stationären Krankenhausbehandlung und wenn während der Fahrt eine fachliche oder technische Betreuung notwendig ist. Zusätzlich muss jeder Versicherte einen Eigenanteil in Höhe von 10 % je Fahrt, mindestens jedoch 5 € und höchstens 10 € leisten.

§§ 195 ff RVO

Leistungen bei Schwangerschaft und Mutterschaft

Die Versicherte hat während der Schwangerschaft, bei und nach der Entbindung Anspruch auf ärztliche Betreuung einschließlich der Untersuchungen zur Feststellung der Schwangerschaft und Schwangerenvorsorge sowie auf Hebammenhilfe.

Wird die Versicherte zur Entbindung in ein Krankenhaus oder eine andere Einrichtung aufgenommen, hat sie für sich und das Neugeborene auch Anspruch auf Unterkunft, Pflege und Verpflegung. Die Leistungen bei Schwangerschaft und Mutterschaft umfassen auch die Versorgung mit Arznei-, Verband- und Heilmitteln, häusliche Pflege, Haushaltshilfe und Mutterschaftsgeld.

Weibliche Mitglieder, die bei Arbeitsunfähigkeit Anspruch auf Krankengeld haben oder denen wegen der Schutzfristen kein Arbeitsentgelt gezahlt wird, erhalten Mutterschaftsgeld. Es beträgt höchstens 13 € für den Kalendertag. Übersteigt das Arbeitsentgelt 13 € kalendertäglich, wird der übersteigende Betrag vom Arbeitgeber gezahlt. Das Mutterschaftsgeld wird für die letzten sechs Wochen vor der Entbindung, den Entbindungstag und für die ersten acht Wochen, bei Mehrlings- und Frühgeburten für die ersten zwölf Wochen nach der Entbindung gezahlt.

Leistungsbeschränkung bei Selbstverschulden

§§ 52, 52 a SGB V

Haben sich Versicherte eine Krankheit vorsätzlich oder bei einem von ihnen begangenen Verbrechen oder vorsätzlichen Vergehen zugezogen, kann die Krankenkasse sie an den Kosten der Leistungen in angemessener Höhe beteiligen und das Krankengeld ganz oder teilweise für die Dauer dieser Krankheit versagen und zurückfordern.

Das Gleiche gilt, wenn sich der Versicherte eine Krankheit durch eine medizinisch nicht indizierte ästhetische Operation, eine Tätowierung oder ein Piercing zugezogen hat.

Zuzahlungen der Versicherten

Versicherte, die jünger als 18 Jahre sind, brauchen keine Zuzahlungen zu leisten. Ausnahme: Zuzahlungen bei Fahrtkosten.

Leistungsart	Ihre Zuzahlung im Kalenderjahr
ambulante ärztliche, zahnärztliche oder psychotherapeutische Behandlung	„Praxisgebühr": 10 € pro Quartal je ärztliche Behandlung, zusätzlich bei einer zahnärztlichen Behandlung sowie bei Notfällen; Ausnahmen: bei Überweisung innerhalb desselben Quartals, Schutzimpfungen, zahnärztlichen Kontrolluntersuchungen und Früherkennungsuntersuchungen.
stationäre Krankenhausbehandlung	10 € täglich für maximal 28 Tage.
stationäre Vorsorgemaßnahmen, ambulante und stationäre Rehabilitationsmaßnahmen, Mütterkuren	10 € täglich für die gesamte Dauer; bei Anschlussrehabilitation 10 € täglich für maximal 28 Tage.
Hilfsmittel (z. B. Einlagen, Gehhilfen, Rollstühle)	10 % des Preises, mindestens 5 € und höchstens 10 € je Hilfsmittel; allerdings jeweils nicht mehr als die Kosten des Hilfsmittels, wenn diese unter 5 € liegen. Die Zuzahlung zu jedem zum Verbrauch bestimmten Hilfsmittel – z. B. Einmalwindeln – beträgt 10 % je Packung, höchstens jedoch 10 € für den Monatsbedarf.
Arznei- und Verbandmittel	10 % des Abgabepreises, mindestens 5 € und höchstens 10 €; allerdings jeweils nicht mehr als die Kosten des Mittels.

Leistungsart	Ihre Zuzahlung im Kalenderjahr
Heilmittel (z. B. Massagen, Krankengymnastik)	10 % der Kosten sowie 10 € je Verordnung.
Häusliche Krankenpflege	10 % der Kosten, begrenzt auf 28 Tage sowie 10 € je Verordnung.
Soziotherapie	10 % der Kosten, mindestens 5 € und höchstens 10 € je Behandlungstag; allerdings jeweils nicht mehr als die Kosten der Therapie.
Haushaltshilfe	10 % der täglichen Kosten, mindestens 5 € und höchstens 10 € für jeden Tag, an dem Haushaltshilfe in Anspruch genommen wurde; allerdings nicht mehr als der tägliche Gesamtaufwand.
Fahrtkosten ▪ zur stationären Behandlung ▪ für Rettungsfahrten ins Krankenhaus ▪ für Krankenwagentransporte ▪ zur ambulanten Behandlung (mit öffentlichen Verkehrsmitteln, PKW, Taxi) nur noch in besonderen Ausnahmefällen nach vorheriger Genehmigung	10 % der Kosten pro Fahrt, mindestens 5 € und höchstens 10 €; allerdings jeweils nicht mehr als die Kosten pro Fahrt.

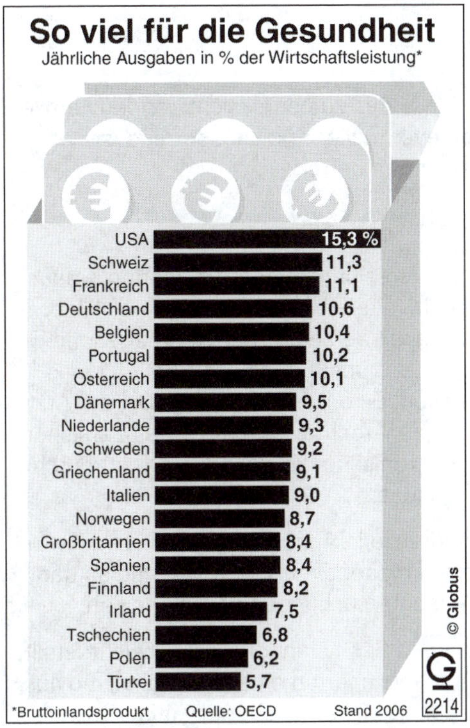

1.2.10 Belastungsgrenze und Zuzahlungsbefreiung

▶ Situation

Herr Räder ist Angestellter, verheiratet und hat zwei minderjährige Kinder. Sein Einkommen beträgt 41 000 € im Jahr. Er überlegt nun, wie hoch seine Belastungsgrenze ist und ab wann er keine Zuzahlungen für das laufende Jahr mehr entrichten muss.

▶ Erläuterung

Mit der Gesundheitsreform zum 1. 1. 2004 wurden auch die Zuzahlungsregelungen in der gesetzlichen Krankenversicherung neu gestaltet. Eine vollständige Befreiung von der Zuzahlung ist entfallen. § 61 SGB V

Damit die soziale Balance gewahrt bleibt, gibt es nach wie vor Belastungsgrenzen:

Versicherte, die im Laufe eines Jahres ihre individuelle Belastungsgrenze erreicht haben, können sich von ihrer Krankenkasse von weiteren Zuzahlungen befreien lassen.

§ 62 SGB V

Höhe der Belastungsgrenze

2-%-Regelung

Überschreiten die Zuzahlungen 2 % des zu berücksichtigenden Familienbruttoeinkommens abzüglich eventueller Kürzungsbeträge ist der Versicherte von weiteren Zuzahlungen befreit.

1-%-Regelung

Für chronisch Kranke, die wegen derselben schwerwiegenden Krankheit in Dauerbehandlung sind und weitere Voraussetzungen erfüllen. Die weitere Behandlungsbedürftigkeit derselben schwerwiegenden Erkrankung ist der Krankenkasse jeweils spätestens nach Ablauf eines jeden Kalenderjahres nachzuweisen. Eine Bescheinigung darf der Arzt nur ausstellen, wenn er ein therapiegerechtes Verhalten des Versicherten feststellt. Die Definition der chronischen Erkrankung erfolgt durch den Gemeinsamen Bundesausschuss.

Um die verminderte Belastungsgrenze in Anspruch nehmen zu können, ist von jüngeren Versicherten die regelmäßige Teilnahme an den für sie empfohlenen Gesundheitsuntersuchungen nachzuweisen.

Wird die Belastungsgrenze während des Kalenderjahres erreicht, stellt die Krankenkasse auf Antrag des Versicherten eine Bescheinigung aus, dass er von weiteren Zuzahlungen im Kalenderjahr befreit ist. Dazu muss der Versicherte seiner Krankenkasse gegenüber zum einen die Bruttoeinnahmen zum Lebensunterhalt aller im gemeinsamen Haushalt lebenden Angehörigen offenlegen. Zum anderen muss er die Quittungen einreichen, die seine bisher geleisteten Zuzahlungen belegen. Versicherte, die Zuzahlungen geleistet haben, die ihre Belastungsgrenze übersteigen, haben Anspruch auf Erstattung der überzahlten Beträge gegen ihre Krankenkasse.

1.2.11 Wahltarife der GKV

Mit dem GKV-Wettbewerbsstärkungsgesetz wurde den gesetzlichen Krankenkassen durch eine Änderung des § 53 SGB V ermöglicht, Wahltarife anzubieten. Diese lassen sich in „Muss-und-Kann-Tarife“ einteilen.

Was es bisher nur im System der privaten Krankenversicherung (PKV) gab, wird nun auch den gesetzlich Versicherten angeboten. Nachfolgend erfolgt ein Überblick über die einzelnen Wahltarife und die Vorgaben des Gesetzgebers.

Im Falle der „Muss-Tarife“ sollen die Versicherten durch Prämienzahlungen oder Zuzahlungsermäßigungen zur Teilnahme an besonderen Versorgungsformen motiviert werden.

Hierzu gehören:

- Hausarzt-Programme,
- strukturierte Behandlungsprogramme bei chronischen Krankheiten (Disease-Management-Programme),
- integrierte Versorgungsangebote,
- Modellvorhaben und
- Formen der besonderen ambulanten ärztlichen Versorgung.

Es gilt keine Mindest-Bindungsfrist.

Versicherte, deren Beiträge ganz von Dritten getragen werden, beispielsweise ALG-II-Empfänger, können nur Wahltarife zu besonderen Versorgungsformen wählen.

Seit dem 1. 1. 2009 kommt ein Wahltarif mit Krankengeld-Leistungen für Selbstständige hinzu. Hier beträgt die Bindungsfrist 3 Jahre.

Die „Kann-Tarife" gibt es seit dem 1. 4. 2007. Diese können von den gesetzlichen Krankenkassen angeboten werden, sind jedoch kein Pflichtangebot.

Hierzu gehören:

- Selbstbehalt-Tarife, in denen die Mitglieder einen Selbstbehalt vereinbaren und dafür eine Prämie erhalten,
- variable Kostenerstattungstarife, bei denen die Höhe der Kostenerstattung variiert werden kann gegen zusätzliche Prämienzahlungen durch die Mitglieder,
- Tarife für die Nicht-Inanspruchnahme von Leistungen, bei denen die Versicherten dann von der Kasse eine Prämie erhalten,
- ein Wahltarif für Arzneimittel der besonderen Therapierichtungen, bei denen diese Arzneimittel gegen zusätzliche Prämienzahlung durch den Versicherten mit erstattet werden.

Nur für die „Kann-Tarife" gilt: Die Mindest-Bindungsfrist der Versicherten an den Tarif beträgt generell 3 Jahre, ohne Sonderkündigungsrecht der Mitgliedschaft in der Krankenkasse, beispielsweise im Falle von Beitragssatzerhöhungen.

Bei allen Tarifen darf die Höhe der Rückerstattungs-Prämie maximal 20 % der Mitgliedsbeiträge, höchstens jedoch 600 € im Kalenderjahr betragen (Kappungsgrenze). Werden Wahltarife kombiniert, darf der Bonus 30 % der Mitgliedsbeiträge, maximal jedoch 900 € betragen.

1.2.12 Gerichtsbarkeit

▶ Situation

Die Krankenkasse hat Herrn Gregor Leistungen abgelehnt. Er ist jedoch der Meinung, darauf Anspruch zu haben. Bei seinem Freund, der Rechtsanwalt ist, erkundigt er sich, was er unternehmen muss, um zu seinem „Recht" zu kommen. Dieser erläutert ihm die notwendige Vorgehensweise.

▶ Erläuterung

Bevor ein Versicherter Klage beim Sozialgericht erheben kann, muss er zuerst Widerspruch gegen eine Entscheidung des Sozialversicherungsträgers erheben.

Dieser Widerspruch wird an die Widerspruchsstelle der Selbstverwaltungsorgane – also des betreffenden Sozialversicherungsträgers – weitergeleitet.

Diese entscheidet, ob der Widerspruch berechtigt ist oder nicht.

Wird der Widerspruch abgelehnt, so kann der Versicherte Klage beim Sozialgericht erheben. Es ist das Sozialgericht zuständig, in dessen Bezirk der Kläger wohnt. Das Sozialgericht ist eingeteilt in Kammern (z. B. Kammer für Angestelltenversicherung), die verhandeln und entscheiden. Findet der Versicherte auch dort keinen Erfolg, so kann er in die Berufung gehen. Dafür ist das Landessozialgericht zuständig, das sich in Senate gliedert.

Für bestimmte Fälle (meistens Bagatellfälle) schließt das Gesetz die Berufung ausdrücklich aus, um eine Überlastung der Landessozialgerichte zu vermeiden.

Gegen die Urteile des Landessozialgerichtes kann nur Revision beim Bundessozialgericht eingelegt werden. Die ist aber nur mit Zustimmung des Landessozialgerichtes möglich. Verweigert das Landessozialgericht die Revision, so kann die Nichtzulassung mit der Beschwerde angefochten werden.

Vor dem Sozial- und dem Landessozialgericht kann der Versicherte seine Beschwerden persönlich vortragen. Bei einer Verhandlung vor dem Bundessozialgericht muss er sich durch einen Rechtsanwalt vertreten lassen.

Gerichtskosten entstehen dem Versicherten in allen drei Instanzen nicht, auch wenn er die Prozesse verliert.

Wer die außergerichtlichen Kosten, z. B. für den Rechtsanwalt, zu tragen hat, legt das Gericht in seinem Urteil fest.

▶ Zusammenfassung

Sozialgerichtsbarkeit

Widerspruchsstelle ← **Vorverfahren**

↓

Sozialgericht ← **Klage**

- durch Kläger oder Vertreter
- innerhalb eines Monats ab Zustellung des Ablehnungsbescheids der Widerspruchsstelle
- Kammer ist besetzt mit 1 Berufsrichter und 2 ehrenamtlichen Richtern

↓

Landessozialgericht ← **Berufung**

- durch Beteiligte oder Vertreter
- innerhalb eines Monats nach Zustellung des Urteils des Sozialgerichts
- Senat ist besetzt mit 3 Berufsrichtern und 2 ehrenamtlichen Richtern

↓

Bundessozialgericht ← **Revision**

- nur durch Vertreter (z. B. Rechtsanwalt)
- innerhalb eines Monats nach Urteilszustellung schriftlich unter Beachtung bestimmter Formen
- Senat ist besetzt mit 3 Berufsrichtern und 2 ehrenamtlichen Richtern

Übungen

1. Aus welchen Zweigen besteht die Sozialversicherung?
2. Beschreiben Sie den Geltungsbereich der GKV.
3. Nennen Sie die Rechtsgrundlagen der GKV.
4. Wer sind die Träger des Versicherungsschutzes in der GKV?
5. Was versteht man im Rahmen des versicherbaren Personenkreises unter Pflichtversicherten und wer gehört dazu?
6. Wer kann sich in der GKV freiwillig versichern?
7. Welche Personen sind familienversichert?
8. Unter welchen Voraussetzungen ist die Familienversicherung für Kinder ausgeschlossen?
9. Welche Personen sind versicherungsfrei?
10. Wie kommt das Versicherungsverhältnis in der GKV zustande?
11. Wann beginnt der Versicherungsschutz?
12. Wonach richtet sich der zu zahlende Beitrag?
13. Wer bezahlt den Beitrag in der GKV?
14. Was versteht man unter Beitragsbemessungsgrenze und Jahresarbeitsentgeltgrenze? Wie hoch ist sie in diesem Jahr?
15. Was versteht man unter Befreiung von der Versicherungspflicht und was ist dabei zu beachten?
16. Wer kann sich von der Versicherungspflicht befreien lassen?
17. Wann erlischt der Leistungsanspruch?
18. Wie bezeichnet man das grundsätzliche Leistungsprinzip in der gesetzlichen Krankenversicherung?
19. In welchen Fällen ist eine Praxisgebühr zu zahlen?
20. Beschreiben Sie die Verbindung zwischen Versicherten, Arzt und Krankenkasse.
21. Für welche Leistungen des Zahnarztes übernimmt die Kasse die Kosten?
22. Welche Kosten übernimmt die gesetzliche Krankenversicherung bei einer stationären Heilbehandlung?
23. Wann, wie lange und in welcher Höhe bezahlt die GKV Krankengeld?

24. Was geschieht bei Arbeitsunfähigkeit, wenn die Lohnfortzahlungspflicht des Arbeitgebers geendet hat, mit den Beiträgen zur Renten-, Arbeitslosen- und Pflegepflichtversicherung?

25. Was versteht man unter der Belastungsgrenze?

1.3 Private Krankenversicherung (PKV)

1.3.1 Anzahl und Arten der privaten Unternehmen

▶ Situation

Familie Strack trägt sich mit dem Gedanken zu einer privaten Krankenversicherung zu wechseln. Sie stellen bei ihren Recherchen im Vorfeld fest, dass es eine Vielzahl von Anbietern mit einer sehr großen Angebotspalette gibt. Auch sind sie überrascht über die Höhe der Prämieneinnahmen der Krankenversicherer und die Anzahl der versicherten Personen.

▶ Erläuterung

Der PKV-Verband mit Sitz in Köln vertritt die Interessen der privaten Krankenversicherer.

Anzahl der Mitgliedsunternehmen des PKV-Verbandes

46 Mitgliedsunternehmen	▪ 20 Versicherungsvereine auf Gegenseitigkeit ▪ 26 Aktiengesellschaften
1 außerordentliches Mitgliedsunternehmen	Das Versicherungsunternehmen ist kein ordentliches Mitglied, da es die Krankenversicherung zusammen mit einem anderen Versicherungszweig betreibt.
2 verbundene Einrichtungen	▪ Krankenversorgung der Bundesbahnbeamten ▪ Postbeamtenkrankenkasse

Als Interessenvertretung der privaten Krankenversicherer vertritt und fördert der PKV-Verband seine Mitgliedsunternehmen durch Teilnahme an Anhörungen im nationalen und europäischen Gesetzgebungsverfahren und durch fachliche Stellungnahmen in sozialpolitischen Entscheidungen. Des Weiteren berät der Verband seine Mitglieder in Grundsatzfragen der Tarifgestaltung, beispielsweise bei der Einführung neuer Tarife.

1.3.2 Beitragseinnahmen nach Versicherungsarten

Beitragseinnahmen nach Versicherungsarten	2007 in Mio. €	2006 in Mio. €	Veränderung absolut	in %
Krankheitsvollversicherung	21 230	20 509,6	+ 720	+ 3,5
Pflegeversicherung	1 890	1 871,3	+ 20	+ 1,1
Zusatzversicherungen	5 720	5 493,9	+ 230	+ 4,2
davon Zusatzversicherungen zum GKV-Schutz	3 720	3 520,0	+ 200	+ 5,7
Krankentagegeldversicherung	1 040	1 042,1	0	0,0
Krankenhaustagegeld-versicherung	700	726,5	– 30	– 4,1
Pflegezusatzversicherung	260	205,3	+ 50	+ 24,4
Besondere Versicherungs-formen,	620	608,0	+ 10	+ 1,6
davon Auslandreisekranken-versicherung	290	328,8	– 40	– 12,2
Spezielle Ausschnitts-versicherung	100	45,4	+ 50	+ 110,1
Beihilfeablöseversicherung	210	210,3	0	0,0
Restschuld- und Lohn-fortzahlungsversicherung	20	23,5	0	0,0
insgesamt	29 460	28 482,8	+ 980	+ 3,4
insgesamt ohne Pflegeversicherung	27 570	26 611,5	+ 960	+ 3,6

Quelle: Die private Krankenversicherung, Zahlenbericht 2007, S. 20

Den größten Anteil an den Beitragseinnahmen machte mit 71,99 % die Krankheitsvollversicherung aus. Die Zusatzversicherungen, die von gesetzlich Versicherten abgeschlossen werden, um den GKV-Schutz zu verbessern, hatten hingegen nur einen Anteil von 12,64 % an den Beitragseinnahmen.

Versicherungsleistungen
(inkl. Schadenregulierungsaufwendungen)

Versicherungs-leistungen	2007 in Mio. €	2006 in Mio. €	Veränderung absolut	in %
Krankenversicherung	18 319,5	17 274,7	+ 1 044,8	+ 6,05
Pflegeversicherung	578,1	563,8	+ 14,3	+ 2,54
insgesamt	18 897,6	17 838,5	+ 1 059,1	+ 5,94

1.3.3 Anzahl der versicherten Personen

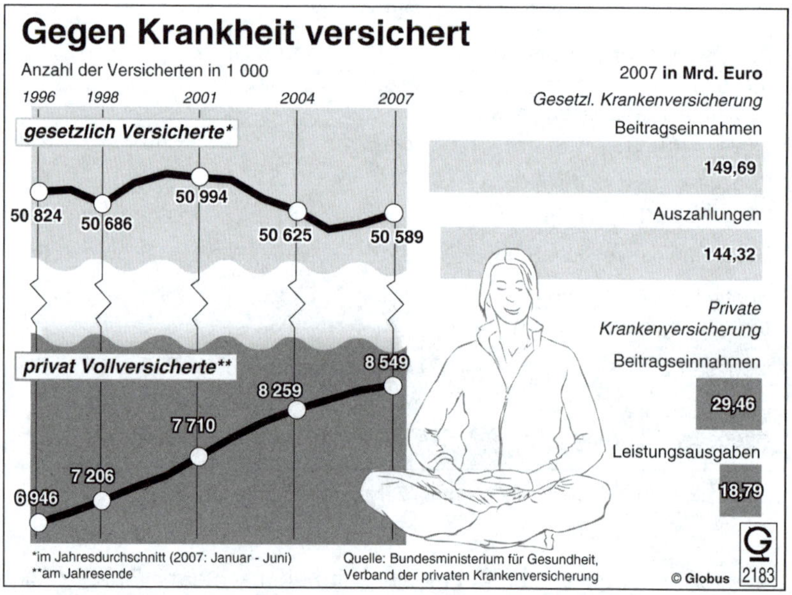

Im Jahr 2000 erhöhte sich die Zahl der privat Vollversicherten auf 7,5 Millionen; das waren 600 000 mehr als 1995 und 2,3 Millionen mehr als 1985. Gleichzeitig vergrößerte sich der Kreis derjenigen, die zwar in der gesetzlichen Krankenversicherung (GKV) einen Grundschutz gegen das finanzielle Risiko Krankheit haben, die aber im Ernstfall auf allerlei Annehmlichkeiten nicht verzichten wollen. Insgesamt 7,5 Millionen GKV-Versicherte waren im Jahr 2000 privat zusatzversichert.

1.3.4 Versicherter Personenkreis

▶ Situation

Das Ehepaar Strack ist der Meinung, dass die private Krankenversicherung nur für Personen in Frage kommt, die entweder ein sehr hohes Einkommen haben oder selbstständig sind. Da sie sich jedoch nicht ganz sicher sind, beschließen sie, ein Gespräch mit einem Fachmann zu führen und sich sachkundig zu machen.

▶ Erläuterung

Der privaten Krankenversicherung fallen im Rahmen der Daseinsvorsorge folgende Aufgaben zu:

Übernahme des vollen Versicherungsschutzes für solche Personen, die nicht gesetzlich versichert zu sein brauchen, wie

- Selbstständige und Freiberufler
- Arbeitnehmer mit einem Jahresgehalt über der Versicherungspflichtgrenze
- Beamte und Beamtenanwärter
- Studenten
- freiwillige Mitglieder der gesetzlichen Krankenversicherung

Aus diesem Potential sind vornehmlich die Mitglieder für eine Vollversicherung. Sie unterliegen, mit Ausnahme von Studenten, nicht der Versicherungspflicht in der gesetzlichen Krankenversicherung und stehen so gewissermaßen für eine private Vollversicherung zur Disposition.

Aber auch die Versicherungspflichtigen in der gesetzlichen Krankenversicherung werden von der PKV umworben, und zwar für eine Teilkostenversicherung als private Zusatzversicherung. Das könnte zum Beispiel eine Krankentagegeld- oder Krankenhaustagegeldversicherung sein. Auch andere Zusatzversicherungen stellen oft eine sinnvolle Ergänzung zum gesetzlichen Krankenversicherungsschutz dar. Hier ist vor allem an die schon obligatorische Auslandreisekrankenversicherung zu denken, die für die Dauer eines Erholungsurlaubes im Ausland auf Zeit und völlig ohne Verwaltungsaufwand abgeschlossen werden kann.

1.3.4.1 Selbstständige und Freiberufler

Im Gegensatz zu Arbeitnehmern, die nur versicherungsfrei sind, wenn ihr Einkommen die Jahresarbeitsentgeltgrenze übersteigt, sind Selbstständige und Freiberufler (z. B. Steuerberater, niedergelassene Ärzte, Rechtsanwälte) grundsätzlich versicherungsfrei.

Ausnahmen:

Künstler und Landwirte sind trotz Selbstständigkeit versicherungspflichtig. Sie können sich jedoch unter bestimmten Voraussetzungen befreien lassen.

Landwirtschaftliche Unternehmer können sich von der Versicherungspflicht befreien lassen, wenn der Wirtschaftswert des landwirtschaftlichen Unternehmens ca. 30 000 € (früher 60 000 DM) übersteigt. Künstler oder Publizisten können sich von der Krankenversicherungspflicht befreien lassen, wenn ihr Gesamteinkommen aus drei aufeinander folgenden Kalenderjahren die Summe der JAEG für denselben Zeitraum überstiegen hat.

1.3.4.2 Beamte, Richter und Soldaten

Der Grund für die Versicherungsfreiheit dieser Personen liegt darin, dass für sie im Falle der Krankheit anderweitige Regelungen für ihre wirtschaftliche Sicherung getroffen worden sind. Vor dem Hintergrund einer umfassenden Vorsorge durch den Staat hat der Gesetzgeber darauf verzichtet, sie in den gesetzlichen Krankenversicherungsschutz einzubeziehen. Je nach Berufsgruppe erhalten sie entweder freie Heilfürsorge oder Beihilfen.

Beihilfe ist eine finanzielle Hilfe in Krankheits-, Pflege- und Geburtsfällen, bei Maßnahmen zur Früherkennung von Krankheiten und bei Schutzimpfungen. Diese gewährt der Dienstherr auf Antrag des Beamten aufgrund seiner Fürsorgepflicht im Rahmen seines Dienstverhältnisses.

§ 2 BhV

Beihilfeberechtigter Personenkreis

Die folgenden Personenkreise haben einen eigenen, auf ihren persönlichen Status bezogenen Beihilfeanspruch:

- Bundesbeamte und Richter im Bundesdienst
- Ruhestandsbeamte (Pensionär) und Richter im Ruhestand, soweit sie im Bundesdienst tätig waren
- Berufssoldaten und Soldaten auf Zeit, für ihre Familienangehörigen, sofern diese nicht selbst im öffentlichen Dienst tätig sind; die Soldaten selbst haben während ihrer Tätigkeit Anspruch auf freie Heilfürsorge.
- frühere Bundesbeamte und Richter im Bundesdienst sowie Berufssoldaten und Soldaten auf Zeit, die wegen
  - Dienstunfähigkeit
  - Erreichen der Altersgrenze oder
  - Ablauf der Dienstzeit

  entlassen bzw. ausgeschieden sind.
- Witwen, Witwer und Waisen der vorher genannten Personen (Waisen sind für ihre Ehegatten und Kinder nicht beihilfeberechtigt).

Berücksichtigungsfähige Familienangehörige

§ 3 BhV

Zu den beihilfeberücksichtigungsfähigen Angehörigen zählen:

- die nicht selbst beihilfeberechtigten Ehegatten, sofern kein eigenes Einkommen von mehr als 17 000 € im Vorvorjahr erzielt wurde
- leibliche Kinder, Stief- und Adoptivkinder i. d. R. bis zum vollendeten 18. Lebensjahr (darüber hinaus bis zum vollendeten 25. Lebensjahr wegen Schul- oder Berufsausbildung).

Beihilfeberücksichtigungsfähige Personen haben keinen selbstständigen Anspruch auf Beihilfe; der Beihilfeberechtigte erhält für sie Beihilfe. Die Beihilfe für gesetzlich versicherte Angehörige erfolgt je nach Status (freiwillig oder pflichtversichert) als Sachleistung oder Restkostenbeteiligung.

Höhe des Beihilfesatzes

§ 14 BhV

Die Höhe des Beihilfesatzes ist personengebunden und gilt einheitlich für alle Behandlungsbereiche.

Die Beihilfe beträgt für:

■ den Beihilfeberechtigten	50 %
mit zwei oder mehr Kindern	70 %
■ den Ehegatten	70 %
■ Kinder	80 %
■ Empfänger von Waisengeld	80 %
■ Versorgungsempfänger	70 %

Begrenzung der Beihilfen

§ 15 BhV

Beihilfe und Leistungen aus einer Krankheitskostenversicherung dürfen zusammen die entstandenen Aufwendungen nicht übersteigen. Damit führt eine Überversicherung in der Regel zu Beihilfekürzungen. Die 100-%-Grenze gilt auch für gesetzlich versicherte Beihilfeberechtigte.

Die meisten Versicherer bieten spezielle Beamtentarife (Prozentualtarife) an, um durch die Restkostendeckung eine 100%ige Absicherung zu gewährleisten.

Für Soldaten, Polizei- und Grenzschutzbeamte gelten die besonderen Bestimmungen der freien Heilfürsorge. Post- und Bahnbeamte verfügen über eigene Versicherungseinrichtungen. Die freie Heilfürsorge ist eine 100-prozentige Fürsorgepflicht des Dienstherrn.

§ 7 USG

Wehrpflichtige, die Grundwehrdienst leisten, genießen ebenfalls freie Heilfürsorge und haben Anspruch auf Ersatz der Beiträge für eine Anwartschaftversicherung nach dem Unterhaltssicherungsgesetz (USG).

Für nicht sozialversicherungspflichtige Angehörige, die über kein eigenes Einkommen verfügen, werden die Beiträge für eine private Krankenversicherung ebenfalls von der Unterhaltssicherungsbehörde übernommen.

§§ 5, 6 SGB V

1.3.4.3 Höherverdienende Arbeitnehmer

Versicherungsfreiheit bei Überschreiten der Jahresarbeitsentgeltgrenze („Dreijahresregel")

Versicherungsfrei sind Arbeiter und Angestellte, deren regelmäßiges Jahresarbeitsentgelt die Jahresarbeitsentgeltgrenze übersteigt und in drei aufeinanderfolgenden Kalenderjahren überstiegen hat.

Wird die Jahresarbeitsentgeltgrenze in drei aufeinanderfolgenden Kalenderjahren überschritten, endet die Versicherungspflicht mit Ablauf des dritten Kalenderjahres, in dem sie überschritten wird. Dies gilt nicht, wenn das Entgelt die vom Beginn des nächsten Kalenderjahres an geltende Jahresarbeitsentgeltgrenze nicht übersteigt. Ein Überschreiten der Jahresarbeitsentgeltgrenze in einem von drei aufeinanderfolgenden Kalenderjahren liegt vor, wenn das tatsächlich im Kalenderjahr erzielte regelmäßige Jahresarbeitsentgelt die Jahresarbeitsentgeltgrenze überstiegen hat. Für Zeiten, in denen bei fortbestehendem Beschäftigungsverhältnis kein Arbeitsentgelt erzielt worden ist, insbesondere bei Arbeitsunfähigkeit nach Ablauf der Entgeltfortzahlung sowie bei Bezug von Entgeltersatzleistungen, ist ein regelmäßiges Arbeitsentgelt in der Höhe anzusetzen, in der es ohne die Unterbrechung erzielt worden wäre.

Für Zeiten des Bezugs von Erziehungsgeld oder Elterngeld oder der Inanspruchnahme von Elternzeit, für Zeiten, in denen als Entwicklungshelfer Entwicklungsdienst nach dem Entwicklungshelfergesetz geleistet worden ist, sowie im Falle des Wehr- oder Zivildienstes ist ein Überschreiten der Jahresarbeitsentgeltgrenze anzunehmen, wenn spätestens innerhalb eines Jahres nach diesen Zeiträumen eine Beschäftigung mit einem regelmäßigen Arbeitsentgelt oberhalb der Jahresarbeitsentgeltgrenze aufgenommen wird; dies gilt auch für Zeiten einer Befreiung von der Versicherungspflicht nach § 8 Abs. 1 a, 2 oder 3 SGB V.

Selbstständige, die eine Arbeitnehmertätigkeit aufnehmen, sind unabhängig von der Höhe ihres Gehaltes und unabhängig davon, wie lange sie vorher privatversichert waren, für zumindest drei Kalenderjahre krankenversicherungspflichtig. Ausnahmen: Hierunter fallen Personen, für die der Gesetzgeber eine Beschäftigung oder für über 55-jährige Personen ohne ausreichende GKV-Vorversicherung. Diese Personen werden weiterhin nicht krankenversicherungspflichtig.

Regelmäßiges Jahresarbeitsentgelt

Maßgebend für die Beurteilung der Versicherungsfreiheit von Arbeitnehmern nach § 6 Abs. 1 Nr. 1 SGB V ist das regelmäßige Jahresarbeitsentgelt. Zum regelmäßigen Jahresarbeitsentgelt gehören neben dem laufend gezahlten Arbeitsentgelt aus der Beschäftigung des Arbeitnehmers, auch einmalig gezahlte Bezüge, die mit an Sicherheit grenzender Wahrscheinlichkeit mindestens einmal jährlich gezahlt werden.

Ferner sind Vergütungen für vertraglich vorgesehenen Bereitschaftsdienst in die Berechnung des regelmäßigen Jahresarbeitsentgelts mit einzubeziehen.

Vergütungen für Überstunden gehören dagegen zu den unregelmäßigen Arbeitsentgeltbestandteilen und sind daher bei der Berechnung des regelmäßigen Jahresarbeitsentgelts außer Betracht zu lassen; etwas anderes gilt lediglich für feste Pauschalbeträge, die als Abgeltung für Überstunden regelmäßig zum laufenden Arbeitsentgelt gezahlt werden.

Zuschläge, die mit Rücksicht auf den Familienstand gezahlt werden, bleiben bei der Berechnung des regelmäßigen Jahresarbeitsentgelts außer Betracht. Übt ein Arbeitnehmer nebeneinander mehrere Beschäftigungen aus, dann sind für die Feststellung des regelmäßigen Jahresarbeitsentgelts die Arbeitsentgelte aus allen Beschäftigungen zusammenzurechnen.

Maßgebende Jahresarbeitsentgeltgrenze (JAEG)

Durch das Beitragssatzsicherungsgesetz vom 23. 12. 2002 ist die Jahresarbeitsentgeltgrenze mit Wirkung vom 1. 1. 2003 formal von der Beitragsbemessungsgrenze der Rentenversicherung abgekoppelt worden. Seitdem gibt es zwei Jahresarbeitsentgeltgrenzen.

Die besondere Jahresarbeitsentgeltgrenze gilt für Arbeitnehmer, die am 31. 12. 2002 wegen Überschreitens der an diesem Tag geltenden Jahresarbeitsentgeltgrenze versicherungsfrei und bei einem privaten Krankenversicherungsunternehmen in einer substitutiven Krankenversicherung versichert waren.

Auf dieser Basis ist also stets zu prüfen, welche Jahresarbeitsentgeltgrenze für den Versicherten maßgebend ist.

Höhe der allgemeinen JAEG

2004	46 350 €	2005	46 800 €
2006	47 250 €	2007	47 700 €
2008	48 150 €	2009	48 600 €

Höhe der besonderen JAEG

2004	41 850 €	2005	42 300 €
2006	42 750 €	2007	42 750 €
2008	43 200 €	2009	44 100 €

§ 8 SGB V

Angestellte und Arbeiter, die wegen Änderung der Jahresarbeitsentgeltgrenze versicherungspflichtig werden, haben die Möglichkeit, sich auf Antrag von der Versicherungspflicht befreien zu lassen.

Der Antrag auf Befreiung von der Versicherungspflicht ist innerhalb von 3 Monaten nach Beginn der Versicherungspflicht bei der zuständigen Krankenkasse zu stellen. Die Befreiung kann nicht widerrufen werden.

1.3.4.4 Zusatzversicherte (Mitglieder der GKV)

Alle Personen, die in der gesetzlichen Krankenversicherung versichert sind, haben die Möglichkeit, eine Zusatzversicherung bei der privaten Krankenversicherung abzuschließen. Sie können durch den Abschluss den Versicherungsschutz der GKV ergänzen oder die Deckungslücken im Versicherungsschutz der GKV schließen, wie z.B. durch den Abschluss einer Auslandsreisekrankenversicherung.

▶ Zusammenfassung

in der PKV voll versicherbar:
- Selbstständige
- Freiberufler (z. B. Ärzte, Notare)
- Beamte
- höherverdienende Arbeitnehmer (Angestellte und Arbeiter)

zusätzlich in der PKV versicherbar:
- Mitglieder der GKV

1.3.5 Arbeitgeberzuschuss zum Krankenversicherungsbeitrag

▶ Situation

Herr Strack möchte – auch wenn er privat versichert ist – weiterhin den Arbeitgeberzuschuss zu seiner Krankenversicherung bekommen. Es interessiert ihn natürlich, in welcher Höhe und unter welchen Voraussetzungen sich sein Arbeitgeber an seiner Krankenversicherung beteiligt.

▶ Erläuterung

Einen Beitragszuschuss erhalten auch Beschäftigte, die nur wegen Überschreitens der Jahresarbeitsentgeltgrenze versicherungsfrei oder die von der Versicherungspflicht befreit sind und in der privaten Krankenversicherung für sich und ggf. für ihre Angehörigen Vertragsleistungen beanspruchen können, die der Art nach den Leistungen der GKV entsprechen.

Berechnung des Arbeitgeberzuschusses für privat Krankenversicherte

Maßgebend ist der allgemeine Beitragssatz der gesetzlichen Krankenversicherung bei Anwendung des um 0,9 Beitragssatzpunkte verminderten Beitragssatzes. Als Bemessungsgrundlage dient das monatliche Arbeitsentgelt bis zur jeweiligen Beitragsbemessungsgrenze. Der Höchstbeitragszuschuss beträgt seit dem 1. 7. 2007 257,25 € (7,0 % von 3 675 €). Die Höhe des Zuschusses ist auf maximal die Hälfte des tatsächlich zu zahlenden Krankenversicherungsbeitrages begrenzt.

Für Arbeitnehmer, die von der Versicherungspflicht befreit sind oder sich befreien lassen, gilt folgende Regelung:

Bei einem Arbeitsentgelt unterhalb der Beitragsbemessungsgrenze wird zur Berechnung des Arbeitgeberzuschusses nur das tatsächliche Arbeitsentgelt berücksichtigt.

Für eine Krankenhaustagegeldversicherung in Verbindung mit einer Vollkostenversicherung gibt es einen Arbeitgeberzuschuss – nicht jedoch für eine Pflegezusatzversicherung.

Zur privaten Pflegepflichtversicherung zahlt der Arbeitgeber einen Zuschuss in halber Beitragshöhe, maximal jedoch die Hälfte des Höchstbeitrages in der sozialen Pflegepflichtversicherung.

Der Zuschuss wird seit dem 1. Januar 2009 für eine private Krankenversicherung nur gezahlt, wenn das Versicherungsunternehmen

1. diese Krankenversicherung nach Art der Lebensversicherung betreibt,

2. einen Basistarif im Sinne des § 12 Abs. 1 a des Versicherungsaufsichtsgesetzes anbietet,
3. soweit es über versicherte Personen im brancheneinheitlichen Standardtarif im Sinne von § 257 Abs. 2 a in der bis zum 31. Dezember 2008 geltenden Fassung verfügt, sich verpflichtet, die in § 257 Abs. 2 a in der bis zum 31. Dezember 2008 geltenden Fassung in Bezug auf den Standardtarif genannten Pflichten einzuhalten,
4. sich verpflichtet, den überwiegenden Teil der Überschüsse, die sich aus dem selbst abgeschlossenen Versicherungsgeschäft ergeben, zugunsten der Versicherten zu verwenden,
5. vertraglich auf das ordentliche Kündigungsrecht verzichtet,
6. die Krankenversicherung nicht zusammen mit anderen Versicherungssparten betreibt, wenn das Versicherungsunternehmen seinen Sitz im Geltungsbereich dieses Gesetzes hat.

Der Versicherungsnehmer hat dem Arbeitgeber jeweils nach Ablauf von 3 Jahren eine Bescheinigung des Versicherungsunternehmens darüber vorzulegen, dass die Aufsichtsbehörde dem Versicherungsunternehmen bestätigt hat, dass es die Versicherung, die Grundlage des Versicherungsvertrages ist, nach den Voraussetzungen des § 257 SGB V betreibt.

2. Versicherungsarten und Leistungen

2.1 Krankheitskostenversicherung

▶ Situation

Herr und Frau Strack analysieren mit der Außendienstmitarbeiterin, Frau Mangold, ob für sie beide eine Krankheitskostenteil- oder Krankheitskostenvollversicherung in Frage kommt. Darüber hinaus will das Ehepaar auch gegen Verdienstausfall infolge Arbeitsunfähigkeit versichert werden und bei einem Aufenthalt im Krankenhaus ein Tagegeld erhalten.

▶ Erläuterung

Die Krankheitskostenversicherung wird als Krankheitskosten**voll**versicherung bezeichnet, wenn sie ambulante, stationäre und zahnärztliche Heilbehandlung abdeckt.

Als Krankheitskosten**teil**versicherung ist nur der stationäre zahnärztliche oder ambulante Bereich versichert. Die stationäre Teilversicherung wird meist als Zusatzversicherung vor allem von den GKV-Versicherten gewählt, die damit die Möglichkeit einer Behandlung als Privatpatient und der Unterbringung in einem Ein- oder Zweibettzimmer im Krankenhaus abdecken.

Die ambulante Teilversicherung hat in den letzten Jahren an Bedeutung gewonnen, nachdem die Leistungen der GKV teilweise gekürzt bzw. Zuzahlungen für viele Leistungen erhoben werden. Voraussetzung für eine ambulante Zusatzversicherung ist der Kostenersatz durch die gesetzliche Krankenkasse anstelle des Sachleistungsprinzips. Die Restkosten können durch eine private Zusatzversicherung abgedeckt werden. § 13 GMG

Seit dem Gesetz zur Modernisierung der gesetzlichen Krankenversicherung (GMG), das seit 1. 1. 2004 Gültigkeit hat, haben alle gesetzlich Versicherten (Pflicht- und freiwillig Versicherte) das Recht, vorab mit ihrer Krankenkasse Kostenerstattung zu vereinbaren. Der Kostenersatz erfolgt in der Höhe, wie er auch über die Versicherungskarte vergütet worden wäre. Häufig sehen die gesetzlichen Kassen einen Abschlag vom Erstattungsbetrag für Verwaltungskosten und fehlende Wirtschaftlichkeitsprüfung vor. Vorgesehene gesetzliche Zuzahlungen werden ebenfalls in Abzug gebracht.

Der Versicherte ist an die Wahl der Kostenerstattung mindestens 1 Jahr gebunden.

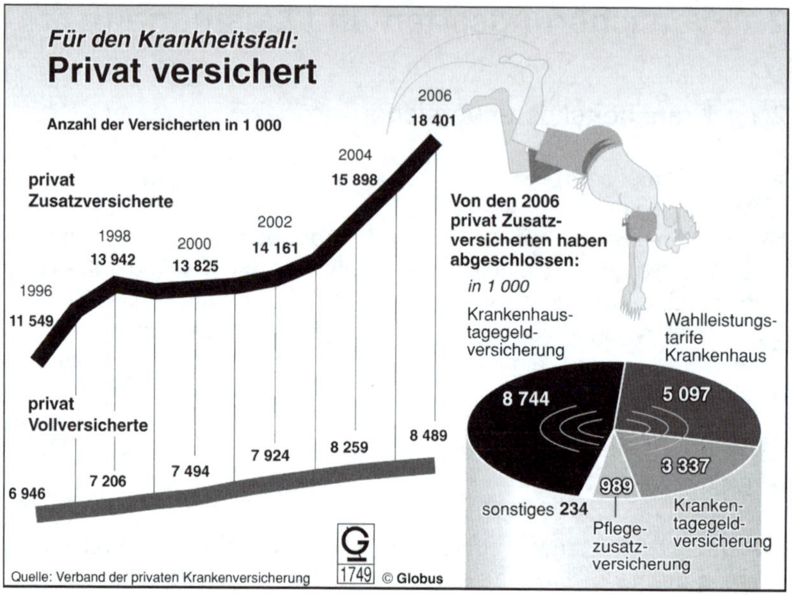

2.1.1 Leistungsarten

▶ Situation

Bevor Herr Zensen den Antrag auf Versicherungsschutz unterschreibt, möchte er genau wissen, für was er im Einzelnen Leistungen aus seiner Krankheitskostenversicherung bekommen kann.

▶ Erläuterung

§ 4 MB/KK

Ambulante Heilbehandlung

Dazu zählen

- ärztliche Beratungen, Untersuchungen, Besuche, ambulante Operationen, Röntgendiagnostik, Strahlentherapie
- ärztlich verordnete Arzneien und Verbandmittel, außer Nähr-, Stärkungs- und kosmetische Mittel sowie Mineralwasser und Badezusätze
- ärztlich verordnete Heilmittel, wie zum Beispiel Heilbäder, Inhalationen, Massagen, Wärme- und Lichtbehandlungen
- Hilfsmittel; als Hilfsmittel gelten zum Beispiel Brillen, Kontaktlinsen, Hör- und Sprechgeräte, orthopädische Schuheinlagen, Geh- und Stützapparate etc.
- Vorsorgeuntersuchungen
- psychotherapeutische Behandlungen

LF 2
LF 9
LF 15

Stationäre Heilbehandlung im Krankenhaus

§ 2 BPflV

Bei einem stationären Aufenthalt im Krankenhaus fallen insbesondere Kosten für ärztliche Behandlung, Krankenpflege, Versorgung mit Arznei-, Heil- und Hilfsmitteln sowie Unterkunft und Verpflegung an. Nicht zu den Krankenhausleistungen gehören die Leistungen der Belegärzte sowie der Beleghebammen und Belegentbindungspfleger.

Die Leistungen des Krankenhauses unterteilt man in

- **Allgemeine Krankenhausleistungen**

§ 10 BPflV

Allgemeine Krankenhausleistungen sind Krankenhausleistungen, die unter Berücksichtigung der Leistungsfähigkeit des Krankenhauses im Einzelfall nach Art und Schwere der Krankheit für die medizinisch zweckmäßige und ausreichende Versorgung des Patienten notwendig sind. Dazu gehört unter anderem die notwendige Mitaufnahme einer Begleitperson des Patienten, wenn medizinische Gründe dies erforderlich machen, z. B. bei kleinen Kindern.

- **Wahlleistungen**

Sie bedürfen einer vorherigen schriftlichen Vereinbarung mit dem Patienten.

Zu den Wahlleistungen zählen:

§ 22 BPflV

- gesondert berechenbare Kosten für die Unterbringung im Ein- oder Zweibettzimmer, z. B. mit besonderer Verpflegung (Menüwahl) oder besonderen Einrichtungen (Telefon, Fernseher etc.)

  Die Krankenhäuser legen ihre Zuschläge für die Unterbringung im Ein- oder Zweibettzimmer selbst fest. Dabei orientieren sie sich an den Empfehlungen, die vom PKV-Verband und der Deutschen Krankenhausgesellschaft herausgegeben wurden.

- Kosten für privatärztliche Behandlung (Chefarztbehandlung)

  § 6 a GOÄ

  Wünscht der Patient im Krankenhaus die Behandlung durch den Chefarzt, so kann dieser aufgrund seiner Liquidationsberechtigung dem Patienten seine Behandlung separat in Rechnung stellen. Dabei hat er jedoch darauf zu achten, dass er die Kosten gemäß Gebührenordnung für Ärzte (GOÄ) um 25 % zu mindern hat.

  Ein Kranker kann sich im Krankenhaus von seinem niedergelassenen Arzt, der einige Betten gemietet hat, weiterbehandeln lassen. Es handelt sich um einen so genannten Belegarzt. Auch er hat das Recht, seine Leistungen zu liquidieren, muss jedoch gemäß GOÄ eine Kürzung von 15 % berücksichtigen. Das Gleiche gilt, wenn das Krankenhaus andere Einrichtungen, z. B. ein Labor, mit ärztlichen Leistungen beauftragt.

Zuschläge für Ein- und Zweibettzimmer

	Einbettzimmer-zuschläge nach Ländern 2007 in €	Zweibettzimmer-zuschläge nach Ländern 2007 in €
Baden-Württemberg	83,06	41,22
Bayern	88,51	43,49
Berlin	90,23	42,05
Brandenburg	64,66	34,19
Bremen	89,84	41,53
Hamburg	86,30	40,28
Hessen	85,30	41,96
Mecklenburg-Vorpommern	72,67	31,17
Niedersachsen	81,19	41,29
Nordrhein-Westfalen	85,05	45,60
Rheinland-Pfalz	86,86	44,31
Saarland	88,43	43,04
Sachsen	61,83	28,68
Sachsen-Anhalt	65,22	33,13
Schleswig-Holstein	82,14	43,57
Thüringen	78,72	38,54
alte Länder (mit Berlin)	84,84	42,77
neue Länder	66,07	32,22
bundesweit	82,30	42,04

Zahnärztliche Leistungen

Dazu gehören

- Zahnbehandlung (prophylaktische und konservierende Leistungen, z. B. Füllungen)
- Zahnersatz (prothetische Leistungen, z. B. Kronen, Brücken, Prothesen sowie Material- und Laborleistungen)
- kieferorthopädische Maßnahmen (z. B. Maßnahmen zur Umformung des Kiefers)

▶ Praxishinweis

In aller Regel ist bei Zahnersatz und Kieferorthopädie dem Versicherer vor Behandlungsbeginn ein Heil- und Kostenplan vorzulegen. Die Gebühr hierfür übernimmt der Versicherer.

▶ Zusammenfassung

Leistungsarten der Krankheitskostenversicherung

Ambulante Heilbehandlung	Stationäre Heilbehandlung	Zahnärztliche Leistung
▪ ärztliche Untersuchungen und Beratungen ▪ Arznei- und Verbandmittel ▪ Heil- und Hilfsmittel ▪ Laborleistungen ▪ Röntgenleistungen ▪ Heilpraktikerleistungen ▪ ambulante Operationen und Entbindungen	▪ ärztliche Leistungen ▪ Verpflegung und Unterbringung ▪ Regel- und Wahlleistung ▪ Krankenhauskosten für Therapie und Diagnostik ▪ Transporte zum Krankenhaus ▪ Sanatoriums- und Kurbehandlungen ▪ Leistungen einer Hebamme	▪ zahnärztliche Behandlung ▪ Kieferorthopädie ▪ Zahnersatz ▪ Implantologie ▪ Material- und Laborleistungen

2.1.2 Tarifarten

▶ Situation

Der neue Außendienstmitarbeiter Norbert Weber möchte gerne wissen, über welche grundsätzlichen Tarife die PKV verfügt, um die ambulante, die stationäre und die zahnärztliche Versorgung abzudecken.

Stellen Sie Herrn Weber Informationsmaterial zusammen.

▶ Erläuterung

Die privaten Krankenversicherer bieten ihre Leistungen aus der Krankheitskostenversicherung in verschiedenen Tarifarten an. Der Versicherungsschutz kann individuell zusammengestellt werden, d. h. der Versicherungsnehmer kann den Umfang und die Höhe des Versicherungsschutzes wählen, die er benötigt (Wahltarife).

Im Wesentlichen unterscheidet man folgende Tarife:

100 %-Tarife mit oder ohne Selbstbeteiligung

Diese Tarife sind speziell auf Personen abgestellt, die nicht versicherungspflichtig sind. Sie bieten einen 100%igen Versicherungsschutz. Außerdem kann der Versicherungsnehmer i. d. R. im ambulanten und zahnärztlichen Bereich zwischen verschieden hohen Selbstbeteiligungen wählen.

Hierbei handelt es sich stets um eine Abzugsfranchise, d. h. der Versicherungsnehmer hat z. B. 360 € für ambulante Behandlung pro Kalenderjahr selbst zu tragen. Die Kosten, die darüber hinausgehen, übernimmt der Versicherer im vertraglichen Umfang zu 100 %.

Quotentarife

Diese Tarife sehen eine prozentuale Erstattung der Kosten, entsprechend der vereinbarten Quote, vor. Da diese Tarife speziell für Beamte entwickelt wurden, kann exakt die Differenz zwischen Beihilfe und tatsächlichem Kostenaufwand gedeckt werden.

Zusatztarife

Mitglieder der gesetzlichen Krankenversicherung können diese Tarife abschließen. Nach Vorleistung der GKV werden die Kosten erstattet, die z. B. bei einer stationären Behandlung als Mehrkosten entstanden sind, wie gesondert berechnete Unterkunft im Ein- oder Zweibettzimmer oder gesondert berechnete ärztliche Leistungen (Chefarztbehandlung).

Ergänzungstarife

Wegen der Leistungskürzungen der gesetzlichen Krankenkassen ist es sinnvoll, den Versicherungsschutz bei einer privaten Versicherung zu ergänzen. So können die Kosten, z. B. für Zahnersatz und Sehhilfen, durch einen Ergänzungstarif der privaten Krankenversicherung ganz oder teilweise abgedeckt werden.

Standardtarif

Am 1. 7. 1994 wurde der vom PKV-Verband entwickelte brancheneinheitliche Standardtarif eingeführt.

Höchstbeitrag

Der Beitrag ist begrenzt auf den durchschnittlichen Höchstbeitrag in der gesetzlichen Krankenversicherung (2009: 547,58 €) pro versicherter Person. Die kostenlose Mitversicherung von Ehegatten und Kindern ist nicht möglich.

Überführung in den Basistarif

§ 315 Abs. 4 SGB V

Die Versicherten des modifizierten Standardtarifs (1. 7. 2007 bis 31. 12. 2008) wurden mit Wirkung zum 1. Januar 2009 automatisch in den Basistarif überführt.

Basistarif

Der Basistarif muss seit dem 1. Januar 2009 von allen Versicherungsunternehmen mit Sitz in Deutschland angeboten werden, welche die private Krankheitskostenvollversicherung anbieten. Der Basistarif muss sowohl als 100-%-Absicherung, als auch in einer beihilfekonformen Variante vorhanden sein. Zudem muss er als Variante für Kinder und Jugendliche bis zur Vollendung des 21. Lebensjahres verfügbar sein.

§ 12 Abs. 1 a VAG

Versicherungsberechtigter Personenkreis

Die Versicherungsunternehmen sind verpflichtet, nachfolgenden Personen Versicherung im Basistarif zu gewähren:

- Personen, die zum Zeitpunkt der Einführung des Basistarifs am 1. Januar 2009 bereits freiwillig gesetzlich versichert waren, sofern sie dies bis zum 30. Juni 2009 beanspruchen.
- Personen, die erst nach dem 31. Dezember 2008 freiwilliges Mitglied einer Krankenkasse wurden, innerhalb von 6 Monaten nach Begründung ihrer freiwilligen Mitgliedschaft.

§ 193 Abs. 5 VVG 2009

- Allen Personen mit Wohnsitz in Deutschland, die weder in der gesetzlichen Krankenversicherung versicherungspflichtig sind, noch Leistungen nach dem Asylbewerberleistungsgesetz beanspruchen können, noch Sozialhilfe erlangen (Ausnahme: Leistungen nach dem 5., 8. und 9. Kapitel SGB XII).

- Beihilfeberechtigten, die einen die Beihilfe ergänzenden Versicherungsschutz benötigen.
- Privat Versicherten mit Wohnsitz in Deutschland, die ihren Versicherungsvertrag ab dem 1. Januar 2009 abgeschlossen haben.

Bestandsversicherte

Privat Versicherte, die ihren Versicherungsvertrag vor dem 1. Januar 2009 abgeschlossen haben, können seit dem 1. Januar bis zum 30. Juni 2009 unter Anrechnung von Alterungsrückstellungen in den Basistarif des eigenen oder eines anderen Unternehmens wechseln. Will ein Bestandsversicherter in den Basistarif eines anderen Unternehmens wechseln, muss er seinen Versicherungsvertrag beim alten Versicherungsunternehmen zwischen dem 1. Januar und dem 30. Juni 2009 kündigen und zwar mit Wirkung zum Ende des laufenden Versicherungsjahres. Das Versicherungsjahr ist in der Regel mit dem Kalenderjahr identisch.

Nach dem 30. Juni 2009 können Bestandsversicherte nur noch in den Basistarif ihres eigenen Unternehmens wechseln, wenn sie

- das 55. Lebensjahr vollendet haben oder
- eine Rente der gesetzlichen Rentenversicherung beziehen

oder

- ein Ruhegehalt nach beamtenrechtlichen oder vergleichbaren Vorschriften beziehen oder
- hilfebedürftig im Sinne des Sozialrechts sind.

Versicherte, die ihren Versicherungsvertrag ab dem 1. Januar 2009 abschließen, können unter Anrechnung von Alterungsrückstellungen jederzeit in den Basistarif des eigenen oder eines anderen Unternehmens wechseln.

Kontrahierungszwang, Gesundheitsprüfung und Risikozuschläge

Kontrahierungszwang

Die Versicherungsunternehmen dürfen den Antrag eines Versicherungsberechtigten auf Versicherung im Basistarif grundsätzlich nicht ablehnen. Der Antrag darf allerdings dann abgelehnt werden, wenn der Antragsteller bereits bei dem Versicherer versichert war und der Versicherer den Versicherungsvertrag wegen widerrechtlicher Drohung oder arglistiger Täuschung angefochten hat oder vom Versicherungsvertrag wegen einer vorsätzlichen Verletzung der vorvertraglichen Anzeigepflicht zurückgetreten ist.

Wechselt der Versicherungsnehmer in den Basistarif eines anderen Versicherungsunternehmens, muss dieser den Antrag bereits dann annehmen, wenn die Kündigung des Versicherungsvertrags beim alten Versicherer erst zum Ende des Versicherungsjahres wirksam wird.

Gesundheitsprüfung

Bestehen Vorerkrankungen, dürfen gleichwohl Risikozuschläge nicht erhoben und Leistungsausschlüsse nicht vereinbart werden. Eine Gesundheitsprüfung muss trotzdem durchgeführt werden: Weil es den Unternehmen der PKV nicht erlaubt ist, Risikozuschläge zu erheben oder Leistungsausschlüsse zu vereinbaren, reichen die Beiträge eines Versicherten mit Vorerkrankungen kalkulatorisch nicht aus, um dessen Krankheitskostenrisiko zu decken. Weitere Beitragsunterdeckungen ergeben sich durch die Limitierung des Höchstbeitrags im Basistarif. Die dadurch fehlenden Beitragsteile werden in einem gesetzlich vorgeschriebenen Risikoausgleich ausgeglichen.

§ 12 g VAG

Risikoausgleich

Mehraufwendungen, die im Basistarif aufgrund von Vorerkrankungen entstehen, sind auf alle im Basistarif Versicherten gleichmäßig zu verteilen. Mehraufwendungen, die zur Gewährleistung der Begrenzung des Beitrags auf den durchschnittlichen Höchstbeitrag in der GKV sowie aufgrund der Beitragsreduzierung wegen Hilfebedürftigkeit entstehen, sind auf alle privat Versicherten durch einen Beitragszuschlag gleichmäßig zu verteilen. Um dieses Ausgleichssystem durchführen zu können, ist eine Prüfung des Gesundheitszustands erforderlich und gesetzlich ausdrücklich zulässig.

Fiktiver Risikozuschlag

Ergibt die Gesundheitsprüfung, dass ein erhöhtes Risiko besteht, kalkuliert der Versicherer einen fiktiven Risikozuschlag, der jedoch lediglich zur Durchführung des Ausgleichsystems verwendet wird. Wechselt der Versicherte allerdings später in einen anderen Tarif als den Basistarif, wird der fiktive Risikozuschlag als regulärer Risikozuschlag auf den gesamten Beitrag erhoben.

Leistungen

§ 12 Abs. 1 a VAG

Der Basistarif bietet Versichersicherungsschutz, der in Art, Umfang und Höhe mit dem in der gesetzlichen Krankenversicherung vergleichbar ist. Die genaue Ausgestaltung des Versicherungsschutzes wurde vom Verband der Privaten Krankenversicherung e.V. festgelegt, wobei das Bundesministerium der Finanzen die Fachaufsicht ausübt. Im Basistarif gilt, dass die Kassenärztlichen Vereinigungen und die Kassenärztlichen Bundesvereinigungen verpflichtet sind, die ärztliche Versorgung im Umfang der im Basistarif versicherten Leistungen sicherzustellen. Dies gilt auch für Zahnärzte und Psychotherapeuten. Die gesetzlichen Regelungen zur Vergütung ärztlicher Leistungen im Standardtarif gelten auch im Basistarif.

§§ 72 Abs. 1 und 75 SGB V

- Gebühren für Abschnitt M und Nr. 437 (Laboratoriumsuntersuchungen) der Gebührenordnung für Ärzte (GOÄ) bis zum 1,16-fachen Satz der GOÄ.

- Gebühren für Abschnitte A (Gebühren in besonderen Fällen), E (physikalisch-medizinische Leistungen, zum Beispiel Massagen), O (Strahlendiagnostik, Nuklearmedizin, Magnetresonanztomografie und Strahlentherapie) bis zum 1,38-fachen Satz der GOÄ und
- für die übrigen ärztlichen Leistungen den 1,8-fachen Satz.
- Für Leistungen nach der Gebührenordnung für Zahnärzte (GOZ) den 2,0-fachen Satz.

Selbstbehaltstufen

Der Basistarif muss von den Versicherungsunternehmen ohne oder mit Selbstbehaltstufen (300 €, 600 €, 900 € und 1 200 €) angeboten werden. Der Versicherungsnehmer ist an die Wahl der Selbstbehaltstufe drei Jahre gebunden. Wünscht er eine Änderung der Selbstbehaltstufe, muss er dies spätestens drei Monate vor Ablauf der Bindefrist von drei Jahren verlangen. Im beihilfekonformen Basistarif werden die Selbstbehaltstufen entsprechend dem versicherten Prozentsatz festgesetzt.

Höchstbeitrag

Beitragsbegrenzung

Der Beitrag ist limitiert. Der pro versicherte Person zu zahlende Höchstbeitrag entspricht dem jeweils gültigen Höchstbeitrag in der GKV. Dieser ist seit 2009 im Wesentlichen anhand des durch die Bundesregierung festgelegten, einheitlichen Beitragssatzes und der Beitragsbemessungsgrenze in der GKV ermittelt.

Hilfebedürftigkeit

Im Falle von Hilfebedürftigkeit gelten dieselben Regelungen wie für Nichtversicherte, die ab dem 1. Juli 2007 in den Standardtarif aufgenommen werden.

Besteht unabhängig von der Höhe des zu zahlenden Beitrags Hilfebedürftigkeit, wird der Beitrag auf die Hälfte des Höchstbeitrags (284,82 € 2009) reduziert. Der Versicherte erhält in diesem Fall vom zuständigen Träger einen Betrag als Zuschuss, der auch für einen Bezieher von Arbeitslosengeld II in der gesetzlichen Krankenversicherung zu tragen ist (129,54 € 2009); im Übrigen hat er den Beitrag selbst zu tragen. Die Hilfebedürftigkeit ist vom zuständigen Träger auf Antrag des Versicherten zu prüfen und zu bescheinigen. Die Bescheinigung ist dem privaten Krankenversicherungsunternehmen vorzulegen.

Weitere Regelungen

Wartezeiten

Wartezeiten dürfen vereinbart werden, wobei neben Versicherungszeiten in der GKV auch die zurückgelegte Zeit in einer privaten Krankenvollversicherung auf die Wartezeit angerechnet wird.

LF 2
LF 9
LF 15

Zusatzversicherungen

Zusatzversicherungen sind im Gegensatz zum modifizierten Standardtarif neben der Versicherung im Basistarif erlaubt. Der Versicherer kann allerdings das Ruhen einer Zusatzversicherung verlangen, wenn der Versicherungsnehmer wegen Hilfebedürftigkeit auf eine Beitragsreduzierung angewiesen ist.

Gesamtschuldnerische Haftung

Im Basistarif haften Versicherungsnehmer und Versicherungsunternehmen gegenüber den Leistungserbringern (z. B. Ärzten) gesamtschuldnerisch. Der Arzt kann seinen Anspruch direkt gegen den Versicherer geltend machen, jedoch nur insoweit, wie der Versicherer aus dem Versicherungsvertrag gegenüber dem Versicherungsnehmer verpflichtet ist.

Grundschutz

Dieser preiswerte Tarif, der auch bei Proximus angeboten wird, wurde insbesondere für Selbstständige kreiert, die ihre Beiträge für sich und alle Familienmitglieder selbst zu 100 % aufbringen müssen.

Die Leistungen liegen über den Leistungen der Sozialversicherten. Die Abrechnungsmöglichkeiten bewegen sich im Rahmen der amtlichen deutschen Gebührenordnung für Ärzte bzw. Zahnärzte.

- ambulante Heilbehandlung zu 100 %
  bis zum 1,7-fachen Satz für ärztliche Leistungen
  bis zum 1,3-fachen Satz für medizinisch-technische Leistungen
  bis zum 1,1-fachen Satz für Laboratoriumsuntersuchungen
- Zahnbehandlung zu 100 %
  bis zum 2-fachen Satz der Gebührenordnung für Zahnärzte
- Zahnersatz zu 70 %
- Kieferorthopädie zu 75 %
  bis zum 1,7-fachen Satz für ärztliche Leistungen
  bis zum 1,3-fachen Satz für medizinisch-technische Leistungen
  bis zum 1,1-fachen Satz für Laboratoriumsuntersuchungen
- Stationäre Heilbehandlung zu 100 %
  – Mehrbettzimmer ohne privatärztliche Behandlung
  – Mehrbettzimmer mit belegärztlichen Leistungen

Für einen 36-jährigen Mann bzw. Frau beträgt der Monatsbeitrag 150,81 € bzw. 181,66 €. Hierzu käme dann noch die Pflegepflichtversicherung und eine Verdienstausfallversicherung für den Einkommensbezieher.

Tarifumstellung

Sobald eine Person das 14. bzw. das 19. Lebensjahr vollendet, ist ab Beginn des folgenden Kalenderjahres der Beitrag des nächst höheren Alters zu zahlen.

Private Pflegepflichtversicherung

Ein Versicherungsschutz in der PKV, der wenigstens allgemeine Krankenhausleistungen umfasst, hat im Fall eines Wohnsitzes oder gewöhnlichen Aufenthalts im Inland eine Versicherungspflicht in der privaten Pflegepflichtversicherung zur Folge, sofern sie nicht über ein Elternteil in der privaten Pflegepflichtversicherung beitragsfrei versichert sind.

LF 2 LF 9 LF 15

2.2 Tagegeldversicherungen

▶ Situation

Frau und Herr Strack haben als Angestellte beide eine Vollkostenversicherung bei der PKV abgeschlossen. Es ergibt sich die Frage, wie im Versicherungsfall ihr Verdienstausfall ausgeglichen wird. Ferner ist noch unklar, wie zusätzliche Kosten, die bei einem stationären Aufenthalt entstehen, abzudecken sind.

▶ Erläuterung

2.2.1 Krankenhaustagegeldversicherung

Sie bietet für jeden Tag des Krankenhausaufenthaltes eine bei Vertragsabschluss vereinbarte Geldsumme, die – unabhängig von allen anderen Leistungen – zeitlich unbegrenzt und steuerfrei gezahlt wird.

Das Krankenhaustagegeld wird ohne Nachweis entstandener Kosten gezahlt. Mit ihm können z. B. besondere Aufwendungen für die Familie, wie eine Haushaltshilfe, Taxikosten der Besucher zum Krankenhaus, Eigenanteile im Krankenhaus oder ein sonstiger zusätzlicher Bedarf gedeckt werden.

Krankenhaustagegeld kann in der Regel in Stufen von 5 € bis zu bestimmten Höchstgrenzen versichert werden.

2.2.2 Krankentagegeldversicherung (Verdienstausfallversicherung)

Für den Fall der Arbeitsunfähigkeit aufgrund Krankheit oder Unfall und dem damit verbundenen Verdienstausfall kann ein Krankentagegeld versichert werden.

Das Krankentagegeld darf zusammen mit sonstigen Krankentage- und Krankengeldern das auf den Kalendertag umgerechnete, aus der beruflichen Tätigkeit herrührende Nettoeinkommen nicht übersteigen. Maßgebend für die Berechnung des Nettoeinkommens ist der Durchschnittsverdienst der letzten 12 Monate vor Antragstellung bzw. vor Eintritt der Arbeitsunfähigkeit.

§ 4 Abs. 2 MB/KT 2009

Dennoch gilt die Krankentagegeldversicherung ihrem Wesen nach als Summenversicherung, daher treffen die Bestimmungen über die Doppelversicherung § 78 VVG und den gesetzlichen Forderungsübergang § 86 VVG nicht zu.

Fortsetzung der Krankentagegeldversicherung nach dem 65. Lebensjahr

Da vor allem selbstständig und freiberuflich Beschäftigte den Beginn des Ruhestandes nicht fest planen können, begründet § 196 Abs. 1 Satz 2 VVG einen Anspruch des Versicherungsnehmers auf Abschluss einer Anschlussversicherung für die Krankentagegeldversicherung, die spätestens mit Vollendung des 70. Lebensjahres endet. Der Versicherer muss den weiteren Versicherungsschutz ohne Risikoprüfung und ohne Wartezeiten gewähren, wenn der Versicherungsschutz nicht höher als im bisherigen Tarif ist und der Antrag bis zum Ablauf von 2 Monaten nach Vollendung des 65. Lebensjahres gestellt wird. Hierüber ist der Versicherungsnehmer frühestens 6 Monate vor dem Ende der ursprünglichen Krankentagegeldversicherung zu belehren. Erfolgt dies nicht, besteht das Antragsrecht fort, sofern der Antrag vor Vollendung des 66. Lebensjahres gestellt wird, allerdings mit der Maßgabe, dass die Leistungspflicht des Versicherer erst mit dem Zugang des Antrags bei diesem beginnt (§ 196 Abs. 2 VVG).

Nach Ablauf der ersten Verlängerung kann der Versicherungsnehmer nach § 196 Abs. 3 VVG eine nochmalige Verlängerung der Krankentagegeldversicherung bis zur Vollendung des 75. Lebensjahres verlangen.

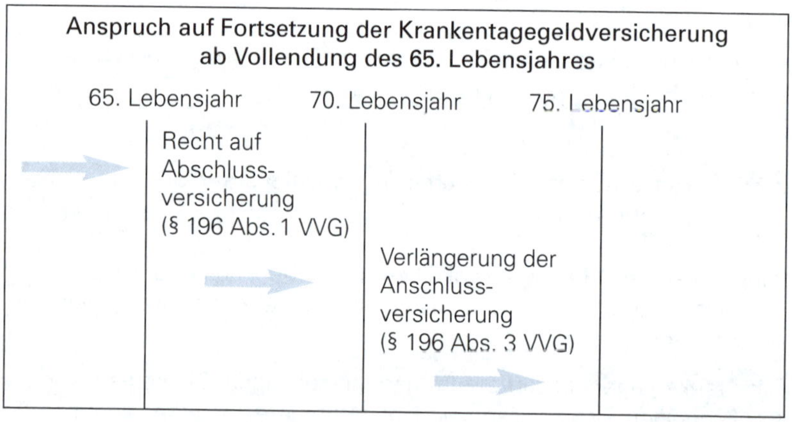

2.2.3 Pflegetagegeld

Bei der Pflegetagegeldversicherung wird eine feste Summe vereinbart. Wenn der Versicherte pflegebedürftig wird, steht diese ihm zur freien Verfügung, egal ob Laienpflege, Heimunterbringung oder Pflegepersonal. Die Höhe des zu zahlenden Tagessatzes richtet sich nach dem Grad der Pflegebedürftigkeit.

Tarifangebot

Grundsätzlich gibt es Krankentagegeldtarife für

- Angestellte
- Selbstständige sowie
- Freiberufler.

Die heutigen Tarife haben meist das Berufsunfallrisiko zuschlagsfrei mit eingeschlossen.

Die Beiträge der Tarife und die Karenztage sind unterschiedlich.

Karenztage sind vereinbarte leistungsfreie Tage des Versicherer zu Beginn eines jeden Versicherungsfalls.

Tarif für Angestellte

▶ Beispiel

42 Karenztage für Arbeitnehmer – Der Versicherer zahlt das versicherte Krankentagegeld ab 43. Tag der Arbeitsunfähigkeit. Bis dahin erhält der Arbeitnehmer von seinem Arbeitgeber die Lohn- oder Gehaltfortzahlung.

Im Gegensatz zum Krankengeld der gesetzlichen Krankenversicherung sehen die Krankentagegeldtarife der privaten Versicherer meist keine Aussteuerung (zeitliche Leistungsbegrenzung) vor.

Aussteuerung – Die gesetzliche Krankenversicherung zahlt ab der 7. Woche der Arbeitsunfähigkeit Krankengeld, jedoch nur für max. 78 Wochen (ab Arbeitsunfähigkeit) mit oder ohne Unterbrechung wegen derselben Krankheit innerhalb von drei Jahren. Meist wird danach Rente wegen Erwerbsminderung gezahlt.

§ 48 Abs. 1 SGB V

Je nach Dauer der Lohn- oder Gehaltfortzahlung sind Leistungsbeginne z. B. ab 43., 64., 92., 183. Tag versicherbar.

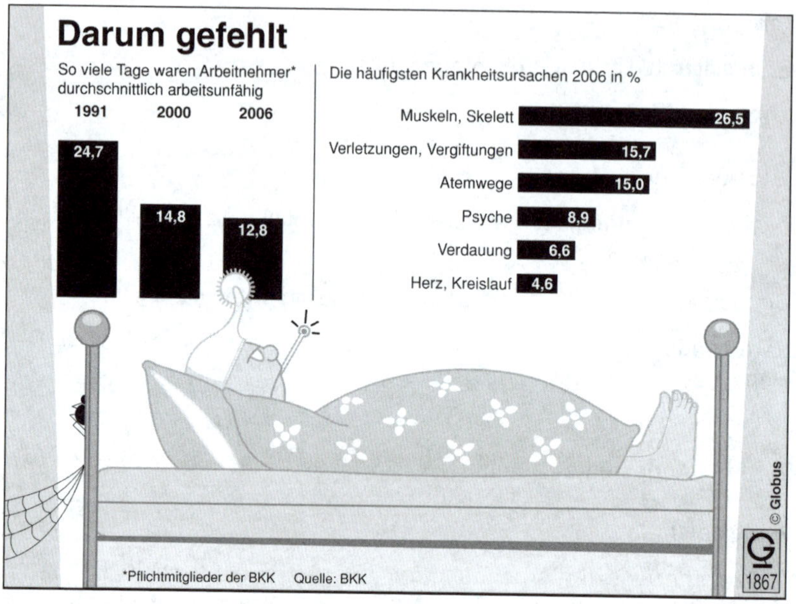

Auch GKV-Versicherte können eine Krankentagegeldversicherung abschließen. Die GKV zahlt ein Krankengeld von 70 % des regelmäßigen Bruttoentgelts höchstens vom Betrag der Beitragsbemessungsgrenze, jedoch maximal 90 % des Nettoeinkommens. So haben gerade Arbeitnehmer mit einem hohen Nettoeinkommen erhebliche Einkommensverluste zu befürchten. Außerdem sind vom Krankengeld noch Beiträge zur Renten-, Pflegepflicht- und Arbeitslosenversicherung zu entrichten, daher ergibt sich für den GKV-Versicherten eine Versorgungslücke, die er durch ein Krankentagegeld bei der PKV schließen kann (siehe folgende Beispielrechnungen).

▶ Beispiele

a) Arbeitnehmer mit 2 Kindern (freiwillig in der GKV versichert) 2009	
monatliches Nettogehalt	3 500,00 €
Krankengeld (Höchstsatz*)	2 572,50 €
./. 9,95 % Rentenversicherungsbeitrag vom Krankengeld	250,74 €
./. 1,4 % Arbeitslosenversicherungsbeitrag vom Krankengeld	36,02 €
./. 0,975 % Pflegeversicherungsbeitrag vom Krankengeld**	25,08 €
monatliches Netto-Krankengeld	2 260,66 €
monatliche Versorgungslücke von	1 239,34 €
ergibt für 30 Tage einen Krankentagegeldbedarf von (täglich) ca.	45,00 €

* 70 % der Beitragsbemessungsgrenze von 3 675 € (Stand: 2009)
** 1,225 % Pflegeversicherungsbeitrag, wenn keine Kinder vorhanden

b) Arbeitnehmer mit 2 Kindern (pflichtversichert in der GKV) 2009	alte/neue Bundesländer
monatliches Nettogehalt	1 800,00 €
Krankengeld*	1 620,00 €
./. 9,95 % Rentenversicherungsbeitrag vom Krankengeld	161,19 €
./. 1,4 % Arbeitslosenversicherungsbeitrag vom Krankengeld	22,68 €
./. 0,975 % Pflegeversicherungsbeitrag vom Krankengeld	15,88 €
monatliches Netto-Krankengeld	1 420,33 €
monatliche Versorgungslücke von	379,67 €
ergibt für 30 Tage einen Krankentagegeldbedarf von (täglich) ca.	15,00 €

* 70 % des Bruttogehaltes, maximal bis zu 90 % des Nettoeinkommens
** 1,225 % Pflegeversicherungsbeitrag, wenn keine Kinder vorhanden

c) Versicherbares Krankentagegeld für privat vollversicherte Arbeitnehmer 2009 – ledig		
Bruttoeinkommen		3 600,00 €
./. Steuer		670,00 €
./. Beitrag RV (9,95 %)		358,20 €
./. Beitrag KV – AN		310,00 €
./. Beitrag ALV (1,4 %)		50,40 €
./. Beitrag PV – AN		13,60 €
= verfügbares Nettoeinkommen		2 197,80 €
+ voller Beitrag zur RV (19,9 %)		716,40 €
+ voller Beitrag zur KV		620,00 €
+ voller Beitrag zur PV		27,20 €
= versicherbares Krankentagegeld pro Monat	: 30 118,71 €	3 561,40 €
= versicherbares Krankengeld pro Tag		120,00 €

d) Versicherbares Krankentagegeld für Selbstständige und Freiberufler	
Einnahmen (Umsatz)	190 000,00 €
Betriebsausgaben	120 000,00 €
Bruttoeinkommen aus beruflicher Tätigkeit	70 000,00 €
Versicherbares Krankentagegeld : 12 : 30	195,00 € *

* auf volle 5 € runden

Tarife für Selbstständige und Freiberufler

Diese Berufsgruppen können meist schon zu einem früheren Zeitpunkt Leistungen beanspruchen, z. B. ab 4., 8., 15., 22., 29. Tag.

Rein theoretisch können Leistungen ab 1. Tag der Arbeitsunfähigkeit vereinbart werden. Diese Tarife werden kaum angeboten, weil sie aufgrund der fehlenden Karenztage oft notleidend werden und zu teuer sind[1].

▶ Zusammenfassung

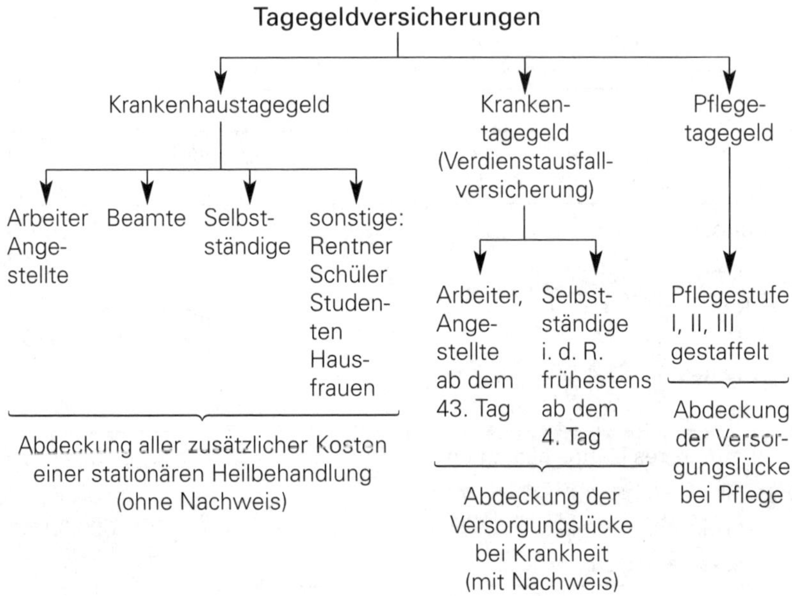

1 Als Nettoeinkommen gilt bei Selbstständigen der nach den Vorschriften des Einkommensteuergesetzes (EStG) ermittelte Gewinn (Einnahmen abzüglich Betriebsausgaben) aus den in § 2 Abs. 3 Nr. 1 – 3 EStG aufgeführten Einkunftsarten. Wenn das Nettoeinkommen bei Aufnahme einer selbstständigen Tätigkeit noch nicht ermittelt werden kann, tritt an dessen Stelle bis zum Wirksamwerden des ersten Einkommensteuerbescheides ein jeweils bei Vertragsbeginn aufgrund von durchschnittlichen Erfahrungswerten vereinbarter Betrag.

2.3 Sonstige Versicherungen

Die PKV bietet darüber hinaus Versicherungsschutz für besondere Risiken, die aufgrund veränderter rechtlicher und wirtschaftlicher Situationen neu entstehen.

2.3.1 Auslandsreise-Krankenversicherung

▶ Situation

Frau Eva Pütz, gesetzlich krankenversichert, unternimmt gerne Auslandsreisen. Ihr Partner, Herr Ludwig Schulte, verfügt über eine private Krankenversicherung. Beide fragen an, ob ihr Versicherungsschutz im Ausland gewährleistet ist, wenn die Reisen bis zu 35 Tagen dauern.

▶ Erläuterung

Privater Auslandskrankenschutz ist seit dem Inkrafttreten des Gesundheits-Reform-Gesetzes (GRG) am 1. 1. 1989 noch wichtiger geworden, da der Anspruch auf Leistungen aus der GKV ruht, solange der Versicherte im Ausland weilt. Leistungen werden nur noch in Staaten, die der Europäischen Union bzw. dem Europäischen Wirtschaftsraum angehören oder im Rahmen der „Sozialversicherungsabkommen", die mit bestimmten Ländern bestehen, gewährt. Seit 2005 gilt die Europäische Krankenversicherungskarte, mit der Versicherte im Ausland zum Arzt gehen können. Aber auch in diesen Ländern kommt es häufig zu Problemen, da viele Ärzte Urlauber nur als Privatpatienten behandeln und Barzahlung verlangen. Von der Kasse werden dann nur die Sätze erstattet, die bei Behandlung im Inland fällig gewesen wären.

Die privaten Versicherer bieten mit ihren Auslandsreise-Krankenversicherungen gegen geringen Beitrag den **GKV-Versicherten** Schutz. Auch für **privat Versicherte** sind diese Tarife interessant, insbesondere, wenn die oft sehr hohen Behandlungskosten im Ausland mit dem normalen Versicherungsschutz, z. B. durch hohe Selbstbeteiligungen nicht ausreichend abgesichert sind, der Anspruch auf Beitragsrückerstattung erhalten werden soll oder die Reise über den regionalen Bereich oder den zeitlichen Rahmen der bestehenden Versicherung hinausgeht. Proximus bietet unbegrenzten Auslandschutz, sofern der Aufenthalt vorübergehend ist.

§ 1 Abs. 4.1 MB/KK 2009

Der Auslandschutz ist ein Vollschutz, so werden außer den ambulanten und stationären Kosten auch die Mehrkosten des Rücktransports oder die Überführungskosten übernommen.

Bei längerem Auslandsaufenthalt, der beruflich bedingt ist, empfiehlt sich der Abschluss einer Auslandsreisekrankenversicherung durch den Arbeitgeber in Form einer Gruppenversicherung.

Die verschiedenen Arten der Auslandskrankenversicherung

Kurzzeittarif

Ein Kurzzeittarif wird einmalig und nur für die Zeit abgeschlossen, die man tatsächlich im Ausland verweilt. Verreist man beispielsweise vom 15. bis 27. Juni, so ist man auch nur in dieser Zeit versichert und zahlt nur für diesen Zeitraum. Ein Kurzzeittarif ist in der Regel dann sinnvoll, wenn sicher ist, dass nur einmalig eine Auslandsreise von wenigen Tagen erfolgt oder aber wenn die Auslandsreise nur wenig länger dauert als die Frist, die durch eine Jahrespolice versichert ist.

Jahrestarif

Für die meisten Urlauber empfiehlt sich der Abschluss einer länger laufenden Versicherung, auch Jahrestarif genannt. Der Versicherungsschutz gilt für alle Urlaubsreisen, die in einem Jahr unternommen werden und eine im Vertrag festgelegte Dauer von i. d. R. 6 Wochen nicht überschreiten. Die Versicherung wird jährlich automatisch verlängert, wenn der Versicherungsnehmer den Vertrag nicht kündigt. In einem Jahr kann der Versicherte also unbesorgt mehrfach verreisen – sein Versicherungsschutz ist ihm garantiert. Häufig werden auch Familientarife angeboten, so dass für einen geringen Mehrbeitrag die ganze Familie im Urlaub abgesichert ist.

Versicherung für langfristige Auslandsaufenthalte

Auch wer für mehrere Monate oder Jahre ins Ausland geht, kann hierfür eine private Krankenversicherung abschließen. Das Angebot der Unternehmen variiert hier stärker als bei den Kurzzeit- und Jahrestarifen. Versicherungen für Auslandsaufenthalte von bis zu einem Jahr und von über einem Jahr sind möglich.

Auslandskrankenversicherung für einen Aufenthalt in Deutschland

Wenn ein Kunde Gäste aus dem Ausland erwartet, ob nun privat oder geschäftlich, so hat er die Möglichkeit, sie über eine spezielle Form der Auslandskrankenversicherung in Deutschland zu versichern.

Ebenso ist es möglich, als Deutscher, der im Ausland lebt, eine Versicherung für vorübergehende Besuche in Deutschland abzuschließen. Beide Versicherungsarten gelten nur für einen vorübergehenden Aufenthalt in Deutschland, wobei die maximale Versicherungsdauer je nach Gesellschaft variiert.

▶ Zusammenfassung

Auslandsreisekrankenversicherung

- gesetzlich Krankenversicherte
- privat Krankenversicherte
- nicht versicherte Personen

Absicherung über Jahrespolicen je Auslandsaufenthalt bis zu ca. 6 Wochen gültig

oder über

kurzfristige Versicherungen, die auch über längere Zeiträume abgeschlossen werden können

- AN bei längerem Auslandsaufenthalt

→ Gruppenvertrag des AG

2.3.2 Tarife für Kur- und Sanatoriumsaufenthalte

§ 5 d MB/KK 2009

Kosten für jegliche Art von Kur- und Sanatoriumsbehandlung, mit Ausnahme von Tbc-Erkrankung, sind aus der Krankheitskostenversicherung nicht erstattungsfähig, es sei denn, die Tarifbedingungen sehen es ausdrücklich vor.

Aus diesem Grund bieten die Versicherer spezielle Kurkostentarife an, die entweder die Zahlung einer bestimmten Summe pro Tag oder einen Zuschuss bis zu einem bestimmten Höchstbetrag vorsehen.

§ 5 d a MK/KK 2009

Die Proximus Versicherung übernimmt die Kosten bei einer Krankheitskostenvollversicherung für die medizinische Weiterbehandlung nach einem Aufenthalt in einem Akutkrankenhaus.

2.3.3 Restschuldversicherung

Sie ist eine besondere Form der Krankentagegeldversicherung und wird meist bei Beantragung eines Kredits aufgrund eines Rahmenvertrages gegen Einmalbeitrag abgeschlossen.

Wenn der Kreditnehmer infolge von Krankheit oder Unfall arbeitsunfähig wird, zahlt der Versicherer aus der Restschuldversicherung ein Krankentagegeld, um die Ratenzahlungsverpflichtungen zu erfüllen.

2.3.4 Tarif zur Beitragsentlastung im Alter

Manche PKV-Unternehmen bieten schon seit vielen Jahren mit ihrem Beitragssicherungs-Programm die Möglichkeit, die Beitragsbelastung im Alter zu stabilisieren bzw. zu reduzieren.

Vollversicherten wird angeboten, durch eine zusätzliche Beitragszahlung eine lebenslange Rente zu finanzieren, die in aller Regel ab dem 65. Lebensjahr gezahlt wird oder die direkt zu einer Beitragsminderung in der Krankenversicherung führt. Siehe hierzu Bedingungswerk Proximus Versicherung „Beitragsentlastungsvereinbarung" Seite 236.

2.4 Selbstbeteiligungssysteme

Die Selbstbeteiligung wird nach festen Beträgen oder in Kombination nach Prozentsätzen angeboten. Je höher der jährliche Selbstbeteiligungsbetrag ausfällt, umso niedriger die Prämie, weil Bagatellschäden, die Verwaltungskosten verursachen, vermieden und das subjektive Risiko eingeschränkt werden.

Im Übrigen wird durch die Selbstbeteiligung ein wenig Kostenbewusstsein bei den Versicherten erzeugt, das gerade aufgrund der Kostenexplosion im Gesundheitswesen immer notwendiger wird.

Man unterscheidet:

Abzugsfranchise

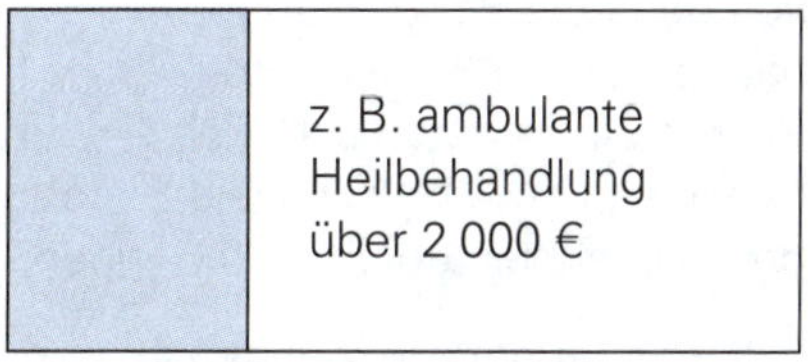

Der Versicherungsnehmer trägt einen vereinbarten Teil der Kosten selbst. Alle über diesen Selbstbehalt hinausgehenden Kosten werden vom Versicherer voll ersetzt. Z. B. trägt der Versicherungsnehmer pro Person und Kalenderjahr bis zu 2 000 € einer ambulanten Heilbehandlung selbst.

Prozentualsystem

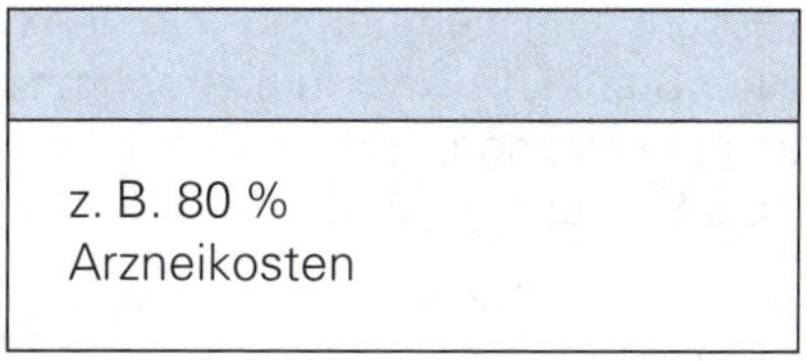

Der Versicherungsnehmer trägt einen prozentualen Anteil der Krankheitskosten selbst. Z. B. 20 % der Arzneikosten werden vom Versicherungsnehmer übernommen. Die prozentuale Selbstbeteiligung kann sich auf eine Leistungsart oder auf den gesamten Tarif beziehen.

Maximalsystem

Der Versicherungsnehmer trägt den Anteil der Kosten, der über einen bestimmten Höchstsatz hinausgeht. Dieser Höchstsatz kann sich auf eine Leistungsart (z. B. Behandlung durch Heilpraktiker) oder auf die Gesamtleistung aus dem Tarif beziehen.

Eine besondere Form des Maximalsystems ist die Staffelung. Der Versicherungsnehmer hat einen Selbstbehalt, der z. B. in den kommenden 4 Jahren immer geringer wird, bis der Versicherer ab dem 5. Jahr die volle tarifliche Leistung erbringt.

Prozentual-Maximalsystem

Der Versicherungsnehmer trägt bei diesem Mischsystem einen prozentualen Anteil der Kosten, bis ein bestimmter Höchstbetrag erreicht ist. Danach trägt er alles selbst. Z. B. Erstattung 75 % bis maximal 500 € im Jahr.

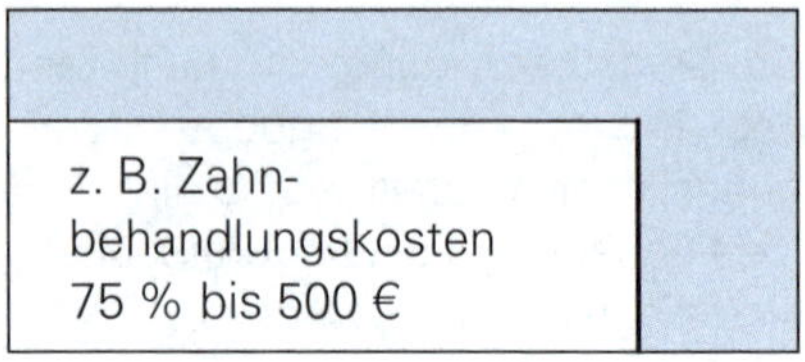

Maximal-Prozentualsystem

Dem Versicherungsnehmer werden bis zu einem bestimmten Betrag die Kosten voll, und von den Kosten, die darüber hinausgehen, ein bestimmter Prozentsatz ersetzt. Z. B. Zahnbehandlung bis 1 000 € volle Erstattung, 20 % Selbstbeteiligung von den Kosten, die über 1 000 € liegen.

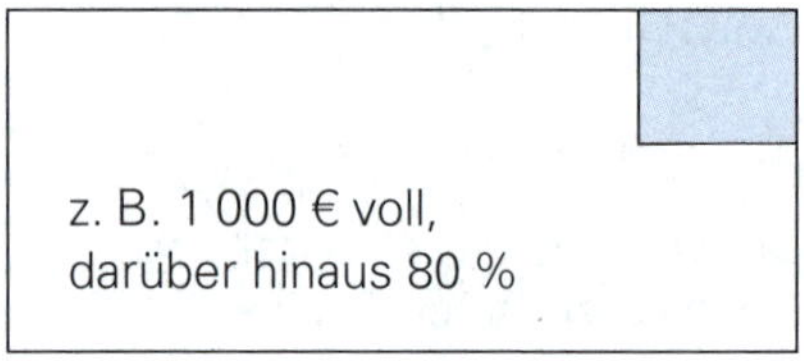

▢ = Selbstbeteiligung(-behalt) des Versicherungsnehmers

▢ = Leistung des Versicherers

Staffelung

Versicherungsnehmer muss in den ersten Versicherungsjahren gemäß einer Staffel die Kosten übernehmen, die den vereinbarten Höchstbetrag übersteigen, z. B. im Zahntarif übernimmt der Versicherer die tarifliche Leistung maximal im:

1. Jahr bis 500 €
2. Jahr bis 750 €
3. Jahr bis 1 000 €
4. Jahr bis 1 250 €
ab 5. Jahr volle tarifliche Leistung

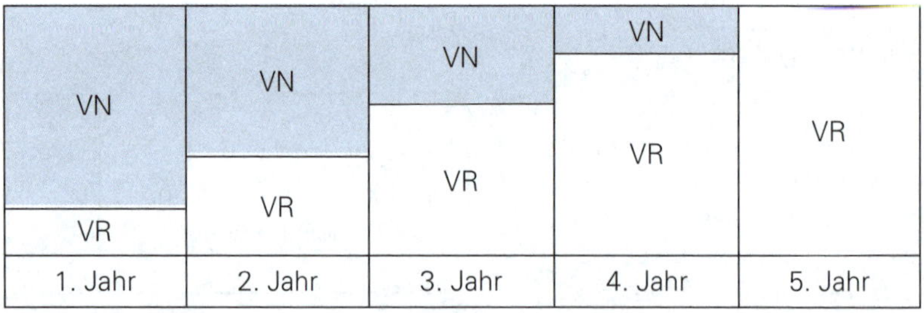

Einige Tarife sehen grundsätzlich Mindest-Selbstbeteiligungen vor (z. B. Karenztage in der Tagegeldversicherung), bei anderen Tarifen kann der Versicherungsnehmer Selbstbeteiligungen gegen Beitragsnachlass wählen. Arbeitnehmer sollten keine Selbstbeteiligungen wählen, weil ihr Arbeitgeber sich nicht an den Selbstbeteiligungen, wohl aber an den Beiträgen beteiligt.

2.5 Tarifwechsel

Seit dem 1. 1. 2009 sind **Neukunden** der privaten Versicherer flexibler. Sie können jederzeit in den Basistarif des eigenen Unternehmens und zu anderen Versicherern wechseln. Der Übertragungswert geht durch eine Umdeckung dabei nicht verloren.

Altkunden der privaten Krankenversicherung dürfen vom 1. 1. 2009 bis zum 30. 6. 2009 in den sozialen Basistarif beim eigenen oder einem anderen Versicherer ohne erneute Gesundheitsprüfung wechseln und Teile der Altersrückstellung mitnehmen. Den Rest dürfen Versicherte bei der bisherigen Gesellschaft in eine Zusatzpolice umwandeln. Nach 18 Monaten können sie beim neuen Anbieter einmalig mit ihrem Ersparten in einen Volltarif wechseln unter Anrechnung der vorhandenen Altersrückstellung.

Ab dem 1. 7. 2009 dürfen Altkunden der PKV nicht mehr mit Teilen ihres Alterspolsters in den Basistarif anderer Versicherer wechseln. Sie kommen zu dem – beim eigenen Versicherer – nur noch in den Standard- oder Basistarif, wenn sie über 55 Jahre alt oder finanziell bedürftig sind. § 193 Abs. 5 VVG 2009

Nur Neukunden, die ab dem 1. 1. 2009 eine private Krankenversicherung abschließen, erhalten einen gesetzlichen Anspruch auf Versichererwechsel unter Mitnahme der Altersrückstellung.

Bei bestehendem Versicherungsverhältnis kann der Versicherungsnehmer vom Versicherer verlangen, dass dieser Anträge auf Wechsel in einen anderen Tarif mit gleichartigem Versicherungsschutz unter Anrechnung der aus dem Vertrag erworbenen Rechte und der vollen Altersrückstellung annimmt. § 204 VVG 2008

Vertragsumstellung bei Beihilfeempfängern

§ 199 Abs. 2 VVG

Bei Änderung der Beihilfe kann der Versicherungsnehmer verlangen, dass der Versicherungsschutz im Rahmen der bestehenden Krankheitskostentarife an die veränderten Verhältnisse angepasst wird. Wird der Antrag innerhalb der Frist von 6 Monaten gestellt, so hat der Versicherer den angepassten Versicherungsschutz ohne Risikoprüfung oder Wartezeiten zu gewähren und die Altersrückstellungen zu berücksichtigen.

Wählt der Versicherungsnehmer einen höheren Versicherungsschutz, so kann der Versicherer nach Risikoprüfung für die Mehrleistungen Risikozuschläge, Leistungsausschlüsse und Wartezeiten vereinbaren – außer beim Wechsel in den Basistarif. § 204 VVG 2008

§ 193 Abs. 5 VVG 2009

▶ Beispiele

- Ein Rentner möchte in den Grundtarif wechseln, um Beiträge zu sparen
- Ein Selbstständiger wählt einen Tarif mit höherer oder niedriger Selbstbeteiligung
- Ein Tarif, der dem Leistungsangebot nicht mehr gerecht wird, wird geschlossen. Um einer „Vergreisung" des Tarifes durch fehlende Neuzugänge vorzubeugen, kann der Versicherungsnehmer in einen anderen Tarif wechseln.
- Anpassung bei Veränderung der Beihilfevorschriften
- Wechsel in den Basistarif

Anrechnung der Altersrückstellungen

VVG 2009	Übertragung von Altersrückstellungen
Altersrückstellungen	Wechsel in einen anderen Tarif bei demselben Versicherer ➡ Übertragung
	Wechsel in den Basistarif bei demselben Versicherer ➡ Übertragung
	Wechsel in den Basistarif – Zeitfenster – bei einem anderen Versicherer ➡ Übertragung der Altersrückstellung in der Höhe, die dem Basistarif entspricht

Überblick – Tarifwechsel

1. 1. 2009

- Krankenschutz ist Bürgerpflicht, mindestens ambulante und stationäre Heilbehandlung und keine höhere SB als 5 000 € p. a.
- Beitragszuschlag bei verspätetem Abschluss als Strafzahlung
- Einheitsbeitrag für Kassenpatienten
- Basistarif wird angeboten
- Neukunden können jederzeit in den Basistarif des eigenen Unternehmens und zu anderen Versicherern wechseln unter Mitnahme der Altersrückstellung (Portabilität)
- Altkunden der PKV dürfen seit dem 1. Januar bis zum 30. Juni in den sozialen Basistarif beim eigenen oder einem anderen Versicherer wechseln und Teile ihrer Altersrückstellung mitnehmen. Nach 18 Monaten können sie beim neuen Anbieter einmalig mit ihrem Ersparten in einen Volltarif wechseln.
- Kunden des modifizierten Standardtarifs wechseln in den Basistarif
- Kündigung durch Versicherungsnehmer nur zulässig bei Neuabschluss bei einem anderen Versicherer
- Selbstständige erhalten kein Tagegeld mehr in der GKV

§ 193 Abs. 3 VVG 2009

1. 7. 2009

Altkunden der Privaten Krankenversicherer dürfen nicht mehr mit Teilen ihrer Alterungsrückstellung in den Basistarif anderer Versicherer wechseln. Sie kommen zudem nur noch in den Sozialtarif, wenn sie über 55 Jahre alt oder finanziell bedürftig sind.

Übersicht: Versicherungsarten, Leistungsarten und Tarifformen

Versicherungs-arten	**Krankheitskosten-versicherung** als Vollkosten- oder Teilkostenversicherung	**Krankenhaus-tagegeld-versicherung**	**Krankentagegeld-(Verdienstausfall) versicherung**	**sonstige Versiche-rungen der PKV**	**Pflegeversiche-rung**
Leistungsarten	▪ ambulant ▪ stationär ▪ Zahnbehandlung und -ersatz, Kieferortho-pädie = **konkrete Bedarfs-deckung** im Rahmen der Schadenversiche-rung	Erstattung einer ver-einbarten Summe pro Tag während eines stationären Aufenthaltes = **abstrakte Bedarfs-deckung** im Rahmen der Summenversiche-rung	Erstattung eines bestimmten Tagegeld-satzes nach Ablauf einer vereinbarten Frist (Karenztage) zur Absicherung des Verdienstausfalles = **abstrakte Bedarfs-deckung** im Rahmen der Summenversiche-rung	Abdeckung beson-derer Risiken	Abdeckung der Pflegekosten Stufe I Stufe II Stufe III und weitere Leistungen
Tarifformen[1]	▪ 100 % Tarif mit und ohne Selbstbe-teiligung ▪ Quotentarif S. 240–241 ▪ Zusatztarife S. 239 ▪ Grundtarif S. 234 ▪ PSKV-Tarif ▪ Basistarif S. 217 ▪ Ergänzungstarife ▪ Standardtarife S. 196	Wahl der Summe i. d. R. von 5 € oder einem Vielfachen bis zu bestimmten Höchstgrenzen S. 237	Tarife für verschiedene Berufsgruppen; Unter-schiede im Leistungs-beginn (Karenztage) und in der Höhe des Beitrages Arbeitnehmer S. 237 Selbstständige S. 238	▪ Auslandsreise-Kran-kenversicherung ▪ Kurkosten-versicherung ▪ Pflegekosten-versicherung S. 195 ▪ Restschuld-versicherung ▪ Beitragsentlastungs-tarif S. 236	▪ Pflegepflicht-versicherung S. 160 ▪ Pflegepflicht-versicherung Beamte S. 160 ▪ Pflegezusatz-versicherung S. 195

1 Seitenangabe nach Bedingungswerk 2 Proximus Versicherung Proximustarife

2.6 Gruppenversicherung

▶ Situation

Herr Zensen hat die Firma gewechselt. Sein neuer Chef erzählt ihm am ersten Arbeitstag, dass er die Möglichkeit hat, sich über einen Gruppenversicherungsvertrag zu versichern.

▶ Erläuterung

2.6.1 Wesen

In einem Gruppenversicherungsvertrag werden viele einzelne **gleichartige Versicherungen in einem Vertrag** (Gruppenversicherungsvertrag) zusammengefasst. Durch den Zusammenschluss vieler Einzelrisiken kann der Versicherer diesem Personenkreis besondere Konditionen einräumen, da i. d. R. Verwaltungskosten gespart werden.

Diese Regelung erfolgte aufgrund der geänderten Rechtslage, die das Dritte Durchführungsgesetz/EWG zum VAG vom 21. Juli 1994 mit sich brachte.

Die Aufsichtsbehörde bestimmte in ihrer Richtlinie für das Neugeschäft:

I. Unzulässigkeit von Sondervergünstigungen

- Unmittelbare oder mittelbare Sondervergütungen sind verboten, d. h. es dürfen keine Provisionen oder im Tarif nicht vorgesehene Vorteile irgendwelcher Art gewährt werden.
- Als Begünstigungsverträge sind Verträge verboten, durch die Versicherungsnehmern oder versicherten Personen hinsichtlich der Versicherungsleistungen, der Risikoprüfung, der Beiträge, Nebenkosten oder der Versicherungsbedingungen unmittelbar oder mittelbar Vorteile irgendwelcher Art gegenüber dem jeweiligen Tarif für gleichartige Einzelversicherungen gewährt werden.
- Das Gleiche gilt für Verträge mit
  a) Arbeitnehmern, Inhabern, Organen oder sonstigen Personen einer Firma (bzw. eines Betriebes), denen unmittelbar oder mittelbar Provisionen, Bürokostenzuschüsse, Bestandspflegegelder oder sonstige Zuwendungen gewährt werden.
  b) Mitgliedern einer Vereinigung des öffentlichen oder privaten Rechts, denen eine Agentur oder Geschäftsstelle – gleich welcher Art – übertragen wird, wenn mit der Übertragung unmittelbar oder mittelbar eine Zuwendung des Versicherungsunternehmens verbunden ist.

II. Kollektivkrankenversicherung

Kollektivkrankenversicherungen zählen nicht zu den verbotenen Begünstigungsverträgen, wenn sie folgende Voraussetzungen erfüllen:

- Durch einen Kollektiv-(Rahmen)vertrag wird eine feste Grundlage für die kollektive Gestaltung und Behandlung der einzelnen Versicherungsverhältnisse gelegt.
- Die im Rahmen einer Kollektivversicherung eingeräumten besonderen Konditionen müssen sich aus dem Kollektiv heraus tragen und dürfen keine Subventionen zu Lasten der übrigen Versicherungsgemeinschaft des Versicherungsunternehmens mit sich bringen.

  Insbesondere müssen günstigere Konditionen in Bezug auf

  - Kosten durch entsprechende Kostenersparnisse,
  - Risiko durch einen entsprechend günstigeren Risikoverlauf,
  - Ausschluss einer negativen Risikoauslese

  aufgefangen werden, weil die Besonderheiten des Kollektivvertrages diese ermöglichen.

Vertragspartner des Versicherer ist die so genannte **Gruppenspitze, die auch gleichzeitig Versicherungsnehmer ist**. Ihr allein stehen die vertraglichen Gestaltungsrechte aus dem Gruppenversicherungsvertrag zu, z. B. Kündigung, und nicht dem Gruppenmitglied (versicherte Person).

2.6.2 Personengruppen

Gruppenversicherungsverträge werden abgeschlossen mit

- Firmen (für ihre Arbeitnehmer)
- Vereinigungen freiberuflich tätiger Personen, die keinen Gewerbebetrieb unterhalten und dieser Vereinigung zwangsweise angehören, z. B. Ärzte-, Zahnärzte-, Architektenkammern
- rechtsfähigen Vereinigungen solcher Berufe, die überwiegend selbstständig (freiberuflich) ausgeübt werden, z. B. Anwaltsvereine, Verbände der Journalisten (für die Mitglieder)

2.6.3 Vergünstigungen aus dem Gruppenversicherungsvertrag

Nach den Richtlinien der Bundesanstalt für Finanzdienstleistungsaufsicht (BaFin) kann der Versicherer verzichten

- auf die Gesundheitsprüfung (nicht bei Firmenverträgen),
- auf den Einwand alter Leiden (nicht bei Firmenverträgen),
- auf die Einhaltung der allgemeinen und besonderen Wartezeiten.
- auf ein evtl. bestehendes ordentliches Kündigungsrecht

Darüber hinaus kann der Versicherer gewähren

- einen Prämiennachlass, der in der Regel 5 % der Tarifprämie für Einzelversicherungen beträgt (geringere Verwaltungskosten)
- Beitragsrückerstattung bei Nichtinanspruchnahme und bei verfügbaren Überschüssen
- die Mitversicherung der Organe der Gruppenspitze
- die Mitversicherung von Familienangehörigen der versicherten Gruppenmitglieder
- eine Gewinnbeteiligung, sofern im abgelaufenen Geschäftsjahr ein Gewinn erwirtschaftet wurde
- Recht auf Abschluss von Einzelverträgen nach Ausscheiden aus der Gruppenversicherung unter Anrechnung der aus dem Vertrag erworbenen Rechte und Alterungsrückstellung zu angemessenen Bedingungen (auch bei Kündigung durch den Versicherer)

§ 178 i Abs. 1 u. 3 VVG

2.7 Anwartschaftsversicherung

2.7.1 Anwartschaftsversicherung in der Krankenversicherung

▶ Situation

Frau Andrea Pielen hat bei der Proximus Versicherung AG eine Vollkostenversicherung vor sieben Jahren abgeschlossen.

Sie teilt der Versicherung mit, dass sie für 3 – 5 Jahre als Entwicklungshelferin im Ausland tätig sein wird und während dieser Zeit über die Hilfsorganisation versichert ist. Danach möchte sie wieder in ihrem bisherigen Beruf arbeiten.

Informieren Sie Frau Pielen über die Möglichkeit ihrer Vertragsgestaltung in einem Brief.

▶ Erläuterung

Anwartschaftsversicherungen sind spezielle Tarifgestaltungen. Mit einer Anwartschaftsversicherung erhält sich der Versicherungsnehmer das Recht auf Wiederinkraftsetzung der vor der Anwartschaft bestehenden Versicherung.

Dies bedeutet, dass die ursprünglichen Rechte und Pflichten der Partner aus dem Versicherungsvertrag ruhen. Der Versicherer sichert zu, nach der Ruhenszeit wieder zu den alten Bedingungen Versicherungsschutz zu gewähren. Der Versicherungsnehmer verpflichtet sich, einen Anwartschaftsbeitrag zu zahlen.

Dieser Beitrag ist so bemessen und geschäftsplanmäßig festgelegt, dass der Versicherer die Kosten für die weitere Führung des Vertrages im Bestand erhält und die Alterungsrückstellung bedienen kann. Dies ist wichtig, damit nach der Ruhenszeit die Weiterführung der Versicherung zum Beitrag nach dem ursprünglichen Eintrittsalter weitergeführt werden kann.

Bei der „großen" Anwartschaftsversicherung wird bei Umwandlung in die Vollversicherung für die Beitragsberechnung das Eintrittsalter und für die Gesundheitsprüfung der Gesundheitszustand vor Beginn der Anwartschaftsversicherung zu Grunde gelegt. Für die „kleine" Anwartschaftsversicherung gilt das nur für die Gesundheitsprüfung.

Eine besondere Form der „Anwartschaft" ist die Ruhensversicherung, die von einigen Gesellschaften i. d. R. bei Arbeitslosigkeit angeboten wird.

Während der Ruhenszeit sind keine Beiträge zu zahlen. Die Beiträge, die geschäftsplanmäßig für die Ruhenszeit der Alterungsrückstellung hätten zugeführt werden müssen, werden in Form eines monatlichen Beitragszuschlages nach dem Ende der Ruhenszeit nacherhoben, wenn die Arbeitslosigkeit länger als 6 Monate und 15 Tage bestanden hat.

Gründe für eine Anwartschaftsversicherung

▶ Beispiele

- vorübergehende Zahlungsunfähigkeit des Versicherungsnehmers
- Eintritt der Versicherungspflicht in der GKV (z. B. bei Arbeitslosigkeit)
- längerer Auslandsaufenthalt
- Grundwehrdienst (USG = Unterhaltssicherungs-Gesetz)
- freie Heilfürsorge (vorübergehend) während der Dienstzeit

Vorteile einer Anwartschaftsversicherung

- keine neue Risikoprüfung
- keine erneuten Wartezeiten
- bereits erworbene Ansprüche auf Beitragsrückerstattung bleiben erhalten
- das alte Eintrittsalter wird zugrunde gelegt

▶ Zusammenfassung

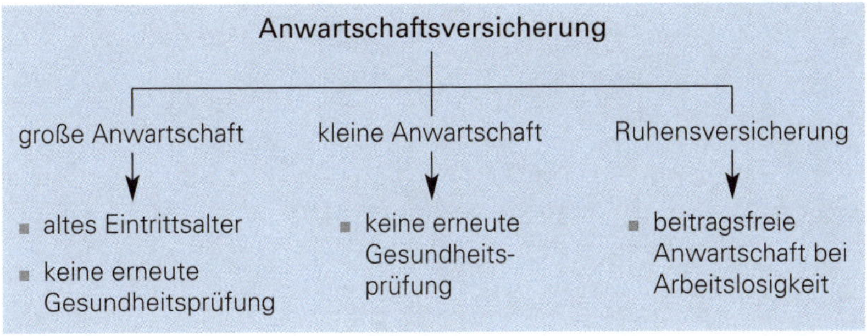

2.7.2 Anwartschaftsversicherung in der privaten Pflegepflichtversicherung (PPV)

Eine Anwartschaft in der PPV sichert ausschließlich Rechte aus den Bestands- oder Neugeschäftskonditionen. Das bedeutet – anders als in der Krankenversicherung – der Versicherte hat nach Beendigung der Anwartschaft den Beitrag zu dem dann erreichten Alter und nicht den zum ursprünglichen Eintrittsalter zu zahlen. Liegt dieser jedoch über dem Beitrag in der sozialen Pflegeversicherung, müsste er aufgrund der Anwartschaftsvereinbarung auf diesen begrenzt werden.

Personen, die versicherungspflichtig werden – dies gilt auch bei Arbeitslosigkeit – kann eine Anwartschaftsversicherung angeboten werden. Eine Vereinbarung auf beitragsfreies Ruhen der PPV ist nicht möglich.

Personen, die wegen freier Heilfürsorge ihre Krankenversicherung auf Anwartschaft setzen, können dies nicht mit der PPV machen. Heilfürsorgeempfänger müssen eine aktive PPV haben.

Übungen

1. Wie viele und welche Arten von Unternehmen sind Mitglied des PKV-Verbandes?
2. Wie viele Personen sind in der PKV versichert?
3. Beschreiben Sie den versicherten Personenkreis der PKV.
4. Welche Voraussetzungen muss der Krankenversicherer erfüllen, damit der Arbeitnehmer Anspruch auf den Arbeitgeberanteil zum Beitrag hat?
5. Welche Leistungs- und Tarifarten gibt es in der Krankheitskostenversicherung?
6. Beschreiben Sie die Selbstbeteiligungssysteme in der PKV.
7. Wonach richtet sich die Höhe des versicherbaren Krankentagegeldes?
8. Wodurch unterscheiden sich die Krankentagegeldtarife voneinander?
9. Berechnen Sie den Krankentagegeldsatz, den ein Angestellter versichern muss, wenn er ein monatliches Nettogehalt von 3 800 € abdecken möchte.

10 Welche Gründe sprechen für den Abschluss einer Auslandsreise-Krankenversicherung? (Berücksichtigen Sie bei Ihren Argumenten privat und auch gesetzlich Versicherte.)

11. Beschreiben Sie den typischen Leistungsumfang einer Auslandsreise-Krankenversicherung.
12. Beschreiben Sie das Wesen einer Gruppenversicherung und nennen Sie die Personengruppen, für die sie interessant ist.
13. Welche Vergünstigungen kann ein Gruppenversicherungsvertrag bringen?
14. Was versteht man unter einer Anwartschaftsversicherung, welche Gründe können zum Abschluss führen und welche Vorteile bietet sie?
15. Herr Zutt fragt an, welche rechtliche Situation für seinen PKV-Vertrag entsteht, wenn er als Angestellter arbeitslos wird.

    Erklären Sie Herrn Zutt die Sachlage in einem Brief.

2.8 Beitragsberechnung und Tarife

2.8.1 Beitragsberechnung

Die Ermittlung des Tarifbeitrages in der privaten Krankenversicherung erfolgt aufgrund folgender Risikomerkmale:

- gewünschter Tarif mit bzw. ohne Selbstbeteiligung
- Alter zu Beginn des Vertrages
- Geschlecht der versicherten Person
- Gesundheitszustand

▶ **Beispiel**

Herr Brock, 32 Jahre alt, und seine Frau, 28 Jahre, wünschen den Abschluss eines Vollkostentarifes mit den Leistungsmerkmalen:

- ambulante Heilbehandlung ohne Selbstbeteiligung
- stationäre Heilbehandlung mit privatärztlicher Versorgung im Einbettzimmer
- zahnärztliche Behandlung zu 100%iger Kostenerstattung
- Zahnersatz zu 75%iger Kostenerstattung
- Krankentagegeld ab dem 43. Tag nur für
  Herrn Brock 100 € pro Tag
- Krankenhaustagegeld
  Herr Brock 20 € pro Tag
  Frau Brock 55 € pro Tag

Risikozuschläge sind aufgrund des positiven Gesundheitszustandes nicht erforderlich.

Lösung

Beiträge gemäß den Tarifen des Bedingungswerks 2 der Proximus Versicherung (gesetzlicher Beitragszuschlag bereits enthalten).

Leistung	Tarif	monatlicher Beitrag Herr Brock €	Frau Brock €
ambulante Heilbehandlung	A 0	134,07	197,40
stationäre Heilbehandlung	S 1	81,79	101,76
Zahnbehandlung und Zahnersatz	Z 2	59,07	70,76
Krankentagegeld für Arbeitnehmer ab 43. Tag 100 €		27,60	
Krankenhaustagegeld	KHT	4,52	13,86
		307,05	383,78

Versicherungsteuer wird nicht erhoben.

Bei jährlicher Zahlweise wird ein Skonto von 3 % gewährt.

2.8.2 Tarife

Im Bedingungswerk 2 der „Proximus Versicherung" finden Sie zur Berechnung der Aufgaben und zur Abgabe eines Angebotes folgende Tarife:

- Ambulante Heilbehandlung mit und ohne Selbstbeteiligung
- Stationäre Heilbehandlung im Ein-, Zwei- und Mehrbettzimmer
- Zahnärztliche Behandlung mit Selbstbeteiligungen bei Zahnersatz
- Grundschutz mit geringeren Leistungen
- Pflegepflichtversicherung für Beamte und andere Personen
- Beitragsentlastungsvereinbarung
- Krankenhaustagegeld
- Verdienstausfallversicherung für Arbeitnehmer
- Verdienstausfallversicherung für Selbstständige
- Zusatzversicherung für GKV-Versicherte im stationären und ambulanten Bereich
- Ambulante, stationäre und zahnärztliche Heilbehandlung für Beamte
- Pflegekostenzusatzversicherung (jetzt in Proximus)

Für diese Tarife gelten die Annahmerichtlinien der Proximus Versicherung.

Weitere Tarife finden Sie auf den folgenden Seiten dieses Lehrbuches:

- Super-Spartarif / Großschadentarif
- Kurtarif
- Pflegetagegeldtarif
- Standardtarif

Super-Spartarif / Großschadentarif

ambulant:	– 100 % Erstattung
stationär:	– wahlärztliche und belegärztliche Leistungen
	– Unterbringung im Ein- oder Zweibettzimmer
zahnärztliche Leistungen:	– 90 % Erstattung

Selbstbeteiligung pro Person und Kalenderjahr

Monatliche Beitragsraten (in €)

Selbstbeteiligung	1 300 €		2 600 €		5 200 €	
Eintrittsalter	Männer	Frauen	Männer	Frauen	Männer	Frauen
– 14	31,07	31,07	17,28	17,28	9,82	9,82
15 – 19	31,07	31,07	17,28	17,28	9,82	9,82
20 – 24	84,78	153,26	56,55	57,94	21,87	24,05
25 – 29	100,83	184,96	66,18	68,10	25,50	28,27
30 – 34	120,78	190,04	78,43	76,30	30,14	31,75
35 – 39	144,87	196,81	93,46	85,55	35,83	35,69
40 – 44	175,57	220,88	112,86	98,04	43,20	41,05
45 – 49	214,11	254,09	137,53	113,34	52,62	47,64
50 – 54	259,26	289,11	167,41	130,02	64,08	54,88
55 – 59	309,45	324,33	201,42	147,76	77,19	62,80
60	362,42	358,90	236,03	165,59	90,98	70,70

Tarif für Kur- und Sanatoriumsbehandlung

Aufwendungen für Behandlung, Unterkunft und Verpflegung bei ambulanter Kurbehandlung oder bei stationärer Kur- bzw. Sanatoriumsbehandlung werden bis 30 €, für Genesungskuren bis 70 € pro Tag übernommen. In beiden Fällen jeweils für höchstens 30 Tage alle 2 Jahre.

Monatliche Beiträge in €

Eintrittsalter	Männer	Frauen	Eintrittsalter	Männer	Frauen
0 – 14	7,12	7,12	35	15,37	17,54
15 – 19	6,47	6,47	36	15,98	18,11
20	9,32	11,23	37	16,61	18,70
21	9,57	11,53	38	17,26	19,31
22	9,85	11,85	39	17,93	19,93
23	10,14	12,18	40	18,63	20,57
24	10,44	12,52	41	19,34	21,21
25	10,75	12,87	42	20,07	21,87
26	11,08	13,25	43	20,82	22,54
27	11,44	13,63	44	21,59	23,23
28	11,83	14,05	45	22,37	23,92
29	12,25	14,48	46	23,17	24,63
30	12,70	14,94	47	23,99	25,34
31	13,18	15,42	48	24,83	26,06
32	13,69	15,92	49	25,68	26,78
33	14,22	16,44	50	26,55	27,52
34	14,79	16,98	. . .		

Pflegetagegeldversicherung

Zahlung eines Pflegetagegeldes für häusliche oder teilstationäre Pflege durch Pflegefachkräfte oder durch Familienangehörige, ehrenamtliche Helfer etc. Das Tagegeld wird je nach Pflegestufe in einem bestimmten Prozentsatz des vereinbarten Tagegeldsatzes gezahlt (Pflegestufe I – 25 %, II – 50 %, III – 75 %).

Für vollstationäre Pflege werden 100 % gezahlt.

Monatliche Beitragsraten für je 10 € Pflegetagegeld (max. 80 €)

Alter	Männer	Frauen	Alter	Männer	Frauen
0 – 14	0,76	0,76	45	4,59	7,27
15 – 19	0,95	0,53	46	4,85	7,66
20	1,18	1,74	47	5,12	8,08
21	1,24	1,85	48	5,41	8,52
22	1,30	1,97	49	5,72	8,98
23	1,37	2,10	50	6,05	9,48
24	1,44	2,23	51	6,39	10,00
25	1,52	2,38	52	6,76	10,55
26	1,61	2,53	53	7,16	11,14
27	1,71	2,70	54	7,58	11,76
28	1,81	2,87	55	8,04	12,43
29	1,92	3,04	56	8,52	13,14
30	2,03	3,23	57	9,04	13,90
31	2,15	3,42	58	9,60	14,70
32	2,28	3,62	59	10,20	15,57
33	2,41	3,83	60	10,84	16,49
34	2,54	4,05	61	11,54	17,49
35	2,69	4,28	62	12,29	18,55
36	2,84	4,52	63	13,09	19,69
37	2,99	4,77	64	13,95	20,92
38	3,16	5,03	65	14,40	21,53
39	3,33	5,31	66	15,36	22,91
40	3,51	5,59	67	16,40	24,40
41	3,71	5,90	68	17,52	26,02
42	3,91	6,21	69	18,75	27,77
43	4,12	6,55	70	20,09	29,69
44	4,35	6,90			

Standardtarif

Die tariflichen Leistungen orientieren sich an den Leistungen der GKV, ambulante ärztliche Behandlung, Arznei- und Verbandmittel, Heil- und Hilfsmittel, zahnärztliche Behandlung, Zahnersatz, Kieferorthopädie und stationäre Behandlung. Die Ärzte sind verpflichtet, bei Versicherten des Standardtarifs die Leistungen zu reduzierten Gebührensätzen abzurechnen.

Monatliche Beiträge in €

Alter	Männer	Frauen	Alter	Männer	Frauen
16 – 20	97,94	127,44	41	260,33	329,43
21	157,53	240,14	42	267,03	333,09
22	163,41	248,34	43	273,86	336,83
23	168,23	255,13	44	280,85	340,65
24	172,48	260,99	45	288,04	344,58
25	176,51	266,27	46	295,43	348,60
26	180,55	271,24	47	303,03	352,76
27	184,72	276,08	48	310,79	357,04
28	189,00	280,85	49	318,69	361,46
29	193,40	285,55	50	326,65	366,05
30	197,95	290,09	51	334,38	370,80
31	202,63	294,40	52	342,24	375,75
32	207,48	298,42	53	350,26	380,91
33	212,51	302,13	54	358,44	386,30
34	217,73	305,57	55	366,76	391,68
35	223,18	308,85	56	375,24	397,06
36	228,87	312,09	57	383,89	402,44
37	234,82	315,46	58	392,69	407,84
38	240,98	318,87	59	401,67	413,24
39	247,29	322,32	60	373,45	380,61
40	253,75	325,84			

Übungen

Entnehmen Sie die Beiträge den Tarifauszügen – Bedingungswerk 2 Proximus Versicherung.

1. Wie hoch ist der Monatsbeitrag ohne Pflegeversicherung für einen 35-jährigen Angestellten, der folgende Leistungen vereinbart hat:

   a) ambulante (ohne SB) und stationäre (wahlärztliche Leistung und Unterbringung im Zweibettzimmer) Heilbehandlung sowie Zahnbehandlung 100 % Kostenerstattung,
   b) Zahnersatz und Kieferregulierung 75 % Kostenerstattung,
   c) Krankenhaustagegeld in Höhe von 50 € täglich,
   d) Krankentagegeld ab dem 43. Tag in Höhe von 70 € täglich.

   Variante:
   Der Angestellte möchte jährlich zahlen. Hierfür gewährt der Krankenversicherer ein Skonto in Höhe von 3 %.

   Wie hoch ist die Jahresprämie?

   Welche Argumente sprechen für eine jährliche Zahlungsweise?

2. Ermitteln Sie den Monatsbeitrag für eine 30-jährige Selbstständige, die für sich und ihre beiden fünf- und achtjährigen Söhne folgenden Versicherungsschutz wünscht:

   a) ambulante (mit SB 1 800 €, Kinder 900 €) und stationäre (wahlärztliche Leistung und Unterbringung im Einbettzimmer) Heilbehandlung 100 % Kostenerstattung,
   b) für Zahnbehandlung und Zahnersatz 50 % Kostenerstattung,
   c) für sich ein Krankentagegeld ab dem 15. Tag in Höhe von 80 €,
   d) private Pflegepflichtversicherung.

   Wegen Übergewichts von mehr als 20 % ist für die 30-jährige Frau ein Risikozuschlag in Höhe von 25 % für ambulante Behandlung und in Höhe von 20 % für stationäre Behandlung und für Krankentagegeld zu zahlen.

   Welcher Beitrag ist monatlich zu zahlen?

3. Herr Albrecht ist als Facharbeiter in einer gesetzlichen Krankenkasse versichert. Er ist 36 Jahre alt. Bei einer eventuellen Krankenhausbehandlung möchte er im Zweibettzimmer liegen und auf privatärztliche Heilbehandlung nicht verzichten.

   Was muss Herr Albrecht für eine entsprechende Zusatzversicherung bezahlen?

4. Herr Meyer, ein 28-jähriger Beamter, hat für sich bei der Proximus Versicherung einen Quotentarif abgeschlossen, durch den er zusammen mit der Beihilfe eine 100%ige Abdeckung seiner Kosten für ambulante und stationäre Heilbehandlung (wahlärztliche Leistung und Unterbringung im Zweibettzimmer) sowie Zahnbehandlung erreicht.

   Wie hoch müssen die bei dem Versicherer abzurechnenden Rechnungsbeträge eines Kalenderjahres mindestens sein, damit es sich für ihn empfiehlt, sie einzureichen, und nicht die Beitragsrückerstattung in Anspruch zu nehmen, wenn sein Beihilfesatz 50 % beträgt, und der Versicherer für ein leistungsfreies Kalenderjahr zwei Monatsbeiträge erstattet?

5. Frau Müller – 56 Jahre – möchte eine private Krankheitskosten-Vollversicherung abschließen. Um monatliche Beiträge zu sparen, ist sie mit einer jährlichen Selbstbeteiligung von 1 800 € bei der ambulanten Heilbehandlung einverstanden. Ferner wünscht sie ein Mehrbettzimmer und Zahnersatz mit 50 % Selbstbeteiligung.

   a) Bestimmen Sie die Tarifart und errechnen Sie den Monatsbeitrag.
   b) Würden Sie Frau Müller als unselbstständig Beschäftigte zu einem Tarif mit so hoher Selbstbeteiligung raten?

6. Herr Schäfer ist selbstständig und als freiwilliges Mitglied in einer gesetzlichen Krankenkasse versichert. Er ist 47 Jahre alt. Bei einer Krankenhausbehandlung möchte Herr Schäfer über dienstliche Belange ungestört mit seinen Angestellten sprechen können, daher wünscht er eine Zusatzversicherung mit privatärztlicher Behandlung im Einbettzimmer.

   Bestimmen Sie den Tarif und errechnen Sie den Monatsbeitrag.

7. Herr Kuhn ist selbstständig. Er ist 30 Jahre alt. Er benötigt eine private Krankenversicherung für ambulante, stationäre und zahnärztliche Behandlung. Die Kosten der ambulanten Heilbehandlung möchte er bis zu 900 € und die Kosten für zahnärztliche Behandlung zu 50 % selbst tragen, um Beiträge zu sparen. Die Krankheitskosten einer stationären Heilbehandlung im Einbettzimmer sollen zu 100 % erstattet werden. Im Übrigen wünscht er ein Krankentagegeld ab dem 22. Tag in Höhe von 80 € täglich. Ferner ist die private Pflegepflichtversicherung zu berücksichtigen.

8. Herr Friedberg, 32 Jahre, alleinstehend und in der gesetzlichen Krankenversicherung pflichtversichert, möchte gerne eine stationäre Zusatzversicherung und eine Pflegekosten-Zusatzversicherung bei Ihnen abschließen.

   Er fragt an, welchen Beitrag er dafür monatlich zahlen muss.

9. Herr Mende ist mit seiner Familie in der gesetzlichen Krankenversicherung versichert. Für die Abdeckung der Mehrkosten bei einer stationären Heilbehandlung beantragt er für sich, seine Ehefrau und seine Tochter eine Krankenhaustagegeldversicherung. Herr Mende ist 36 Jahre alt und wünscht ein Krankenhaustagegeld von 50 € pro Tag. Frau Mende ist 34 Jahre alt und beantragt ein Krankenhaustagegeld von 40 € pro Tag und für die 12 Jahre alte Tochter wird ein Krankenhaustagegeld von 30 € pro Tag vereinbart.

   Errechnen Sie den monatlichen Gesamtbeitrag.

10. Frau Thelen, 43 Jahre alt, ist als freiwilliges Mitglied in der GKV versichert. Ihr Verdienstausfall, der durch die GKV und durch den Arbeitgeber nicht abgedeckt ist, beträgt ab dem 43. Tag 40 €. Ferner wünscht sie ein Krankenhaustagegeld von 20 € pro Tag. Diese Versorgungslücken möchte sie über die PKV schließen und beantragt eine entsprechende Krankenversicherung.

    Bestimmen Sie den Tarif und errechnen Sie den Monatsbeitrag.

11. Frau Schneider, 28 Jahre und selbstständig, möchte von Ihnen wissen, wie hoch jeweils der monatlich zu zahlende Beitrag wäre, für folgende Leistungen in der PKV:

    a) den Super-Spartarif mit einer SB von 2 600 €
    b) einen Kurkostentarif
    c) einem Krankenhaustagegeld von täglich 30 €
    d) der Pflegepflichtversicherung
    e) einer Pflegekosten-Zusatzversicherung.

12. Frau Doris Ackermann möchte einen vollen Schutz in der PKV zu einem möglichst niedrigen Beitrag, da sie als Selbstständige keine Zuschüsse erhält. Selbstbeteiligung lehnt sie ab. Sie hat seit einem Monat das 30. Lebensjahr vollendet. An einem Tagegeld ist sie noch nicht interessiert. Unterbreiten Sie Frau Ackermann ein Angebot und erläutern Sie ihr den Versicherungsschutz.

13. Bei der Proximus Versicherung AG ist Herr Müller zusammen mit seiner Ehefrau seit einem Jahr nach folgenden Tarifen versichert:

Vertragsdaten:

Müller, Hans, geb. 22. 11. 1980

Ambulante Heilbehandlung: 50 %	113,67 €
Zahnärztliche Heilbehandlung: 50 %	68,65 €
Stationäre Heilbehandlung: 50 %	69,88 €
Pflegepflichtversicherung: PVB	18,10 €
	270,30 €

Müller, Gertrud, geb. 10. 1. 1980

Krankenhauszusatzversicherung	68,65 €
Krankentagegeld: 40 €/43. Tag	5,44 €
	74,09 €
Gesamt (wird abgebucht)	344,39 €

Frage:

1. Welchen beruflichen Status haben Frau und Herr Müller?
2. Am 3. 10. 2008 wird der Stammhalter Sven geboren. Welche Gegebenheiten sind bei der Krankenversicherung für Sven zu beachten?

14. Handlungssituation

Herr Werner May, 38 Jahre und nach 8-monatiger Ehe bereits geschieden, ist bei der Firma ISAD GmbH, Köln, als Ingenieur im Bereich Motorenentwicklung und -innovation beschäftigt. Nach seinen Angaben verfügt er über ein monatliches Nettoeinkommen von rd. 2 660 €. Laut Scheidungsurteil des Amtsgerichts Köln braucht er keinen Versorgungsausgleich(-abschlag) zu zahlen, da die Ehe nur kurze Zeit gültig war und seine geschiedene Ehefrau als beamtete Grundschullehrerin über ein ausreichendes Einkommen verfügt.

Herr May bittet Sie, ihn ausführlich und möglichst kurz über die Tagegeldversicherungen der PKV sowie über die gesetzliche Pflegeversicherung zu informieren. Sie haben Herrn May bereits zweimal wegen einer privaten Krankheitskostenversicherung kontaktiert und wollen nun endlich den Vertragsabschluss herbeiführen.

Fragen:

a) Bereiten Sie für das dritte Kundengespräch eine Übersicht vor, die die Merkmale der gewünschten Versicherungen gegenüberstellt.
b) Für welchen Personenkreis können Sie eine Krankenhauskostenzusatzversicherung einschließlich Pflegekosten- oder Pflegetagegeldversicherung empfehlen? Führen Sie überzeugende Argumente für den Abschluss solcher Ergänzungsversicherungen an.

3. Rechtsgrundlagen der privaten Krankenversicherung

▶ Situation

Der Azubi Werner Schulte sucht für sein Referat noch Rechtsgrundlagen zur privaten Krankenversicherung. Folgende Informationen sollte er bei seiner Präsentation berücksichtigen:

▶ Erläuterung

3.1 Rechtsgrundlagen der privaten Krankenversicherung

Die Rechtsgrundlagen der privaten Krankenversicherung bilden gesetzliche und vertragliche Bestimmungen. Sie lassen sich im Wesentlichen in die drei Gruppen Versicherungsvertragsrecht, Unternehmensrecht und Aufsichtsrecht gliedern. Darüber hinaus gibt es weitere, in verschiedenen Gesetzen geregelte Bestimmungen. Mit der Liberalisierung der EU-Richtlinien des Versicherungsmarktes in Europa haben sich auch für die PKV die rechtlichen Rahmenbedingungen verändert (Deregulierung). Damit soll der Versicherungsschutz der substitutiven Krankenversicherung (PKV) mindestens dem Versicherungsschutz der gesetzlichen Krankenversicherung (GKV) entsprechen. Zur nicht substitutiven Krankenversicherung zählen alle Leistungsangebote der PKV, die über den Schutz der GKV hinausgehen.

3.1.1 Versicherungsvertragsrecht

VVG

Ausgangspunkte des Versicherungsvertragsrechts sind die allgemeinen Rechtsnormen des Zivilrechts, insbesondere das Bürgerliche Gesetzbuch. Für alle Zweige bestehen individuelle Regelungen, die im Versicherungsvertragsgesetz zusammengefasst sind. Speziell auf die privaten Krankenversicherungen abgestellt sind deren Allgemeinen Versicherungsbedingungen. Sie bestehen aus dem Teil I, den meist einheitlichen Musterbedingungen des Verbandes der privaten Krankenversicherung, und dem Teil II, dem Tarif mit den unternehmenseigenen Tarifbedingungen. In der PKV kommt die Versicherung durch einen privatrechtlichen Vertrag zustande. Das VVG wurde seit 2008 um einen Abschnitt Krankenversicherung erweitert. Die §§ 192 bis 208 VVG regeln unter anderem

- Inhalt und Umfang des Versicherungsschutzes,
- den Verzicht des Versicherers auf das ordentliche Kündigungsrecht

sowie

- die Bildung von Altersrückstellungen bei den Beitragskalkulationen.

VVG	Regelungen für die Krankenversicherung	
VVG 2009*	Teil 1 Kapitel 1	Alle Versicherungszweige §§ 1 bis 73 VVG
	Teil 1 Kapitel 2 Abschnitt 1	Schadensversicherung §§ 74 bis 87 VVG
	Teil 2 Kapitel 8	Krankenversicherung §§ 192 bis 208 VVG
	Teil 3	Schlussvorschriften §§ 209 bis 215 VVG

Änderungen im VVG 2009

- Krankenversicherer sind nicht leistungspflichtig, wenn die getätigten Aufwendungen in einem auffälligen Missverhältnis zu den erbrachten Leistungen stehen.
- Vorschriften über die Fremdversicherung sind zwar nunmehr grundsätzlich anwendbar, gelten aber nicht uneingeschränkt.
- kein Kündigungsrecht bei unverschuldeter Verletzung der vorvertraglichen Anzeigepflicht
- Verkürzung der Ausschlussfrist bei Verletzung der vorvertraglichen Anzeigepflicht
- Zahlungsfrist von 2 Wochen bei der Folgeprämie
- erweiterte Belehrungsanforderungen in der Mahnung der Folgeprämie
- Fortsetzung der Krankentagegeldversicherung nach dem 65. Lebensjahr
- Auskunftspflicht wurde auf Stellungnahmen erweitert, die der Versicherer zur Prüfung seiner Leistungspflicht über die Notwendigkeit einer medizinischen Behandlung eingeholt hat.
- Inkrafttreten bei Neuverträgen, die ab dem 1. 1. 2008 zustande kommen.
- Inkrafttreten für Bestandsverträge zum 1. 1. 2009
- Pflicht zum Abschluss einer privaten Krankenversicherung für bestimmte Personen
- Einführung eines Basistarifs
- Möglichkeit zur Mitnahme der Altersrückstellungen

AKtG

3.1.2 Unternehmensrecht

Die Träger der gesetzlichen Krankenversicherung sind ausschließlich Körperschaften des öffentlichen Rechts. Die private Krankenversicherung wird dagegen von privatrechtlichen Unternehmen betrieben, und zwar als Aktiengesellschaften oder als Versicherungsvereine auf Gegenseitigkeit.

3.1.3 Aufsichtsrecht

VAG

Die PKV-Unternehmen unterstehen der Rechts- und Finanzaufsicht der Bundesanstalt für Finanzdienstleistungsaufsicht (BaFin). Die frühere Genehmigungspflicht für die allgemeinen Versicherungsbedingungen und die Tarife durch die BaFin ist mittlerweile weggefallen. Sie kann aber unter Umständen korrigierend eingreifen. Beitragsanpassungen bedürfen stattdessen der Zustimmung eines unabhängigen Treuhänders. Ein von der einzelnen Versicherung beauftragter Aktuar (Versicherungsexperte) muss sicherstellen, dass bei der Berechnung der Prämien und der mathematischen Rückstellungen, vor allem der Alterungsrückstellung, die versicherungs-mathematischen Methoden eingehalten werden. Seine Aufgabe ist es außerdem, die Finanzlage des Unternehmens daraufhin zu überprüfen, ob die sich aus den Versicherungsverträgen ergebenden Verpflichtungen jederzeit erfüllt werden können.

3.1.4 Sozialgesetzbuch

SGB

Privat versicherte Arbeitnehmer erhalten zu ihrem Beitrag für die Krankheitskosten-Vollversicherung einen Zuschuss des Arbeitgebers. Um den Zuschuss zu erhalten, müssen hinsichtlich des Versicherungsschutzes gesetzlich festgelegte Qualitätsmerkmale erfüllt sein, einschließlich des Angebots eines Basistarifs für Senioren in der Krankenversicherung.

3.1.5 Steuerliche Abzugsfähigkeit

EStG

Beiträge zur privaten Krankenversicherung sind im Rahmen der Sonderausgaben vom steuerpflichtigen Einkommen abzugsfähig. Eigenanteile sind über außergewöhnliche Belastungen steuerlich wirksam.

3.1.6 Ombudsmann

Stat

Statut für den Ombudsmann für die Private Kranken- und Pflegeversicherung (Stat) in der Fassung des Änderungsbeschlusses vom 12. Juni 2002.

3.1.7 Wettbewerb

Gesetz zur Stärkung des Wettbewerbs in der gesetzlichen Krankenversicherung.

VVG-InfoV

3.1.8 Informationspflichten

Verordnung über Informationspflichten bei Versicherungsverträgen.

3.1.9 Vertragsbedingungen

▪ Allgemeine Versicherungsbedingungen (AVB)

AVB sind Bedingungen, die dazu bestimmt sind, in eine unbegrenzte Anzahl gleichartiger Verträge als Bestandteil aufgenommen zu werden. Sie enthalten eine „typisierte" Vertragsgrundlage, d. h. sie beschreiben die Hauptleistung des Versicherers.

Die AVB in der PKV bestehen i. d. R. aus den

- **Musterbedingungen:** Sie wurden vom PKV-Verband entwickelt, sind einheitlich und waren für die PKV-Unternehmen verbindlich. Seit dem 1. 1. 2009 muss der Versicherer für neue Verträge die an das neue Recht angepassten Musterbedingungen

– MB/KK 2009	–	Krankheitskosten- und KHT-Versicherung Proximus Seite 123
– MB/KT 2009	–	Krankentagegeldversicherung Proximus Seite 135
– MB/PPV 2009	–	Private Pflegepflichtversicherung Proximus Seite 144
– MB/EPV 2008	–	Pflegeergänzungsversicherung Proximus Seite 179
– MB/ST 2008	–	Standardtarif Proximus Seite 196
– MB/BT 2009	–	Basistarif Proximus Seite 218

  verwenden. Es ist ihm jedoch freigestellt, für das Neugeschäft auch gänzlich andere Bedingungen zu verwenden, jedoch unter Berücksichtigung der gesetzlichen Bestimmungen.
- **Tarifbedingungen:** Sie sind heute in der Regel unternehmenseinheitlich oder zumindest für mehrere Tarife eines Unternehmens gültig gestaltet und ergänzen die Musterbedingungen oder ändern sie ab.
- **Tarife:** In den Tarifen werden die Leistungen konkret beschrieben und die Beiträge für die einzelnen Altersgruppen unterteilt nach dem Geschlecht aufgeführt.

▪ Spezielle Vereinbarungen („Klauseln")

Sie sind auf den einzelnen Vertrag zugeschnitten und werden in den Versicherungsschein aufgenommen, z. B. Leistungsausschluss oder ein versicherungsmedizinischer Zuschlag.

- **Rechtsprechungsrecht**

Dabei handelt es sich um Urteile der ordentlichen Gerichtsbarkeiten, insbesondere die Urteile des Bundesgerichtshofes, die häufig mit Hilfe des Verbraucherschutzes gegen unklare Vereinbarungen in den Bedingungen und Klauseln gefällt werden.

4. Zustandekommen des Vertrages

4.1 Informationspflichten in der Krankenversicherung

§ 7 VVG

Der Krankenversicherer hat vor Abgabe der Vertragserklärung des Versicherungsnehmers, d. h. vor dessen Unterschrift unter den Versicherungsantrag, umfangreiche Informationspflichten zu erfüllen. Noch mehr als bei Sachversicherungen besteht bei der Krankenversicherung Anlass, dem Versicherungsnehmer Klarheit über den Inhalt des Vertrags und die Vielzahl der ihm offen stehenden, unterschiedlichen Tarife zu verschaffen. Auch darüber hinaus besteht Aufklärungsbedarf. Wie sich Kostensteigerungen im Gesundheitswesen auf einen Tarif auswirken, und dass ein Versichererwechsel mit fortschreitendem Alter erhebliche Nachteile nach sich ziehen kann, ist dem durchschnittlichen Versicherungsnehmer in der Regel nicht deutlich.

§ 1 VVG-InfoV

Allgemeine Versicherungsinformationen

Wie in den anderen Versicherungssparten hat der Krankenversicherer bei Antragstellung die nachfolgenden allgemeinen Informationen zu geben.

Versicherungsinformationen

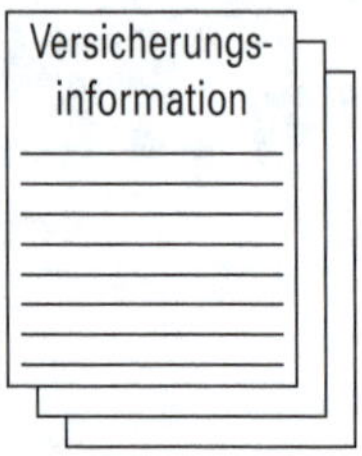

Inhalte nach § 1 VVG-InfoV

- Angaben zum Versicherer
- Anschrift der BaFin
- AVB
- Preis der Versicherung
- Hinweise zur Zahlung
- Zustandekommen des Vertrags
- Widerrufsrecht
- Laufzeit des Vertrags
- Beendigung des Vertrags

§ 3 VVG-InfoV

Zusätzliche Versicherungsinformationen in der Krankenversicherung

Der Umfang der Informationen, die vom Versicherer bei Antragstellung auszuhändigen sind, geht in der Krankenversicherung erheblich über diese allgemeinen Informationspflichten hinaus. Nach VVG-InfoV sind die Krankenversicherer verpflichtet, zusätzlich insbesondere folgende Informationen zu geben:

Versicherungsinformationen	Inhalte nach § 3 VVG-InfoV
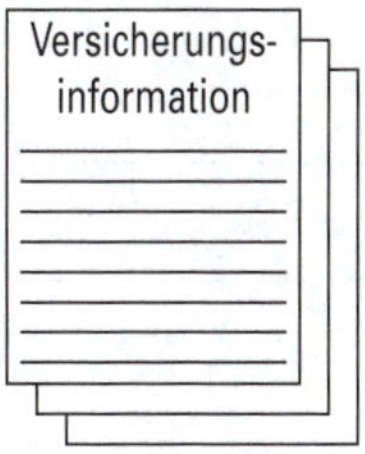	■ Kosten für Vermittlung und Abschluss des Vertrages ■ sonstige in die Prämien eingerechnete Kosten ■ Auswirkung steigender Krankheitskosten ■ Hinweise auf die Möglichkeit zur Beitragsbegrenzung im Alter ■ Hinweis zu einem Versichererwechsel / Wechsel in den Standardtarif ■ Übersicht über die Beitragsentwicklung in den letzten 10 Jahren

Produktinformationsblatt in der Krankenversicherung

§ 4 VVG-InfoV

Neben den AVB und Verbraucherinformationen ist dem Versicherungsnehmer auch in der Krankenversicherung ein so genanntes Produktinformationsblatt auszuhändigen. Dieses soll dem Versicherungsnehmer ermöglichen, sich einen Überblick über die wesentlichen Merkmale seiner Versicherung zu verschaffen. Nach dem Verordnungsentwurf werden die Krankenversicherer – wie sonst nur die Lebens- und Berufsunfähigkeitsversicherer – verpflichtet, die Höhe der Abschluss- und Vertriebskosten in Euro-Beträgen offenzulegen.

Produktinformationsblatt	Inhalte nach § 4 VVG-InfoV
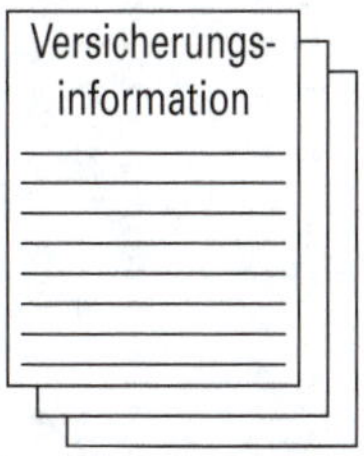	■ versichertes Risiko ■ Höhe der Prämie ■ Obliegenheiten ■ Vertragslaufzeit ■ Abschluss- und Vertriebskosten in Euro-Beträgen

Auszug aus dem Antrag auf Krankenversicherung

Fragen zur Gesundheit

Einige dringende Bitten und Hinweise an den Antragsteller (s. auch „Verantwortlichkeit für den Antragsinhalt" und „Vorversicherung"). Alle Fragen sind ausführlich zu beantworten. Geben Sie auch Beschwerden, Krankheiten und Unfallfolgen an, die Sie als unwesentlich ansehen. Striche gelten nicht als Antwort. Reicht der Platz nicht: Antworten Sie auf einem Beiblatt unter Angabe der Personenziffer und weisen Sie in der Beitrittserklärung / im Antrag auf dieses Blatt hin. Falls Sie dem Vermittler gegenüber gewisse Angaben nicht machen möchten, ist es erforderlich, **dies innerhalb von drei Tagen schriftlich nachzuholen**; bitte weisen Sie dann in der Beitrittserklärung / im Antrag auf diese beabsichtigte gesonderte Mitteilung hin.

Werden die gestellten Fragen, soweit sie für die Übernahme der Gefahr erheblich sind, nicht wahrheitsgemäß oder nicht vollständig beantwortet, können wir den Vertrag unter Einhaltung einer Frist von einem Monat kündigen, es sei denn, Sie haben die Verletzung der Anzeigepflicht nicht zu vertreten. Bei Vorsatz oder grober Fahrlässigkeit können wir sogar von dem Vertrag zurücktreten. Sie haben dann von Anfang an keinen Versicherungsschutz, es sei denn, durch die Verletzung der Anzeigepflicht ist uns kein Nachteil entstanden. Unser Rücktritts- und Kündigungsrecht ist – außer bei Vorsatz – ausgeschlossen, wenn wir den Vertrag auch bei Kenntnis der nicht angezeigten Umstände, wenn auch zu anderen Bedingungen, geschlossen hätten. Die anderen Bedingungen werden auf unser Verlangen rückwirkend Vertragsbestandteil. Es sei denn, Sie haben die Verletzung der Anzeigepflicht nicht zu vertreten.

Für bereits versicherte Personen brauchen Gesundheitsstörungen und Behandlungen in den letzten fünf Jahren, die durch anlässlich eines bestehenden Versicherungsvertrages eingereichte Rechnungen oder ärztliche Bescheinigungen lückenlos bekannt sind, nicht angegeben zu werden.

		Person A nein	Person A ja		Person B nein	Person B ja	
1.	Hat in den letzten 5 Jahren ein Krankenhaus-, Heilstätten-, Kur- oder Sanatoriumsaufenthalt stattgefunden?	☐	☐		☐	☐	
2.	Haben in den letzten 5 Jahren Operationen (auch ambulant) stattgefunden?	☐	☐		☐	☐	
3.	Wurde in den letzten 5 Jahren eine Psychotherapie oder Suchtbehandlung durchgeführt?	☐	☐		☐	☐	
4.	Bestanden in den letzten 3 Jahren oder bestehen gegenwärtig Krankheiten, Beschwerden, Unfallfolgen, sonstige Gesundheitsstörungen oder haben Untersuchungen/Behandlungen stattgefunden?	☐	☐		☐	☐	
5.	Werden Arzneimittel (z. B. Tabletten, Salben) angewendet? Wenn ja, welche und aufgrund welcher Diagnose?	☐	☐		☐	☐	
6.	Ist eine ambulante/stationäre Behandlung oder Untersuchung angeraten oder beabsichtigt?	☐	☐		☐	☐	
7.	Wurde jemals eine HIV-Infektion festgestellt (z. B. durch einen AIDS-Test)?	☐	☐		☐	☐	
8.	Besteht eine Fehlsichtigkeit von 8 Dioptrien oder mehr?	☐	☐		☐	☐	
9.	Besteht ein körperlicher / organischer Fehler, ein chronisches Leiden, eine Wehrdienstbeschädigung, eine Minderung der Erwerbsfähigkeit / Grad der Behinderung? Wenn ja, bitte Bescheid beifügen	☐	☐	%	☐	☐	%
10.	Besteht Schwangerschaft?	☐	☐	Monat	☐	☐	Monat
11.	Größe und Gewicht … cm/kg	____/____			____/____		
	Fragen 12–14 nur beantworten, wenn Tarife mit zahnärztlichen Leistungen beantragt werden						
12.	Hat in den letzten 3 Jahren ein Zahnarztbesuch stattgefunden?	☐	☐		☐	☐	
13.	Findet zurzeit eine Zahnbehandlung, die Anfertigung oder Erneuerung von Zahnersatz, eine Parodontosebehandlung oder eine Kiefer-(Zahn-)Regulierung statt, oder sind solche Maßnahmen beabsichtigt oder angeraten worden?	☐	☐		☐	☐	
14.	Fehlen Zähne, die noch nicht ersetzt sind (außer Milch- und Weisheitszähnen sowie Zähnen, bei denen die Lücken durch benachbarte Zähne geschlossen wurden)? Wenn ja, Anzahl	☐			☐		

LF 2
LF 9
LF 15

4.2 Erfassung des Risikos (Antrag)

▶ Situation

Der Azubi Werner Schulte hat von dem Außendienstmitarbeiter Reiner Brück gehört, dass es immer wieder zu Schwierigkeiten zwischen dem Außendienst und der Antragsabteilung kommt, weil einige Anträge ganz oder teilweise abgelehnt werden. Von seinem Abteilungsleiter wird der Azubi darauf hingewiesen, dass es sich in der PKV um ein hohes und langfristiges Risiko für den Versicherer handelt, und dass er bei Schäden nicht kündigen kann. Daher muss mit einer besonderen Sorgfalt bei der Antragsprüfung vorgegangen werden.

▶ Erläuterung

Das Risiko in der PKV ist bedeutend schwieriger zu erfassen als in den meisten übrigen Versicherungszweigen. Daher ist der Versicherer auf ausführliche Fragen im Antrag und eventuell auf ärztliche Gutachten angewiesen.

Das Antragsformular dient also als Hilfsmittel zur Erfassung des zu versichernden objektiven Risikos.

Der Antrag ist wie folgt zu unterteilen:

Versicherungstechnische Angaben, z. B.

- persönliche Daten (Name, Alter, Geschlecht etc.)
- gewünschte Tarifkombination
- Beginn des Versicherungsschutzes
- Prämienhöhe
- bestehende oder bestandene Personenversicherungen

Angaben zum versicherungsmedizinischen Risiko, z. B.

- Frage nach der derzeitigen vollständigen Gesundheit
- ambulant behandelte Krankheiten der letzten 3 Jahre
- stationäre Aufenthalte der letzten 5 Jahre
- bestehende Gebrechen, Anomalien oder chronische Leiden
- Wehrdienstbeschädigung oder sonstige Erwerbsminderung

Der Antragsteller entbindet mit seiner Unterschrift Ärzte, Krankenanstalten, Versicherungsgesellschaften usw. von ihrer Schweigepflicht. Somit hat also der Versicherer die Möglichkeit, bei den Genannten nachzufragen.

Hinweise auf gesetzliche und vertragliche Bestimmungen (Schlusserklärungen), z. B.

Nr. 65[1] WettbRiLi	▪ Ausspannungsverbot, d. h. der Versicherer muss den Versicherungsnehmer darauf hinweisen, dass es unzweckmäßig ist, eine bestehende Krankenversicherung zu kündigen und eine gleichartige abzuschließen
BDSG	▪ Datenschutzklausel ermächtigt den Versicherer, personenbezogene Daten elektronisch zu speichern und an bestimmte Personen weiterzugeben
§ 19 Abs. 1 VVG 2008	▪ Verpflichtung des Antragstellers auf ausführliche und wahrheitsgemäße Beantwortung (das Gleiche gilt für volljährige mitversicherte Personen)
Vertragliche Regelung zur Prüfung der Leistungspflicht	▪ Schweigepflichtentbindung von Ärzten, Pflegepersonal, Pflegeheimen, Personenversicherern, Krankenkassen, Berufsgenossenschaften und Behörden
§ 8 VVG 2008	▪ 14-tägiges Widerrufsrecht (rechtzeitige Absendung des Widerrufs wahrt die Frist).
§ 9 VVG 2008	▪ Hinweis auf die Widerrufsfolgen nach Zugang der Police und der Infos
§ 1 Abs. 20 VVG-InfoV	▪ Adresse der Aufsichtsbehörde
Vertragliche Regelung	▪ Annahmefrist von 6 Wochen Sie beginnt grundsätzlich mit Antragstellung. Aufgrund besonderer Vereinbarung kann die Annahmefrist mit Eingang des ärztlichen Untersuchungsberichtes beim Versicherer beginnen.
§ 3 Abs. 5 und 6 VVG-InfoV	▪ Hinweis auf Wechselmöglichkeiten

Besonderheiten

In einigen Ausnahmefällen bedarf es für den Abschluss eines Vertrages nicht der Beantwortung von Gesundheitsfragen.

Dies ist z. B. bei kurzfristigen Auslandsreise-Krankenversicherungen der Fall. Allein aus zeitlichen Gründen ist eine Risikoprüfung für diese Versicherung nicht möglich. Daher wird auch nur für unvorhergesehene medizinisch notwendige Heilbehandlungen geleistet.

1 Die Wettbewerbsrichtlinien der Versicherungswirtschaft regeln Verfahrensweisen im Zusammenhang mit dem Wechsel des Versicherungsunternehmens zu einem anderen. Besonders wichtig sind in diesem Zusammenhang:
Nr. 67 WettbRiLi – Fälle unzulässiger Ausspannung
Nr. 68 WettbRiLi – Verpflichtung zur Freigabe
Nr. 69 WettbRiLi – Umfang der Freigabe
Nr. 70 WettbRiLi – Verfahren der Freigabe

Auch bei der Nachversicherung von Neugeborenen entfällt der Antrag, da für den Versicherer unter gewissen Voraussetzungen Annahmezwang (Kontrahierungszwang) besteht. Es genügt eine formlose Anmeldung durch den Versicherungsnehmer.

▶ Zusammenfassung

▶ Situation

Der Proximus-Vermittler Brück nimmt bei dem Kunden Zensen am 29. 3. 20... einen Antrag auf, nachdem er Herrn Zensen am 27. 3. 20... eingehend beraten hat und ihm in Schriftform alle Verbraucher-Infos bezüglich der Krankenversicherung übergeben hat. Eine Bestätigung hierüber liegt Herrn Brück vor. Herr Zensen tritt zum 1. 4. 20... von der GKV zur PKV über. Am 28. 4. 20... geht Herr Zensen die Police zu, die er am 16. 5. 20... bezahlt. Er meldet einen Beinbruch vom 12. 5. 20... pünktlich.

Welche rechtlichen Situationen ergeben sich aufgrund dieser Daten?

▶ Erläuterung

Datum	Situation	rechtliche Bedeutung
27. 03. 20...	Kunde erhält nach Beratung alle Verbraucherinformationen	Berater hat seine Info-Pflicht erfüllt, Empfangsbestätigung liegt vor
29. 03. 20...	Antragstellung und Abgabe an Vermittlungsagent	▪ Willenserklärung des Antragstellers ▪ Beginn der Annahmefrist
01. 04. 20...	Beginn lt. Police	▪ technischer Beginn ▪ Beginn der Wartezeiten
28. 04. 20...	Zugang der Police mit Infos und Hinweis auf Rechte des Kunden	▪ formeller Beginn ▪ materieller Beginn ▪ Beginn des zweiwöchigen Widerrufsrechts des VN
11. 05. 20...		Pflicht zur Prämienzahlung
12. 05. 20...	Beinbruch	versichert, da keine Wartezeit
16. 05. 20...	VN zahlt Erst-Prämie	▪ VN erfüllt seine Rechtspflicht ▪ Rücktritt durch VR ist nicht mehr möglich

4.3 Beurteilung des Risikos

Der Versicherer prüft anhand der Angaben im Antrag und eventuell anderer Unterlagen (z. B. Arztberichte, Atteste, Nacherklärungen), ob und zu welchen Bedingungen er den Antrag annimmt. Die PKV kann nur zum Zeitpunkt der Antragstellung das zu erwartende Risiko einschätzen; nach der Annahme ist die PKV „lebenslang" an den Vertrag gebunden. Von daher erfolgt eine sehr intensive Antragsprüfung durch die PKV.

Die Kriterien, die dabei zu Grunde gelegt werden, können von Unternehmen zu Unternehmen unterschiedlich sein. Der Sachbearbeiter benötigt sowohl medizinische Kenntnisse als auch technische Hilfsmittel, wie z. B. unternehmenseigene Risikolisten (Annahmerichtlinien), die auf der Basis der „Hamburger und Kölner Systematik" erstellt wurden. Bei diesen Systematiken handelt es sich um ein Krankheitsartenverzeichnis, in dem die einzelnen Krankheitsarten nach der Dauer ihrer durchschnittlichen Risikoerheblichkeit klassifiziert werden. Sie teilt Krankheiten in risikounerhebliche und risikoerhebliche auf. Darüber hinaus werden u. a. Entscheidungshilfen gegeben, ob und wie lange eine Erkrankung risikoerheblich ist.

Durch die Vorerkrankungen (Gesundheitsfragen bei der PKV) eines Versicherungsnehmers bei Antragstellung kann das Kostenrisiko einer privaten Krankenversicherung erhöht werden. Ausschlaggebend für die Risikobeurteilung ist nicht die „Lebensgefährlichkeit" einer Krankheit, sondern das Risiko, erhöhte Behandlungskosten durch Wiederauftreten der Krankheit (Rezidive[1]) und der Folgeerkrankheiten erbringen zu müssen.

Der Versicherer hat aufgrund seiner Prüfung folgende Entscheidungsmöglichkeiten:

- **Annahme des Antrages** bei einem normalen Risiko zum Tarifbeitrag

  Geht die Antragsbestätigung bzw. die Police dem Antragsteller innerhalb der Annahmefrist zu, so kommt der Vertrag zustande. Nach Ablauf der Annahmefrist kann der Antragsteller entscheiden, ob er die Willenserklärung des Versicherers annimmt.

- **Annahme des Antrages** zu besonderen Bedingungen:

  Versicherungsmedizinischer Zuschlag (Buchstabe RZ in der Risikoliste)

  Durch Vereinbarung eines versicherungsmedizinischen Zuschlages werden wagniserhöhende Krankheiten, die kurz vor Antragstellung, nicht aber wenige Monate davor, behandelt wurden und Beschwerden verursacht haben, in den Versicherungsschutz einbezogen. Die Berechnung der Zuschlagsprämie erfolgt in Prozenten vom Tarifbeitrag.

1 Rezidivfrist = Zeitraum, in dem mit dem Wiederauftreten einer Krankheit zu rechnen ist – siehe Risikoliste Proximus Seite 227 ff –

LF 2
LF 9
LF 15

Heute werden meist nur noch zeitlich begrenzte Risikozuschläge vereinbart, die der Versicherungsnehmer auf Antrag aufheben lassen kann, wenn in der festgelegten Zeit keine Beschwerden und Behandlungen erfolgt sind.

Leistungsausschluss (Buchstabe LA in der Risikoliste)

Leistungsausschlüsse werden meist erforderlich, wenn zzt. Krankheiten bestehen, die noch behandelt werden oder kurz vor Antragstellung noch behandelt wurden. Sie werden entweder auf Dauer oder für eine bestimmte Zeit vereinbart. Die Kosten, die durch Behandlung der vom Vertrag ausgeschlossenen Krankheit oder Krankheitsgruppe und deren Folgen entstehen, muss der Versicherungsnehmer selbst tragen.

Risikobezogene Selbstbeteiligung

Sie kann in Grenzfällen als Alternative zu einem Leistungsausschluss bzw. zu einem versicherungsmedizinischen Zuschlag vereinbart werden.

- **Ablehnung** (Buchstabe A in der Risikoliste)

  Eine Ablehnung des Antrages erfolgt, wenn sich das erhöhte Risiko auch nicht mit Vereinbarung besonderer Bedingungen übernehmen lässt.

Risikoliste Proximus Versicherung – Anwendungsbeispiele Seite 227–229 – anomale Risiken	
1. Antrag	Frau K. Wollersheim – akute Mandelentzündung
2. Antrag	Frau P. Bauer – Herzleiden
3. Antrag	Herr J. Westphal – 40 Jahre – erhöhter Blutdruck
4. Antrag	Frau W. Görgen – chronische Nierenentzündung
5. Antrag	Herr L. Grafe – Grauer Star
Antrag 1 Nr. 4302	Wollersheim akute Mandelentzündung Rezidivfrist „0" bedeutet, dass der Antrag ohne Erschwerungen angenommen werden darf.

Antrag 2 Nr. 3304	Bauer Herzleiden Rezidivfrist „3" bedeutet, dass der Antrag erst nach 3 beschwerdefreien Jahren ohne Erschwernisse angenommen werden darf. Für „N" = Neuanträge erfolgt ein Leistungsausschluss. Für „U" = Umwandlungen beträgt der Risikozuschlag 80 %.
Antrag 3 Nr. 3801	Westphal erhöhter Blutdruck, essenziell oder arteriosklerotisch – Hypertonie und Folgen bis Alter 50 Jahre. Rezidivfrist „5" bedeutet, dass der Antrag erst nach 5 beschwerdefreien Jahren ohne Erschwernisse angenommen werden darf. Für „N" Neuanträge und Nachversicherungen erfolgt ein Risikozuschlag von 75 %. Für „U" Umwandlungen beträgt der Risikozuschlag ebenfalls 75 %.
Antrag 4 Nr. 6101	Görgen Entzündung der Nieren und der harnableitenden Wege Rezidivfrist „4" bedeutet, dass der Antrag erst nach 4 beschwerdefreien Jahren ohne Erschwernisse angenommen werden darf. Für „N" Neuanträge und Nachversicherungen beträgt der Zuschlag 120 %. Für „U" Umstellungen beträgt der Zuschlag ebenfalls 120 %.
Antrag 5	Grafe Ziffer 8801 Krankheiten der Augen und Folgen Die Rezidivfrist „(5)/4" gibt die beschwerdefreie Zeit vor bzw. nach einer Operation an. Ferner besagt die Klammer (5), dass unabhängig von der behandlungs- und beschwerdefreien Zeit ein Risikozuschlag erforderlich ist. Wenn Herr Grafe noch nicht operiert ist, erfolgt für „N" Neuanträge und Nachversicherungen immer ein Leistungsausschluss. Bei „U" Umstellungen beträgt der Risikozuschlag 120 %. Sollte Herr Grafe operiert sein und es sind noch keine 4 (Ziffer hinter Schrägstrich) beschwerdefreie Jahre vergangen, so beträgt der Zuschlag bei „N" Neuverträgen 100 % und bei „U" Umstellungen 100 %. Weist der Versicherungsnehmer dem Versicherer eindeutig nach, dass seine Beschwerden nach einer Rezidivfrist vollständig ausgeheilt sind, so sollte der Versicherer auf den Risikozuschlag verzichten.

4.4 Begrenzung des Risikos

▶ Situation

Herr Werker, Außendienstmitarbeiter der Proximus Versicherung AG, möchte von Ihnen gerne wissen, wie man insbesondere das subjektive Risiko in der Krankenversicherung begrenzen kann, damit die Beiträge möglichst konstant gehalten werden können und das Unternehmen wettbewerbsfähig bleibt.

Verfassen Sie ein Informationsschreiben an den Außendienst.

▶ Erläuterung

Damit das vom Versicherer übernommene Wagnis kalkulierbar ist und bleibt, muss der Versicherungsschutz leistungs- und risikomäßig durch generelle Maßnahmen begrenzt werden.

Die Begrenzung des objektiven Risikos erfolgt

- durch die Musterbedingungen, Tarifbedingungen und Tarif (= AVB)

  Es werden u. a. Gegenstand, Umfang und Geltungsbereich konkret umschrieben sowie Beginn und Ende des Versicherungsschutzes festgelegt und Einschränkungen der Leistungspflicht (allgemeine Ausschlüsse) benannt.

- durch evtl. individuelle Leistungsausschlüsse (s. Erfassung des Risikos)

Begrenzung des subjektiven Risikos

Das subjektive Risiko ist abhängig vom Charakter (z. B. Wehleidigkeit, Leichtsinn etc.) und somit schwer erfassbar. Dennoch versucht der Versicherer dieses Risiko in Grenzen zu halten, indem er z. B.

- Tarife mit Selbstbeteiligung anbietet.

  Diese Tarife sollen das Kostenbewusstsein der versicherten Person stärken und verhindern, dass Ärzte und Apotheken unnötig wegen Bagatellschäden in Anspruch genommen werden.

  Versicherte können die Höhe ihres monatlichen Beitrags reduzieren, wenn sie einen Selbstbehalt vereinbaren. Sie bezahlen dann pro Jahr bis zu der festgelegten Summe alle medizinischen Leistungen selbst. Der Versicherer erstattet alle darüber hinaus anfallenden Kosten.

In welchem Maße ein Selbstbehalt den Beitrag beeinflussen kann, zeigt die folgende Grafik eines Tarifbeispiels:

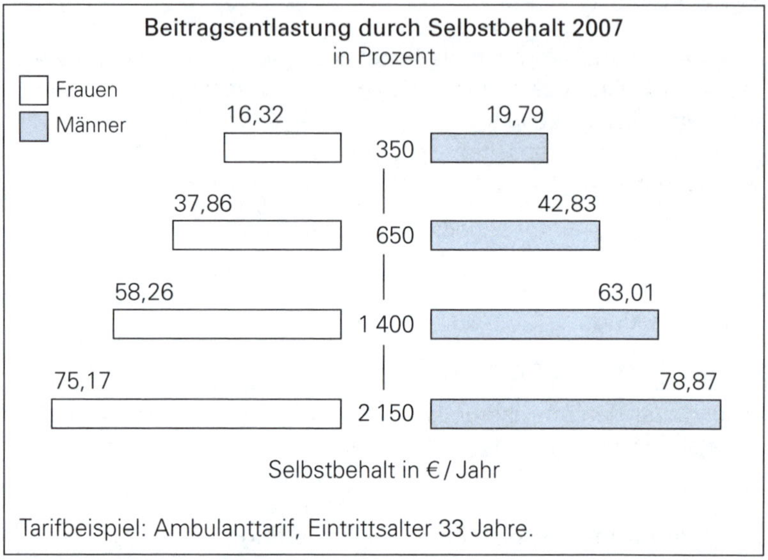

So lesen Sie die Grafik: Bei einer Vereinbarung von 1 400 € Jahresselbstbehalt zahlt eine Frau 58,26 % weniger Beitrag als in dem gleichen Tarif ohne Selbstbehalt.

- das subjektive Risiko auch durch die AVB einschränkt. Zum Beispiel – in der Krankentagegeldversicherung muss der Versicherungsnehmer die ärztlich festgestellte Arbeitsunfähigkeit unverzüglich, spätestens aber innerhalb der im Tarif festgesetzten Frist dem Versicherer anzeigen. Damit ist gewährleistet, dass sich der Versicherer noch während der Arbeitsunfähigkeit von der medizinischen Notwendigkeit vergewissern kann und sich somit die versicherte Person nicht leichtfertig arbeitsunfähig schreiben lässt.
- Beitragsrückerstattungen gewährt, die verhindern sollen, dass Bagatellschäden gemeldet werden.

  Bei der Beitragsrückerstattung unterscheidet man

  - erfolgsunabhängige, da sie unabhängig vom Erfolg des Tarifes garantiert ist und schon in den Beitrag eingerechnet wurde.
  - erfolgsabhängige, d. h. eine Erstattung wird nur dann gewährt, wenn der Tarif im abgelaufenen Versicherungsjahr einen Überschuss erwirtschaftet hat.

Dennoch werden die bisherigen Verwendungsarten,

- Beitragsrückerstattung
- Einmalbeiträge zur Milderung von Beitragsanpassungen

auch in Zukunft nicht entfallen, zumal damit ein höheres Kostenbewusstsein bei den Versicherten geschaffen wird.

Die Auszahlung erfolgsabhängiger Beitragsrückerstattungen erfolgt nur, wenn einige Anspruchsvoraussetzungen erfüllt sind.

- Aus den versicherten Tarifen sind für das abgelaufene Geschäftsjahr keine Leistungen erbracht worden.
- Die versicherten Tarife haben während des ganzen Geschäftsjahres bestanden und bestehen am 30. Juni des Folgejahres noch immer.
- Die Beiträge für das Geschäftsjahr sind bis zum 31. Dezember des Geschäftsjahres vollständig entrichtet.

Arten der Beitragsrückerstattung

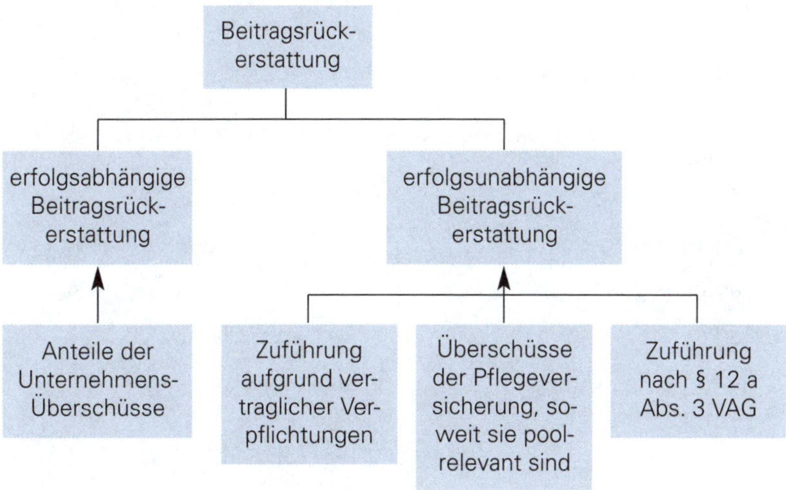

Beitragsrückerstattung*

Gesamtleistungen	2006 in Mio. €	2005 in Mio. €
Versicherungsleistungen	17 838,5	17 300,2
Ausschüttungen aus den Rückstellungen für Beitragsrückerstattung		
* Barausschüttungen	965,5	911,8
* Beiträge zur Beitragslimitierung	1 118,4	1 185,9
Mittel für Limitierung (G)		
gemäß § 12 a Abs. 2 VAG	628,7	659,1
gemäß § 12 a Abs. 3 VAG	414,0	311,3
Gesamtleistungen	20 965,1	20 368,3

▶ Zusammenfassung

Begrenzung des Risikos in der PKV

objektives Risiko	subjektives Risiko
▪ Musterbedingungen, ▪ Tarifbedingungen, ▪ Tarif } = AVB	▪ Tarife mit Selbstbeteiligung
▪ individuelle Leistungsausschlüsse	▪ AVB
	▪ Beitragsrückerstattung
	▪ sonstige Maßnahmen (z. B. Beratung und Aufklärung)
	▪ Karenztage
	▪ Wartezeiten

Übungen

1. Ein neu einzuarbeitender Sachbearbeiter möchte von Ihnen wissen, welche Vorschriften im Rahmen der privaten Kranken- und privaten Pflegepflichtversicherung zu beachten sind.

   Fertigen Sie für Ihren Kollegen eine Liste an und geben Sie ihm gegebenenfalls Hinweise, wo diese Gesetze in Ihrem Unternehmen einzusehen bzw. zu beschaffen sind.

2. Sie wissen aus dem Unterricht, dass das VVG sowohl über allgemeine Vorschriften als auch über spezielle Rechtsvorschriften verfügt.

   Stellen Sie in einer kleinen Aufstellung die Vorschriften des VVG heraus, die für die PKV Gültigkeit besitzen.

3. Welche Inhalte haben in der PKV

   a) Versicherungsinformationen?
   b) Produktinformationen?

4. Beschaffen Sie sich bitte einen Antragsvordruck zur PKV und markieren Sie in diesem Formular:

   a) versicherungstechnische Angaben
   b) Angaben zum versicherungsmedizinischen Risiko
   c) Hinweise auf vertragliche Bestimmungen.

5. In der Individualversicherung wird zwischen dem objektiven und dem subjektiven Risiko unterschieden. Informieren Sie einen Außendienstmitarbeiter:

   a) über das subjektive und objektive Risiko in der PKV.
   b) über die Begrenzungsmöglichkeit des subjektiven und objektiven Risikos in der PKV.

6. In der Beitragskalkulation geht der Krankenversicherer von einem „normalen" Risiko aus. Bei der Antragsprüfung stellen Sie ein „anormales" Risiko fest.

   Welche Entscheidungen haben Sie als Sachbearbeiter zu treffen?

7. Der Handelsvertreter Brück beschwert sich, dass durch Ablehnungen und Risikoausschlüsse einige Verträge nicht zustande kamen und er so einiges an Provisionen verloren hat.

   Antworten Sie in einem Brief.

8. Ihre Kollegin, Frau Wolf, fragt Sie, warum die Beitragsrückerstattung zur Kostendämpfung beiträgt?

9. Entscheiden Sie mit Begründung über die Annahme folgender Neu-Anträge als Proximusmitarbeiter.

a) Herr Gardon ➡ grippaler Infekt
b) Frau Niesen ➡ Hautkrebserkrankung
c) Herr Herzog ➡ Rheumabeschwerden
d) Frau Anton ➡ Diabetikerkrankung
e) Herr Lehmann ➡ Beinbruch nach Autounfall vor 3 Jahren, keine Beschwerden

5. Beitrag

▶ Situation

Herr und Frau Zensen richten sich an die Proximus Versicherung AG mit folgendem Anliegen:

> „Im Beratungsgespräch erwähnte Ihr Mitarbeiter Herr Brück, dass die private Krankenversicherung die Beiträge völlig anders kalkuliert als die gesetzliche Krankenversicherung. Im Übrigen erwähnte Ihr Mitarbeiter die gleich bleibenden Beiträge zur privaten Krankenversicherung. Da uns diese Zusammenhänge nicht ganz klar sind, bitten wir Sie, uns über diese Dinge aufzuklären. Wenn Sie möchten, auch telefonisch ab 16.00 Uhr."

Bereiten Sie einige Notizen vor, um Familie Zensen zu unterrichten.

▶ Erläuterung

5.1 Rechnungsgrundlagen und Beitragsbestandteile

In der Beitragskalkulation wird nach dem Äquivalenzprinzip ein für die gesamte Versicherungsdauer gleich bleibender Betrag errechnet. Dieser Grundsatz besagt, dass sich Leistung und Gegenleistung – jeweils über die gesamte Laufzeit gesehen – entsprechen müssen. Demnach muss also ein Ausgleich zwischen den Beitragszahlungen einerseits und den Schadenzahlungen andererseits hergestellt werden.

Konkret macht sich die Anwendung des Äquivalenzprinzips in der Beitragskalkulation der PKV in vier Faktoren bemerkbar:

- Die Beitragshöhe hängt vom Umfang der versicherten Leistungen ab. So ist z. B. ein Versicherungsschutz, der im Krankenhaus auch die Unterbringung im Einbettzimmer umfasst, teurer als ein Versicherungsschutz, der nur die Unterbringung im Mehrbettzimmer einschließt.
- Die Inanspruchnahme von Gesundheitsleistungen steigt mit dem Lebensalter. Deshalb hängen die Beiträge in der PKV auch vom Lebensalter bei Versicherungsbeginn ab. Je früher sich jemand für einen Versicherungsschutz in der PKV entscheidet, desto niedriger sind die Beiträge.
- Ein weiterer Aspekt ist der Gesundheitszustand zu Beginn der Versicherung. Bereits vorhandene Erkrankungen sind, versicherungstechnisch gesprochen, zusätzliche Gesundheitsrisiken, die nach dem Äquivalenzprinzip oft nur dann versichert werden können, wenn für das zusätzliche Risiko auch zusätzliche Beiträge (Risikozuschläge) bezahlt werden.

- Die Tarife werden für Männer und Frauen jeweils unterschiedlich kalkuliert. Nach Vorgaben des Allgemeinen Gleichbehandlungsgesetzes werden die Kosten für Mutterschaft und Geburt auf beide Geschlechter verteilt.

In der Krankentagegeldversicherung wird unter Umständen der Beruf noch berücksichtigt.

▶ Hinweis

Es kommt immer auf den Gesundheitszustand zu Beginn eines Versicherungsvertrages an. Dies ist Grundlage für die Beitragsberechnung. Treten zu einem späteren Zeitpunkt neue risikorelevante Tatbestände auf, insbesondere durch Verschlechterung des Gesundheitszustandes, dann hat das keine Auswirkungen auf die Beiträge. Spätere Risikozuschläge sind also nicht möglich. Wird allerdings der Versicherungsumfang nachträglich erweitert, indem sich der Versicherte für einen anderen Tarif entscheidet, dann erfolgt für den erweiterten Versicherungsschutz erneut eine Risikobeurteilung. Für einen zusätzlichen Versicherungsschutz wird auch ein risikogerechter Mehrbeitrag berechnet.

Die Kalkulationsgrundlagen zur Beitragsberechnung entstammen heute vorliegenden Statistiken über die Entwicklung der Gesundheitskosten und über die mit dem Alter steigende Inanspruchnahme von Gesundheitsleistungen.

Folgende **Rechnungsgrundlagen** sind gem. § 2 der Kalkulationsverordnung (KalV) vom 18. 11. 1996 (letzte Änderung 5. 1. 2009) zugrunde zu legen:

▪ **der Rechnungszins**	Er darf 3,5 % nicht übersteigen. Mindestverzinsung der Alterungsrückstellungen.
▪ **die Ausscheideordnung** siehe Tabelle	Das sind die PKV-Sterbetafeln 2004–2008 und die sonstigen Abgangswahrscheinlichkeiten, um festzulegen, bis zu welchem Alter Rückstellungen zu bilden sind, z. B. für eine 40-jährige Frau noch für 42,66 Jahre.
▪ **die Kopfschäden**	Pro Versichertem werden die Versicherungsleistungen ermittelt, unterschieden nach Tarif, erreichtem Alter und Geschlecht.
▪ **der Sicherheitszuschlag**	Er muss mind. 1 % des Bruttobeitrags betragen und darf nicht bereits in anderen Rechnungsgrundlagen enthalten sein. Für Altverträge mindestens 5 %.

▪ **die sonstigen Zuschläge**	Dazu gehören unmittelbare und mittelbare Abschlusskosten, Schadenregulierungskosten, sonstige Verwaltungskosten, Zuschlag für eine erfolgsunabhängige Beitragsrückerstattung und Zuschlag für den Basistarif.
▪ **die Übertritts-wahrscheinlich-keiten zur Berechnung des Übertragungs-wertes**	PKV-Versicherte können bei einem Wechsel ihres PKV-Unternehmens einen Übertragungswert mitnehmen. Der Übertragungswert für einen Versicherten entspricht der Alterungsrückstellung des gekündigten Tarifes, ist jedoch beschränkt auf die Alterungsrückstellung des Basistarifes. Hinzu kommt die Rückstellung aus den Einzahlungen des 100%igen gesetzlichen Zuschlags. Versicherte, die ihre Vollversicherung vor dem 1. 1. 2009 abgeschlossen haben, können bei einem Wechsel in den Basistarif eines anderen PKV-Versicherers ihren Übertragungswert mitnehmen, wenn der Wechsel zwischen dem 1. 1. 2009 und dem 30. 6. 2009 beantragt wird. Versicherte, die sich erstmals ab dem 1. 1. 2009 privat krankenversichern, besitzen einen zeitlich unbegrenzten Anspruch auf den Übertragungswert.

Ausscheideordnung

Aus der folgenden Tabelle lassen sich die Veränderungen in den Rest-Lebenserwartungen bei einzelnen Altern ersehen. Dabei sind nicht nur die Lebenserwartungen der Tafeln PKV-2004, -2007 und -2008 dargestellt, sondern auch die der allgemeinen Sterbetafel der Bevölkerung, die aus den Daten der Jahre 2004 bis 2006 berechnet wurde.

Restliche Lebenserwartung in Jahren

	Männer				Frauen			
Alter	Bevölkerung	PKV-2004	PKV-2007	PKV-2008	Bevölkerung	PKV-2004	PKV-2007	PKV-2008
0	76,64	83,05	83,13	83,37	82,08	86,81	86,88	87,02
10	67,07	73,16	73,24	73,49	72,46	76,92	76,99	77,12
20	57,24	63,30	63,38	63,63	62,56	67,01	67,08	67,21
30	47,58	53,52	53,61	53,85	52,70	57,13	57,20	57,34
40	37,98	43,74	43,82	44,05	42,92	47,29	47,35	47,48
50	28,88	34,15	34,22	34,44	33,47	37,63	37,68	37,78
60	20,58	24,94	25,02	25,33	24,49	28,29	28,34	28,43
70	13,25	16,37	16,39	16,57	16,03	19,30	19,32	19,39
80	7,51	9,18	9,18	9,31	8,87	11,23	11,23	11,24
90	3,76	4,42	4,42	4,46	4,11	5,39	5,39	5,39
100	1,98	2,13	2,13	2,13	2,05	2,17	2,17	2,17

Quelle: Statistisches Bundesamt

▪ Berechnung des Nettobeitrags

Zur Abdeckung des versicherten Risikos dient der **Nettobeitrag**, der sich zusammensetzt aus dem **Risikoteil**, der zur zeitgleichen Abdeckung der Krankheitskosten dient und einem **Sparteil**, der das wachsende Risiko im Alter berücksichtigt.

In der nach der Art der Lebensversicherung betriebenen Krankenversicherung (substitutive Krankenversicherung) wird – entgegen dem bei der GKV praktizierten Umlageverfahren – das Kapitaldeckungsverfahren (auch Anwartschaftsdeckungsverfahren genannt) angewandt. Das bedeutet, dass für jeden Versicherten mit den Beitragszahlungen eine Alterungsrückstellung aufgebaut wird.

§ 8 a MB/KK 2009

Das garantiert, dass der Beitrag über die gesamte Laufzeit nicht – wegen zunehmenden Alters des Versicherten – erhöht werden muss (Grundsatz der **gleich bleibenden Prämie**). Die versicherte Person zahlt daher in jüngeren Jahren einen Beitrag, der über dem statistisch ermittelten Risiko liegt. Dieser über dem Risiko liegende Sparteil wird verzinslich in der Alterungs- (oder Deckungs)rückstellung angesammelt und in höherem Alter zur „Auffüllung" des unter dem Risiko liegenden Beitrages verwendet. Dieser Sparteil hat also eine reine Zeitausgleichsfunktion über die gesamte Vertragsdauer hinweg.

In der privaten Krankenversicherung stehen ca. 120 Milliarden Euro (Stand: 2007) als Alterungsrückstellung zur Verfügung (siehe Tabelle).

Dieses Kapital ist erforderlich, denn mit dem Alter steigt die Inanspruchnahme von Gesundheitsleistungen. 80-jährige Männer benötigen z. B. etwa achtmal so hohe Aufwendungen für Arzneimittel wie 41-jährige. Die Inanspruchnahme von Krankenhausleistungen steigt zwischen dem 30. und dem 80. Lebensjahr um den Faktor 10 bis 12.

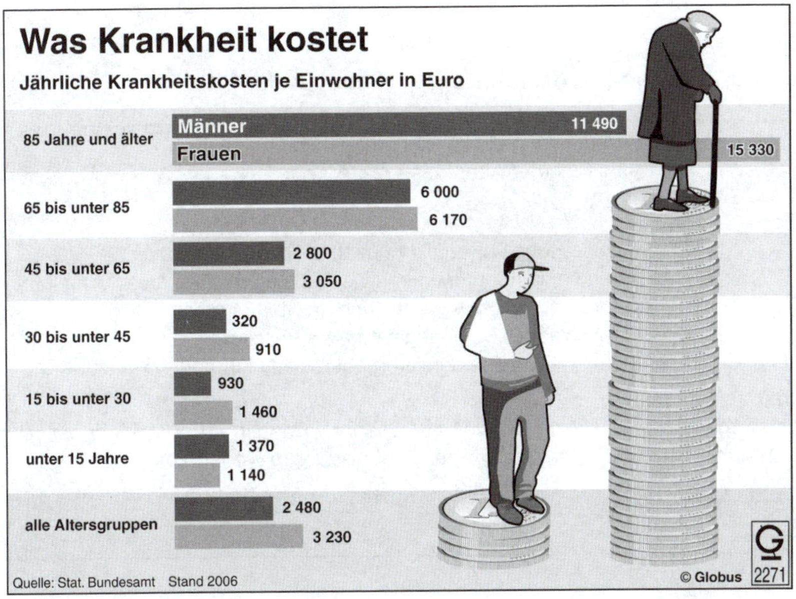

Berechnung des Bruttobeitrags

Zu dem Nettobeitrag addiert man die **sonstigen Zuschläge (Kosten)** und den **Sicherheitszuschlag** und erhält so den **Brutto- oder Tarifbeitrag.**

Die Sicherheitszuschläge sind für unvorhersehbare Belastungen des Tarifes gedacht – wie Epidemien oder außergewöhnliche Kostensteigerungen –, die bei der Kalkulation nicht berücksichtigt werden können und diesen Ereignissen die Spitze nehmen soll sowie für vermehrte Kosten im Alter.

Nicht verbrauchte Sicherheitszuschläge werden der Alterungsrückstellung zugeführt und dienen der Beitragsentlastung im Alter.

Sonstige Zuschläge umfassen die Abschlusskosten, die Schadenregulierungskosten, die sonstigen Verwaltungskosten und den Zuschlag für den Standardtarif.

Auf die Versicherungsprämie wird ein gesetzlicher Beitragszuschlag in Höhe von 10 % zwischen dem 21. und dem 60. Lebensjahr erhoben. Die so angesammelten Mittel werden dazu verwendet, Beitragssteigerungen ab dem 65. Lebensjahr zu vermeiden.

Wird ein PKV-Vertrag seit dem 1. 1. 2009 neu abgeschlossen, zahlt der Kunde einen zusätzlichen Portabilitätszuschlag auf seinen Tarifbeitrag, Dadurch kann er künftig einen Teil seiner Altersrückstellungen von PKV zu PKV mitnehmen.

Ist das individuelle Risiko des Versicherten höher als das durchschnittliche statistische Risiko, wird dem Tarifbeitrag ein individueller Risikozuschlag zugerechnet.

Aufbau und Verwendung des Beitrags (Prämie) in der PKV

Risikobeitrag	▪ Abdeckung der Versicherungsfälle
+ Sparteil	▪ Bildung der Alterungsrückstellung
= Nettobeitrag	
+ Kostenzuschlag	▪ Verwaltungs-, Regulierungs- und Abschlusskosten
+ Sicherungszuschläge	▪ Schwankungen und Fehleinschätzung im Alter ausgleichen
+ Standardtarif-Zuschlag	▪ Zuschlag für Beitragsgarantie im Standardtarif
+ Basistarif-Zuschlag	▪ Zuschlag für Beitragsgarantie im Basistarif
+ Portabilitäts-Zuschlag	▪ Für die Mitgabe der Alterungsrückstellung beim Wechsel
= Bruttobeitrag (Tarifbeitrag)	
+ gesetzlicher Beitragszuschlag	▪ Zuschlag um die Beitragsentwicklung im Alter stabil zu halten
+ evtl. individueller Risikozuschlag	▪ Absicherung vermehrter Leistungen wegen Vorerkrankungen bei einzelnen Versicherten
= zu zahlender Beitrag	

Für die unterjährige Zahlung, die üblich ist, wird ein Ratenzuschlag erhoben. Kunden, die jährlich zahlen, erhalten – außer Pflegeversicherung – einen Rabatt. Eine Versicherungsteuer wird nicht berechnet.

Alterungsrückstellung

Die private Krankenversicherung bildet Alterungsrückstellungen, um den höheren Krankheitskosten aufgrund des steigenden Lebensalters der Versicherten entgegenzuwirken. Auf diese Weise wird garantiert, dass die Mitgliedsbeiträge nicht deshalb steigen, weil der Versicherte älter wird. Die folgende Tabelle zeigt die Summe der Alterungsrückstellungen sowie die Zuführung im Jahr 2007:

Alterungsrückstellungen	2007 in Mio. €	2006 in Mio. €	Veränderung absolut	Veränderung in %
Krankenversicherung	104 000	96 986,8	+ 7 000	+ 7,2
Pflegeversicherung	17 500	16 445,9	+ 1 100	+ 6,7
Insgesamt	121 500	113 432,7	+ 8 100	+ 7,1

Individueller Verlauf der Risikoprämie eines Versicherten

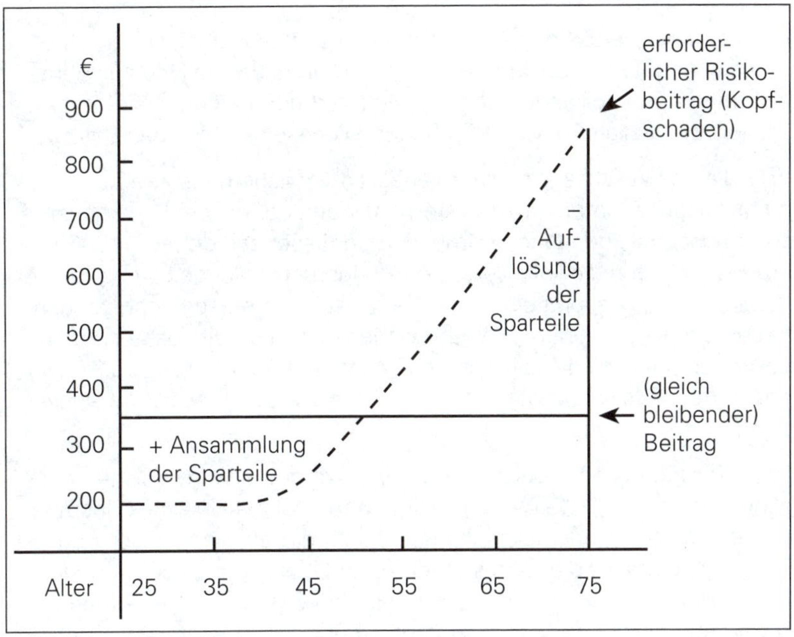

Individueller Auf- und Abbau der Alterungsrückstellung eines Versicherten

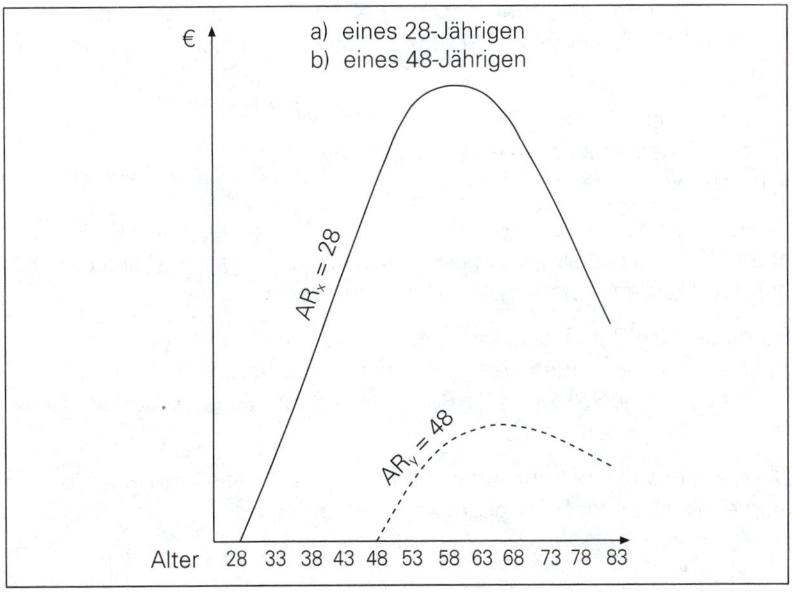

Regelungen seit dem 1. 1. 2009 zur Mitnahme (Portabilität) von Alterungsrückstellungen

§ 204 Abs. 1 VVG

Wechselt der Versicherungsnehmer innerhalb desselben Unternehmens in einen anderen Tarif, wird die Alterungsrückstellung aus dem bisherigen Tarif voll angerechnet. Besonderheiten ergeben sich ausschließlich hinsichtlich des begrenzten Wechselrechts in den Basistarif.

Im Falle des Wechsels zu einem anderen Versicherungsunternehmen muss zunächst unterschieden werden, wann der private Krankenversicherungsschutz begündet wurde. Wurde dieser seit dem 1. 1. 2009 begründet, werden die kalkulierten Alterungsrückstellungen indes Teil der Versicherung, dessen Leistungen dem Basistarif entsprechen, an den neuen Versicherer übertragen. Im Gegensatz zu bereits bestehenden Verträgen muss die Möglichkeit zur Mitnahme der Alterungsrückstellungen in den Versicherungsbeiträgen von Neuverträgen einkalkuliert werden.

In die Beträge von Versicherten, deren privater Krankenversicherungsschutz vor dem 1. 1. 2009 begründet wurde, ist die Übertragungsmöglichkeit von Alterungsrückstellungeen nicht einkalkuliert. Gleichwohl erhalten sie einmalig die Gelegenheit, unter Übertragung von Alterungsrückstellungen in vorgenannter Höhe in den Basistarif eines anderen Unternehmens zu wechseln, wenn die Kündigung des Versicherungsvertrages zwischen dem 1. 1. und dem 30. 6. 2009 erfolgt.

Veränderungen bei der Beitragskalkulation

Die Berechnung einer Alterungsrückstellung sorgt zwar dafür, dass die Beiträge trotz des erhöhten Risikos im Alter gleich bleiben. Jedoch lassen

- medizinischer Fortschritt,
- höhere Inanspruchnahme der PKV sowie
- Preissteigerungen (Inflation)

(Änderungsrisiko) in der PKV die Kosten in unvorhersehbarer Weise ansteigen. Dieses versicherungstechnische Änderungsrisiko kann die PKV nur durch laufende Beitragsanpassungen ausgleichen.

Damit sich die Beitragsanhebungen gerade für ältere Versicherte im Rahmen halten, wurden bereits in den letzten Jahren erhebliche Beträge aus der Rückstellung für Beitragsrückerstattung zur Beitragsstabilisierung eingesetzt.

Die neu entwickelte Konzeption zur Beitragskalkulation soll einen zu starken Anstieg der Beiträge im Alter verhindern.

LF 2
LF 9
LF 15

- **Berechnung der Verwaltungskosten**
  („Modell der altersunabhängigen Kostenzuschläge")

Seit dem 1. 1. 1994 dürfen die Verwaltungskosten nicht mehr prozentual vom Beitrag berechnet werden. Mit Ausnahme des Sicherheitszuschlages werden alle Kosten in einen altersunabhängigen Kostenzuschlag je Risikogruppe umgerechnet. Das gilt für alle Krankheitskosten- und Pflegetarife, nicht aber für die Krankentagegeld- und Krankenhaustagegeldtarife.

- **Zusätzliche Zuführung zur Deckungs- bzw. Alterungsrückstellung**
  („Modell Neuberechnung der Alterungsrückstellung bzw. Finanzierung von Anwartschaften auf Beitragsermäßigung im Alter")

Für die Krankheitskosten- und Pflegekrankenversicherungen, die nach Art der Lebensversicherung betrieben werden, müssen Beträge in Höhe von 90 % der Zinserträge, die über den Rechnungszins von 3,5 % hinaus gehen, der Alterungsrückstellung der Versicherten gutgeschrieben werden. Die Zuführung geschieht jährlich. § 12 a VAG

Die Hälfte dieser Mittel wurde schon seit 1995 für ältere Versicherte, die am Bilanzstichtag das 65. Lebensjahr vollendet hatten, zur Beitragsentlastung bei Anpassungen eingesetzt. Die andere Hälfte wurde allen Versicherten gutgeschrieben.

Die Aufteilung dieser Gutschrift, 50 % für 65-Jährige und 50 % für die anderen Versicherten, wird seit 1. 1. 2000 langsam jedes Jahr um 2 % reduziert, so dass in 25 Jahren die gesamte Gutschrift altersunabhängig allen Versicherten zugute kommt.

Die hierfür benötigten Mittel können der Rückstellung für erfolgsabhängige BRE entnommen werden.

Einige Krankenversicherer bieten auch ein Rentensparmodell als Eigenvorsorge des Versicherungsnehmers an. Schon mit geringen Monatszahlungen in eine zusätzliche Rentenversicherung lassen sich beträchtliche Monatsrenten erzielen.

Die monatliche Rente hilft später den erworbenen Lebensstandard zu sichern und Beitragserhöhungen der PKV im Alter aufzufangen.

Die Beitragsentlastung im Alter wird umso größer sein, je länger der zusätzliche Ansparprozess dauert.

Gemäß VAG ist für die substitutive Krankenversicherung ein verantwortlicher **Aktuar** zu bestimmen, der sicherstellen muss, dass alle gesetzlichen und vertragsmathematischen Vorschriften bei der Beitragskalkulation und bei der Bildung von Rückstellungen eingehalten werden. § 12 Abs. 2 VAG

Zu beachten ist, dass die Beiträge für das Neugeschäft nicht geringer sein dürfen als die Beiträge, die sich im Altbestand für gleichartige Versicherungen ohne Berücksichtigung ihrer Altersrückstellung ergeben würden.

Gesetzlicher Beitragszuschlag seit 1. 1. 2000

§ 12 Abs. 4 a VAG

Außer der oben beschriebenen Regelung bei der gesetzlichen Festlegung der Überschüsse, muss ein zusätzlicher 10%iger Zuschlag auf den Tarifbeitrag bei Neuversicherten in der substitutiven Krankenversicherung berechnet werden. Risikozuschläge bleiben bei der Berechnung der 10 % unberücksichtigt. Bei Umwandlung einer bereits bestehenden Ergänzungsversicherung in eine Krankheitskostenvollversicherung muss der zu zahlende Beitrag um den Anrechnungsbetrag gekürzt und von der verbleibenden Summe der 10%ige Zuschlag berechnet werden.

Der Wechsel von einem PKV-Unternehmen zu einem anderen PKV-Unternehmen gilt als Neugeschäft, ebenso wie der Wechsel von der GKV zur PKV.

Der Zuschlag ist für alle Krankheitskostenvollversicherungen einschließlich der Beihilfetarife zu zahlen und soll zu einer zusätzlichen Beitragsentlastung im Alter führen. Nicht zuschlagspflichtig sind Kranken- und Krankenhaustagegeld-, Pflegepflicht- und Pflegeergänzungsversicherungen, Auslandsreise-, Anwartschafts- und Ausbildungsversicherungen sowie Kurtarife, Ruhens- und Beitragsentlastungsvereinbarungen.

Die Bestimmung sieht Folgendes vor:

- Alle Neuversicherten mit einem Eintrittsalter von 20 bis 59 Jahren haben diesen Zuschlag zu zahlen. In dem Jahr, in dem das 60. Lebensjahr vollendet wird, endet die Zahlung des 10%igen Zuschlages.
- Dieser Zuschlag enthält keine Kostenanteile, da er ausschließlich zur zusätzlichen Beitragsentlastung im Alter verwendet wird.
- Der Zuschlag wird in Form einer zusätzlichen Alterungsrückstellung verzinslich angesammelt, d. h. mit 3,5 % Rechnungszins zuzüglich 90 % der darüber hinaus erwirtschafteten Zinsen (Überzinsen).
- Ab dem 65. Lebensjahr wird der angesammelte Zuschlag dazu verwendet, den Beitrag konstant zu halten.
- Ab dem 80. Lebensjahr kann er sogar beitragssenkend eingesetzt werden.

Bestandskunden hatten aber vom Gesetzgeber ein **einmaliges Widerspruchsrecht bis 31. 3. 2001** eingeräumt bekommen, d. h. sie konnten die Zahlung zur zusätzlichen Beitragssicherung im Alter für sich oder auch andere mitversicherte Personen ablehnen. Sie profitieren jedoch auch nicht von den zusätzlichen Beitragsentlastungsmaßnahmen ab dem 65. Lebensjahr. Die einmal getroffene Entscheidung kann nicht rückgängig gemacht werden!

Ein einmaliges Widerspruchsrecht besteht auch bei der Erwachsenenbeitragserhöhung und der Umwandlung von Ausbildungstarifen in Normal-Tarife der Krankheitskostenvollversicherung. Voraussetzung ist jedoch, dass der ursprüngliche Vertrag bereits am 31. 12. 1999 bestanden hat.

Der 10%ige Beitragszuschlag ist arbeitgeberzuschussfähig und wird zu einer nachhaltigen Stabilisierung der Beiträge im Alter beitragen.

Vermögensanlagen der PKV

Die Kapitalanlagen selbst stellen das Eigenkapital der Unternehmen, die Alterungsrückstellungen, Rückstellungen für Beitragsrückerstattung sowie diverse andere Rückstellungen dar und teilen sich wie folgt auf:

Kapitalanlagen	2006 in Mio. €	2005 in Mio. €	Veränderung absolut	in %
Grundstücke, grundstücksgleiche Rechte und Bauten	1 716,8	1 893,0	– 176,2	– 9,31
Anteil an verbundenen Unternehmen	1 321,0	1 381,2	– 60,2	– 4,36
Ausleihungen an verbundene Unternehmen	540,3	547,5	– 7,2	– 1,32
Beteiligungen	1 435,9	1 196,8	+ 239,1	+ 19,98
Ausleihungen an Unternehmen mit Beteiligungsverhältnis	687,4	642,3	+ 45,1	+ 7,02
Aktien, Investmentanteile und andere nicht festverzinsliche Wertpapiere	27 115,6	25 419,6	+ 1 696,0	+ 6,67
Inhaberschuldverschreibungen und andere festverzinsliche Wertpapiere	6 504,6	6 424,9	+ 79,7	+ 1,24
Hypotheken-, Grundschuld- und Rentenschuldforderungen	3 214,0	2 661,0	+ 553,0	+ 20,78
Namensschuldverschreibungen	41 976,8	36 779,8	+ 5 197,0	+ 14,13
Schuldscheinforderungen und Darlehen	42 859,8	39 428,6	+ 3 431,2	+ 8,70
übrige Ausleihungen	1 328,4	1 186,9	+ 141,5	+ 11,92
Einlagen und Kreditinstituten	1 459,5	1 374,6	+ 84,9	+ 6,18

Fortsetzung nächste Seite

Kapitalanlagen	2006 in Mio. €	2005 in Mio. €	Veränderung absolut	in %
andere Kapitalanlagen	356,7	252,1	+ 104,6	+ 41,49
Kapitalanlagen	130 516,8	119 188,3	+ 11 328,5	+ 9,50
hinzu Depotforderungen aus dem in Rückdeckung übernommenen Geschäft	31,6	26,6	+ 5,0	+ 9,50
Bilanzwert (G)	**130 548,4**	**119 214,9**	**+ 11 333,5**	**+ 9,51**

5.2 Beitragsanpassung

Die Kalkulationsgrundlagen zur Beitragsberechnung entstammen heute vorliegenden Statistiken über die Gesundheitskosten und über die mit dem Alter steigende Inanspruchnahme von Gesundheitsleistungen. Nun treten im Laufe der Jahre häufig Entwicklungen ein, deren quantitative Auswirkungen aus der Vergangenheit heraus statistisch nicht erfassbar sind. Der medizinische Fortschritt hat es möglich gemacht, dass viele Krankheiten heute erkannt und behandelt werden können, bei denen dies früher nicht möglich war. Viele Operationen bei älteren Menschen sind z. B. erst durch Erkenntnisse in der Anästhesie in den letzten 20 Jahren möglich geworden. Eine Herzoperation bei 80-Jährigen war früher undenkbar, heute ist sie fast zur Selbstverständlichkeit geworden. Neue Behandlungsmethoden kommen hinzu. Auch die Lebenserwartung der Bevölkerung steigt, so dass heute die Alterungsrückstellung für höhere Behandlungskosten im Alter für einen längeren Zeitraum gebildet werden muss. Hinzu kommen vor allem Preisänderungen bei Gesundheitsleistungen. Die Pflegesätze in den Krankenhäusern werden beispielsweise ebenso wie die Arzneimittel teurer. Dies alles bewirkt, dass die bei der ursprünglichen Beitragskalkulation zugrunde gelegten statistischen Daten im Zeitablauf immer wieder aktualisiert werden müssen, was Beitragsanpassungen erforderlich macht.

Bei nach der Art der Lebensversicherung betriebenen Krankenversicherung, d. h. bei den Tarifen, deren Beiträge auf versicherungsmathematischer Grundlage unter Zugrundelegung von Wahrscheinlichkeitstafeln berechnet werden und für die die Bildung einer Altersrückstellung vorgesehen ist, dürfen Beitragsänderungen aufgrund einer Anpassungsklausel erst nach Zustimmung eines „Treuhänders" in Kraft gesetzt werden. Von dieser Prüfung sind hauptsächlich die substitutive Krankenversicherung, die GKV-Zusatztarife und die Krankenhaustagegeldversicherung betroffen.

§ 203 VVG 2008

Die höheren Kosten, die aufgrund des Älterwerdens entstehen, führen nicht zu einer Beitragserhöhung, sondern werden – wie bereits beschrieben – durch die über den Sparanteil gebildeten Alterungsrückstellungen kompensiert.

Soweit nichts anderes vereinbart, wird die Beitragsanpassung zu Beginn des zweiten Monats wirksam, der auf die Benachrichtigung über die Erhöhung an den Versicherungsnehmer folgt.

§ 203 Abs. 5 VVG 2009 u. § 8 b) Abs. 3 MB/KK MB/KT

Gemäß VVG haben alle Versicherten das Recht, in einen anderen Tarif mit gleichartigem Versicherungsschutz zu wechseln. Bei Beitragsanpassungen seit dem 1. 1. 2000 muss auf dieses Umstellungsrecht ausdrücklich hingewiesen werden.

§ 204 VVG 2009

Außerdem müssen Versicherte über 60 Jahre dann bei jeder Beitragserhöhung auf den Basistarif bzw. in einem konkreten Vorschlag auf Tarife mit gleichen Leistungsbereichen hingewiesen werden, die zu einer Beitragsreduzierung führen würden.

Dann werden Beitragsanpassungen unentbehrlich, so sind ältere Versicherte davon oft besonders betroffen. Dies liegt vor allem daran, dass die Erhöhung der Krankheitskosten ein „Auffüllen" der Alterungsrückstellung für die Zukunft notwendig macht.

5.3 Beitragsentlastungsstrategie

Eine weitere Möglichkeit der noch darüber hinausgehenden Vorsorge für das Alter stellen die so genannten Beitragsentlastungsprogramme in der Vollversicherung dar. Im Prinzip geht es darum, sogar eine garantierte Prämienabsenkung im Rentenalter vorzunehmen, die aus einem höheren Beitrag in jungen Jahren finanziert wird. Im Rahmen eines Beitragsentlastungsprogramms zahlt der PKV-Versicherte in jungen Jahren eine zusätzliche Beitragsleistung. Diese wird für eine Beitragsreduzierung im Alter eingesetzt. Die Beitragsentlastungsprogramme sind als integrierter Bestandteil der Krankenvollversicherung ebenfalls durch den Arbeitgeber zuschussfähig – siehe Beitragsentlastungstarife –.

5.4 Rating der PKV

Eine Überprüfung der PKV-Bilanzen hat ergeben, dass nahezu alle Versicherer die vorgegebenen Kennzahlen erreichen und so die kapitalgedeckte Krankenversicherung zukunftsweisend ist, weil sie die demografischen Entwicklungen einer überalternden Gesellschaft besser absichern kann, als das umlagefinanzierte System der GKV.

Kennzahlen der PKV

1. Nettoverzinsung
   Die Kennzahl zeigt den Ertrag der Kapitalanlagen in Prozent. Die Alterungsrückstellung für Kunden wird derzeit mit mindestens 3,5 % verzinst. Die Nettoverzinsung der Versicherer sollte daher nicht unter 3,5 % liegen.

2. Überschüsse aus Beiträgen
   Die versicherungsgeschäftliche Ergebnisquote liefert Hinweise, ob das Unternehmen Prämien angemessen kalkuliert. Empfehlenswert ist ein Korridor von 5 bis 15 %. Unter 5 % bedeutet: Die vorgeschriebene Sicherungsmarge ist angegriffen. Über 15 % signalisiert: Die Prämien sind eher zu hoch bemessen.

3. Rückstellungsquote
   Die Rückstellungen für Beitragsrückerstattungen können Prämiensteigerungen für Kunden lindern. Empfohlene Quote: mindestens 20 % der Beitragseinnahmen. Der Vorjahreswert zeigt, wie weit Finanzpolster auf- oder abgebaut wurden.
4. Wachstum
   Unternehmen brauchen Neukunden, damit die Tarife nicht vergreisen. Empfohlener Wert: mindestens positiv.

5.5 Auffanggesellschaft – Medicator AG

Damit die Ansprüche aller Privatversicherten auch im Insolvenzfall eines Krankenversicherers gewährleistet sind, haben die privaten Krankenversicherer eine sog. Auffanggesellschaft, die „Medicator AG" gegründet. Die Medicator hat ihren Sitz in Köln und strebt ein Haftungskapital von einer Milliarde Euro an. Alle Krankenversicherer sollten sich an der Gesellschaft solidarisch beteiligen. Es handelt sich um eine reine Vorsorgemaßnahme. Nach wie vor gibt es kein Unternehmen, das die Kennzahlen unterschreitet und sich in einer finanziellen Notlage befände.

▶ Zusammenfassung

Maßnahmen zur Beitragsstabilität und Sicherung der Ansprüche

Versicherer	Versicherungsnehmer
▪ Alterungsrückstellung für höhere Lebenserwartung bilden ▪ Verzinsung mit dem Rechnungszins 3,5 % zu 90 % ▪ Überschüsse den Alterungsrückstellungen zuführen ▪ 10%iger Zuschlag dient der reinen Beitragsentlastung ab dem 65. Lebensjahr ▪ auf Wirtschaftlichkeit achten ▪ Auffanggesellschaft gründen	▪ Selbstbehalt optimieren* ▪ Tarifwechsel* ▪ Ausschluss von Leistungen* ▪ Standardtarif modifiziert** ▪ Basistarif* ▪ Grundtarif ▪ Beitragsentlastungstarif abschließen ▪ Kündigung nach Beitragsanpassung (nicht empfehlenswert, weil Teile der Alterungsrückstellungen verlorengehen)

* Eine einmal vereinbarte Vertragsänderung lässt sich später nicht problemlos rückgängig machen, weil die Versicherer vom Kunden dann eine neue Gesundheitsprüfung verlangen und gegebenenfalls Risiko- oder Leistungsausschlüsse vereinbart werden.

** Der modifizierte Standardtarif vom 1. 7. 2007 wurde zum 1. 1. 2009 in den Basistarif überführt.

Übungen

1. Was versteht man unter dem Äquivalenzprinzip?
2. Wonach richtet sich der zu zahlende Beitrag in der PKV?
3. Beschreiben Sie die Rechnungsgrundlagen der PKV.
4. Aus welchen Teilen setzt sich der Beitrag zusammen?
5. Weshalb ist aufgrund der demografischen Entwicklung unseres Landes die kapitalgedeckte PKV der umlagefinanzierten GKV überlegen?
6. Herr Nordmann hat von seinem Außendienstmitarbeiter gehört, dass die PKV mit gleich bleibenden Beiträgen arbeitet. Dennoch hat er von Beitragsanpassungen in der PKV gelesen. Da ihm dies nicht klar geworden ist, bittet er um Erläuterung.
7. Erklären Sie einem Auszubildenden folgende Aspekte:

   a) Wer muss der Beitragsanpassung zustimmen?
   b) Nennen Sie zwei Gründe einer Beitragsanpassung.
   c) Wann wird die Beitragsanpassung wirksam und wie kann der Versicherungsnehmer rechtlich reagieren?

8. Herr und Frau Zensen haben von der Alterungsrückstellung der PKV gehört und möchten hierzu wissen:

   a) Wie wird sie gebildet?
   b) Wie hoch ist sie etwa insgesamt?
   c) Wie ist sie angelegt?

9. Eine Kollegin hat in einem Bericht über die Medicator AG gelesen. Sie bittet Sie, ihr den Sinn dieser Gründung zu erklären.
10. Da die Ansprüche der Versicherten in der PKV über eine Kapitaldeckung abgesichert sind, ist eine laufende wirtschaftliche Begutachtung (Rating) der Unternehmen notwendig. Einige Kriterien geben hierbei Aufschluss, und zwar

    a) Nettoverzinsung
    b) Überschüsse aus Beiträgen
    c) Stille Reserven
    d) Rückstellungsquote
    e) Wachstum

    Erklären Sie kurz die Begriffe.

11. Was versteht man unter Portabilität der Altersrückstellung?

LF 2
LF 9
LF 15

6. Versicherungsschutz und Wartezeiten in der PKV

6.1 Gegenstand des Versicherungsschutzes

▶ Situation

Frau Jakob ist 52 Jahre. In den letzten Jahren hat ihr Gesicht einige Falten bekommen und die Augenlider haben sich gesenkt. Insgesamt ist sie mit ihrem Äußeren nicht mehr zufrieden und beschließt, ihr Gesicht bei einem Schönheitschirurgen verändern zu lassen. Die Rechnung über die Operation und die stationäre Behandlung reicht sie ihrem privaten Krankenversicherungsunternehmen ein.

▶ Erläuterung

Krankheitskosten- und Krankenhaustagegeldversicherung

Der Versicherungsfall ist die medizinisch notwendige Heilbehandlung einer versicherten Person wegen

§ 192 Abs. 1–4 VVG 2009 und § 1 Abs. 1 u. 2 MB/KK

- Krankheit oder
- Unfallfolgen

Als Versicherungsfall gelten auch:

- Untersuchung und medizinisch notwendige Behandlung wegen Schwangerschaft und die Entbindung
- gezielte Vorsorgeuntersuchungen
- Tod, soweit hierfür Leistungen vereinbart sind.

Der Versicherer gewährt im Versicherungsfall in der Krankheitskostenversicherung den Ersatz von Aufwendungen und ein Krankenhaustagegeld bei einer stationären Behandlung aus der Krankenhaustagegeldversicherung. Als Inhalt der Krankheitskostenversicherung können zusätzliche Dienstleistungen vereinbart werden.

Krankentagegeldversicherung

Der Versicherungsfall ist die medizinisch notwendige Heilbehandlung einer versicherten Person wegen

§ 1 Abs. 2 MB/KT

- Krankheit oder
- Unfallfolgen

§ 192 Abs. 5 VVG 2009

in deren Verlauf Arbeitsunfähigkeit ärztlich festgestellt wird. Der Versicherer gewährt Krankentagegeld für jeden Tag der Arbeitsunfähigkeit und ersetzt damit den verursachten Verdienstausfall.

§ 1 Abs. 3 MB/KT 2009

Arbeitsunfähigkeit liegt vor, wenn die versicherte Person ihre berufliche Tätigkeit vorübergehend nicht ausüben kann, sie nicht ausübt und keiner anderen Erwerbstätigkeit nachgeht.

Frau Jakob hat keinen Leistungsanspruch, weil die Schönheitsoperation keine medizinisch notwendige Heilbehandlung darstellt.

6.2 Beginn des Versicherungsschutzes

▶ Situation

Bevor Herr Zensen seinen Antrag auf Krankheitskostenvoll- und Pflegepflichtversicherung unterschreibt, werden ihm alle Informationen zu seiner Kranken- und Pflegeversicherung in Schriftform ausgehändigt. Nach erfolgter Beratung erstellt der Versicherungsvertreter Brück ein Beraterprotokoll, das ihm ebenfalls ausgehändigt wird. Er fragt Herrn Brück, ob er nach Unterschrift sofort Versicherungsschutz hat.

▶ Erläuterung

Widerruf

§ 8 VVG

Wie in allen anderen Sparten steht dem Versicherungsnehmer ein Widerrufsrecht zu. Es beginnt nach Zugang der Police und es muss innerhalb von 2 Wochen ausgeübt werden.

Dauer

§ 195 VVG

Die substitutive (gesetzlich ersetzende) Krankenversicherung wird unbefristet abgeschlossen und der Versicherer verzichtet auf sein ordentliches Kündigungsrecht.

§ 10 VVG

Der Versicherungsschutz (= materieller Beginn) beginnt mit dem im Versicherungsschein bezeichneten Zeitpunkt (= technischer Beginn, es ist meist der 1. eines Monats), jedoch nicht vor Abschluss des Vertrages (= formeller Beginn) und nicht vor Ablauf der Wartezeiten (soweit welche bestehen). Der Versicherungsschutz beginnt um 0.00 Uhr und endet um 24.00 Uhr.

- Für Versicherungsfälle, die **vor** dem formellen Beginn eintreten, wird nicht geleistet.

▶ Beispiel

Herr Krause erhält am 15. 1. 20... den Versicherungsschein mit einem Beginndatum 1. 1. 20... Am 7.01. 20... muss er wegen Ohrenschmerzen zum Arzt. Am 20. 4. 20... stellt der Arzt die Genesung fest.

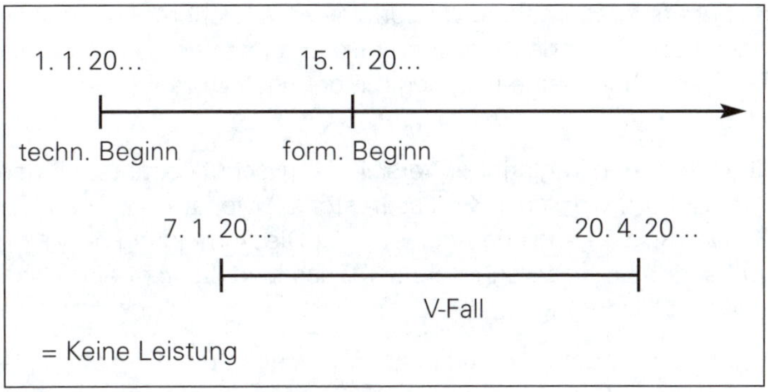

- Bei Versicherungsfällen, die **nach** dem formellen Beginn eintreten, wird der Teil der Kosten übernommen, die ab dem technischen Beginn bzw. nach Ablauf eventueller Wartezeiten entstehen.

▶ Beispiel

Frau Tiegel erhält am 29. 12. 20... den Versicherungsschein mit Beginndatum 1. 1. 20... des Folgejahres. Am 30. 12. 20... stürzt sie beim Skifahren und zieht sich eine Bänderzerrung und zwei Knochenbrüche zu, mit denen sie sofort ins Krankenhaus eingeliefert wird. Am 20. 4. 20... stellt der Arzt die Genesung fest.

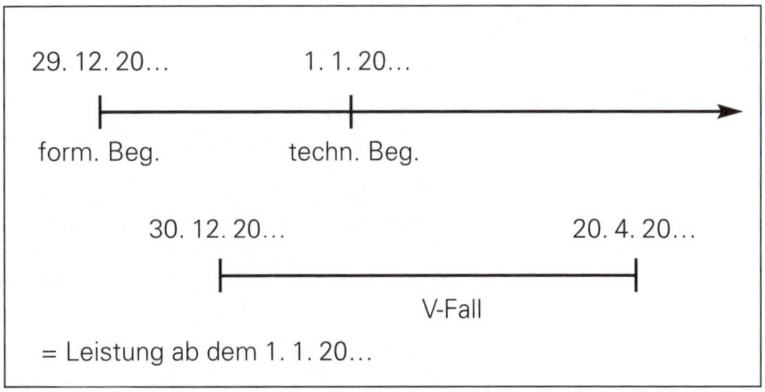

Besonderheiten in der PKV

- Der Versicherungsschutz ist zunächst nicht an die Einlösung des Versicherungsscheins geknüpft. Daher hat in der PKV weder das Einlösungsprinzip noch die erweiterte Einlösungsklausel Bedeutung. Sollte der Versicherungsnehmer die Erstprämie nicht zahlen, so kann der Versicherer ab Prämienfälligkeit den Rücktritt erklären, so dass der Versicherungsschutz dann rückwirkend wegfällt, sofern der Versicherungsnehmer nicht nachweist, dass er die Nichtzahlung nicht zu vertreten hat. § 37 VVG

Liegen bereits Kostenbelege vor, für die der Versicherer Leistung zu erbringen hat, so tritt der Versicherer i. d. R. nicht vom Vertrag zurück, sondern verrechnet seine Leistung mit der noch zu zahlenden Prämie.

§ 198 Abs. 1 VVG 2009 u. § 2 Abs. 2 MB/KT 2009

- Bei Neugeborenen beginnt der Versicherungsschutz bereits mit dem Tage der Geburt, wenn das Kind spätestens 2 Monate nach dem Tage der Geburt rückwirkend angemeldet wird. Die Anmeldung bewirkt rückwirkenden Versicherungsschutz für das Kind. Es liegt eine echte Rückwärtsversicherung vor.

  Der Versicherer muss das Kind ohne Wartezeiten und Risikozuschläge versichern, sofern der beantragte Versicherungsschutz nicht höher und umfassender als der des versicherten Elternteils ist (= „Kindernachversicherung").

§ 198 Abs. 2 VVG 2008 u. § 2 Abs. 3 MB/KT 2009

Der Geburt eines Kindes steht die Adoption gleich, sofern das Kind im Zeitpunkt der Adoption noch minderjährig ist. Bei Adoptivkindern ist ein Prämienzuschlag bis zur einfachen Prämienhöhe zulässig, wenn eine höhere Gefahr besteht.

§ 198 Abs. 3 VVG 2008 u. § 2 Abs. 3 MB/KT 2009

Als Voraussetzung für die Versicherung des Neugeborenen oder des Adoptivkindes kann eine Mindestversicherungsdauer des Elternteils vereinbart werden. Diese darf 3 Monate nicht übersteigen.

6.3 Wartezeiten

▶ **Beispiel**

Der Außendienstmitarbeiter Brück stellt bei seinen Beratungsgesprächen erneut fest, dass die Kunden gezielte Fragen zu den Wartezeiten stellen. Herr Brück bittet Sie, ihn umfassend über diese Aspekte zu informieren.

In der Krankheitskostenvollversicherung verzichten die Krankenversicherer weitgehend auf die Vereinbarungen von Wartezeiten.

Die Wartezeit ist eine leistungsfreie Zeit zu Beginn des Vertrages. Es handelt sich hierbei um eine Karenzzeit, das heißt für Versicherungsfälle, die in dieser Zeit auftreten, wird für den Teil, der nach Ablauf der Wartezeit eintritt, geleistet.

▶ **Beispiel**

Frau Schad hat ab 1. 1. 20... Versicherungsschutz beantragt. Die Police erhält sie am 29. 12. 20... Der Vertrag wurde mit Wartezeiten abgeschlossen. Am 23. 3. 20... muss Frau Schad plötzlich wegen einer akuten Erkrankung ins Krankenhaus und wird dort bis zum 20. 4. 20... stationär behandelt.

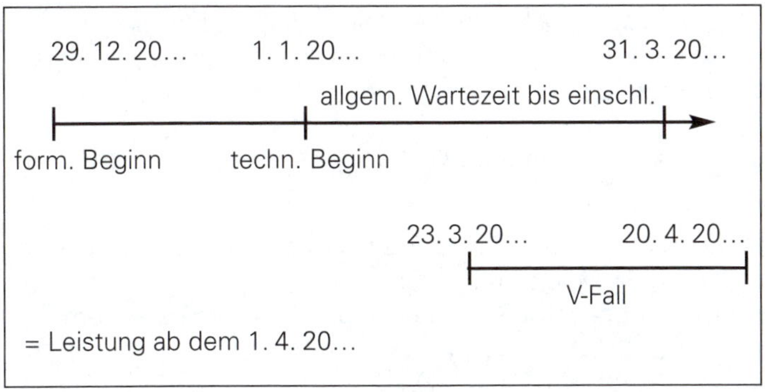

6.3.1 Beginn und Dauer der Wartezeiten

Die Wartezeiten rechnen vom Versicherungsbeginn (technischer) an. § 3 MB/KK 2009 u. MB/KT 2009 u. § 197 VVG

Die Musterbedingungen unterscheiden die allgemeinen (3 Monate) und besonderen (8 Monate) Wartezeiten.

Die besonderen Wartezeiten gelten bei

- Krankheitskosten- und Krankenhaustagegeldversicherung § 3 Abs. 3 MB/KK

  für Entbindung, Zahnbehandlung, Zahnersatz, Kieferorthopädie und Psychotherapie

§ 3 Abs. 3 MB/KT

- Krankentagegeldversicherung

  für Zahnbehandlung, Zahnersatz, Kieferorthopädie und Psychotherapie

  Für Entbindung sind keine Leistungen vorgesehen.

  Bei Vertragsänderungen gelten die Wartezeitregelungen für den hinzukommenden Teil des Versicherungsschutzes.

6.3.2 Zweck der Wartezeiten

Die Wartezeiten dienen

- der Einschränkung des objektiven als auch des subjektiven Risikos, d. h. der Versicherer muss keine Leistungen für solche Krankheitsfälle erbringen, die sich bereits vor Vertragsbeginn abzeichneten
- der Deckung eines Teils der Abschlusskosten, die in der leistungsfreien Zeit getilgt werden.

6.3.3 Entfall und Anrechnung der Wartezeiten

Die Musterbedingungen des PKV-Verbandes sehen eine Reihe von Situationen vor, bei denen die Wartezeiten angerechnet werden oder ganz bzw. teilweise entfallen oder entfallen können. Einzelne Versicherer haben einen Teil dieser Bestimmungen in ihren Tarifbedingungen weiter zu Gunsten des Versicherungsnehmers abgeändert.

Die allgemeine Wartezeit entfällt

§ 3 Abs. 2 MB/KK u. MB/KT 2009
§ 3 Abs. 2 b) MB/KK

- bei Unfällen
- für den Ehegatten einer mindestens seit drei Monaten versicherten Person, wenn eine gleichartige Versicherung innerhalb von zwei Monaten nach der Eheschließung beantragt wird (jedoch nur gem. MB/KK, nicht MB/KT).

Die allgemeinen und die besonderen Wartezeiten in der Krankenversicherung

§ 3 Abs. 3 MB/KK

- können erlassen werden bei Vorlage eines ärztlichen Attestes, sofern der Tarif es vorsieht

§ 2 Abs. 2 u. 3 MB/KK 2009 u. § 198 VVG

- entfallen bei der Nachversicherung Neugeborener, bzw. Adoptivkinder (Kontrahierungszwang), wenn folgende Voraussetzungen erfüllt sind (jedoch nur gem. MB/KK, nicht MB/KT):
  - Versicherung besteht seit mindestens 3 Monaten
  - Kind wird innerhalb von 2 Monaten ab Geburt versichert
  - Versicherungsschutz darf nicht höher oder umfassender sein als der des versicherten Elternteils

- werden verkürzt oder entfallen ganz, wenn die ununterbrochen zurückgelegte Versicherungszeit (Anrechnung) einer gesetzlichen Krankenversicherung dem Versicherer nachgewiesen wird. Die dort versicherte Zeit wird auf die Wartezeit angerechnet, sofern die Versicherung spätestens 2 Monate nach Beendigung der Vorversicherung zum unmittelbaren Anschluss daran beantragt wird.
  Entsprechendes gilt beim Ausscheiden aus einem öffentlichen Dienst mit Anspruch auf freie Heilfürsorge.

§ 3 Abs. 5 MB/KK 2009 u. MB/KT 2009 u. § 197 VVG Abs. 2

- entfallen, wenn sich bei einem Versicherten mit Beihilfe der Beihilfebemessungssatz verändert oder der Beihilfeanspruch entfällt und der Antrag auf Anpassung des Versicherungsschutzes innerhalb von 6 Monaten nach der Änderung gestellt wird. In diesem Fall wird auch keine erneute Risikoprüfung durchgeführt.

§ 199 Abs. 2 VVG

Die Wartezeiten in der Pflegeversicherung

- In der privaten Pflegeversicherung beträgt die Wartezeit für die erstmalige Stellung eines Leistungsanspruches
  bis 30. Juni 2008 5 Jahre
  ab 1. Juli 2008 2 Jahre

§ 3 Abs. 2 MB/PPV 2009

- In der Pflegeergänzungsversicherung wird die Wartezeit mit 3 Jahren vereinbart.

§ 3 MB/EPV 2009 u. § 197 VVG

Wartezeiten MB/KK 2009, MB/KT 2009, MB/BT 2009 und MB/ST 2009

Art / Aspekte	Allgemeine Wartezeit	Besondere Wartezeit
Dauer	3 Monate	8 Monate
Leistungsfälle	alle, außer Unfälle	Zahnersatz Zahnbehandlung Kieferorthopädie Psychotherapie Entbindung nicht bei MB/KT
Anrechnung	Vorversicherungszeit aus einem Versicherungsverhältnis mit substitutivem Versicherungsschutz wird auf Wartezeit angerechnet	
Erlass	nach ärztlicher Untersuchung	
Wegfall	Unfall Ehegattenversicherung (nur gem. MB/KK u. MB/ST) Mitversicherung von Kindern ab Geburt (nur nicht bei MB/KT) Beihilfesatz verändert sich in Krankheitskostentarifen	

Pflegeversicherung		
Art	Pflegepflichtversicherung MB/PPV 2009	Pflegeergänzungsversicherung MB/EPV 2009
Dauer	2 Jahre	3 Jahre

6.4 Beginn und Ende des Versicherungsfalles

▶ Situation

Seit einigen Tagen, konkret dem 11. 1. 20..., leidet Herr Schmidt an Magenschmerzen. Da Tee und Zwieback den Zustand nicht verbessern, beschließt er, zum Arzt zu gehen. Am 14. 1. 20... führt dieser eine Reihe von Untersuchungen durch, stellt eine Magenschleimhautentzündung fest und verordnet Herrn Schmidt einige Medikamente. Diese helfen recht gut, so dass der Arzt am 21. 1. 20... die vollständige Genesung feststellt.

▶ Erläuterung

Der Versicherungsfall beginnt mit der Heilbehandlung und endet, wenn nach medizinischem Befund keine Behandlungsbedürftigkeit mehr besteht (außerdem in der Krankentagegeldversicherung, wenn keine Arbeitsunfähigkeit mehr vorliegt).

§ 1 Abs. 2 MB/KK 2009 u. MB/KT 2009

Ein neuer Versicherungsfall liegt vor, wenn die Heilbehandlung auf eine Krankheit oder Unfallfolge ausgedehnt wird, die mit der bisher behandelten nicht ursächlich zusammenhängt.

Gedehnter Versicherungsfall in der PKV

Der Versicherungsfall kann sich in der PKV über einen längeren Zeitraum erstrecken, man spricht hier von einem gedehnten Versicherungsfall.

▶ Beispiel

Die kleine Julia hat sich im Kindergarten einen Grippevirus eingefangen.

01. 04. 20...	Zeitpunkt der Ansteckung (Inkubationszeit)	=	objektiver Krankheitsbeginn	
05. 04. 20...	Klagen über: „Schwerer" Kopf, Kratzen im Hals	=	subjektiver Krankheitsbeginn	
06. 04. 20...	Diagnose des Arztes mit Einleiten der Therapie	=	1. Behandlungstag (Beginn des Versicherungsfalles)	gedehnter Versicherungsfall
08. 04. 20...	Untersuchung	=	2. Behandlungstag	
10. 04. 20...	keine Behandlungsbedürftigkeit mehr	=	Abschlussbehandlung (Ende des Versicherungsfalles)	

Damit die vorgenannten Kosten übernommen werden, muss am 6. 4. 20… der materielle Versicherungsschutz bestanden haben.

Die Bedeutung des gedehnten Versicherungsfalles wird z. B. deutlich beim qualifizierten Zahlungsverzug.

Für Versicherungsfälle, die im qualifizierten Zahlungsverzug beginnen, ist der Versicherer leistungsfrei.

Beginnt der Versicherungsfall vorher, ist der Versicherer leistungspflichtig (auch während des qualifizierten Verzuges) bis zum Wirksamwerden einer eventuellen Kündigung.

▶ Beispiel

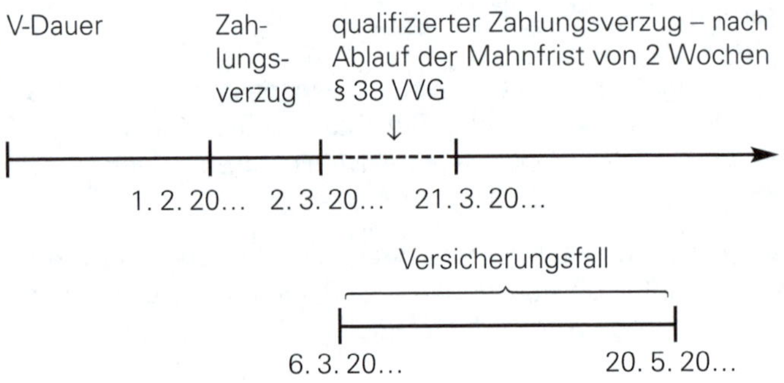

Keine Leistung für die **ganze** Behandlung

LF 2
LF 9
LF 15

6.5 Umfang des Versicherungsschutzes

Der Umfang des Versicherungsschutzes ergibt sich aus dem Versicherungsschein, späteren schriftlichen Vereinbarungen, den AVB sowie den gesetzlichen Vorschriften.

§ 1 Abs. 3 MB/KK u. § 1 Abs. 4 MB/KT 2009 § 192 Abs. 1–6 VVG 2008

Geltungsbereich des Versicherungsschutzes

▶ Situation

Herr Meier hat als Handelsvertreter bei der Proximus Versicherung AG einen Vollkosten-Tarif mit Krankentagegeld über 90 € abgeschlossen. Da er öfters in der ganzen Welt für mehrere Tage Geschäftsreisen unternimmt, möchte er gerne wissen, ob er weltweiten Versicherungsschutz in seiner privaten Krankenversicherung genießt.

Antworten Sie Herrn Meier in einem Brief.

▶ Erläuterung

Krankheitskosten- und Krankenhaustagegeldversicherung

Der Versicherungsschutz erstreckt sich auf Europa und für einen Monat auf das außereuropäische Ausland.

§ 1 Abs. 4 MB/KK 2009

Es besteht bis längstens drei Monate Versicherungsschutz, wenn die versicherte Person die Rückreise nicht ohne Gesundheitsgefährdung antreten kann.

Der Versicherungsschutz wird bei Proximus unbegrenzt gewährt, sofern der Auslandbesuch vorübergehenden Charakter hat.

Krankentagegeldversicherung

Der Versicherungsschutz erstreckt sich auf Deutschland. Im europäischen Ausland wird Krankentagegeld nur dann gezahlt, wenn die versicherte Person in einem öffentlichen Krankenhaus stationär behandelt wird. Für das außereuropäische Ausland können besondere Vereinbarungen getroffen werden.

§ 1 Abs. 6. u. 7 MB/KT 2009

▶ Zusammenfassung

Musterbedingungen / Geltungsbereich	Krankheitskosten- und Krankenhaustagegeldversicherung	Krankentagegeldversicherung	Pflegepflichtversicherung	Pflegeergänzungsversicherung
Deutschland	ja	ja	ja	ja
Europa	ja	nur im öffentlichen Krankenhaus	s. § 5 Abs. 1 a	EU und Vertragsstaaten
übrige Welt	bis 1 Monat	nein	nein	nein

Übungen

1. Was ist Gegenstand des Versicherungsschutzes gem. der MB/KK und MB/KT 2009?
2. Wann beginnt und wann endet der Versicherungsfall in der privaten Krankenversicherung?
3. Was versteht man unter einem gedehnten Versicherungsfall?
4. Erläutern Sie die Versicherungsbeginne in der PKV und deren Bedeutung für die Leistungspflicht.
5. Beschreiben Sie den Geltungsbereich des Versicherungsschutzes gem. den MB/KK und MB/KT 2009.
6. Welche Besonderheiten gilt es bei der Versicherung Neugeborener und adoptierter Kinder zu beachten?
7. Was versteht man unter Wartezeiten? Welche gibt es und wozu dienen sie?
8. Wann und unter welchen Umständen können Wartezeiten angerechnet werden oder entfallen?
9. Herr Müller beantragte zum 1. 6. 20... eine Krankenversicherung. Die Proximus Versicherung AG legte am 12. 6. 20... durch den Vertreter den Versicherungsschein zur Einlösung vor. Der Versicherungsnehmer zahlte die fällige Prämie am 25. 6. 20... und meldete gleichzeitig einen Unfallschaden vom 19. 6. 20... Die Wartezeiten gemäß MB/KK haben Gültigkeit.

   Ermitteln Sie das jeweilige Datum für die Beginnarten und Wartezeiten. Stellen Sie fest, ob der Leistungsfall in die materielle Deckung fällt.
10. Herr Weber stellt am 3. 3. 20... (Antragsdatum) den Antrag auf Abschluss einer Versicherung. Der Antrag wurde angenommen, indem dem Versicherungsnehmer am 19. 3. 20... der Versicherungsschein mit dem Beginndatum 1. 4. 20... ausgehändigt wurde. Der Versicherungsnehmer zahlt am 25. 3. 20... Erstprämie. Die Verbraucherinformationen wurden vor der Antragstellung mit Bestätigung ausgehändigt.

    Ermitteln Sie die Versicherungsbeginne, und insbesondere, ab wann die Widerrufsfrist beginnt und endet.
11. **Fallsituation**

    Anna Klohe, Angestellte beim WDR in Köln, unterschrieb am 10. 12. 2008 einen Antrag auf Abschluss einer Krankheitskostenvollversicherung bei der Proximus Krankenversicherung AG.

Der Antrag ging dem Versicherer am 13. 12. 2008 auf dem Postweg zu.

Als gewünschter Versicherungsbeginn ist der 1. 1. 2008 angegeben.

Frau Klohe erhielt den Versicherungsschein mit allen Vertragsunterlagen am 4. 1. 20... Frau Klohe wurde über das Widerspruchsrecht belehrt.

Die Erstprämie wurde von Frau Klohe am 10. 1. 20... bezahlt.

Leistungsausschlüsse und Risikozuschläge wurden nicht vereinbart.

Am 7. 2. 20... finden Sie folgenden Brief von Frau Klohe an Ihrem Arbeitsplatz vor:

Anna Klohe

Schillerstr. 57
51069 Köln

Proximus Krankenversicherung AG
z. Hd. Herrn Holzhausen
Postfach 35 97

50676 Köln

Köln, den 5. 2. 2009

Unfallmeldung zur Vers.-Nr. 159 359-T-01

Sehr geehrter Herr Holzhausen,

anbei sende ich Ihnen Rechnungen der Universitätsklinik Köln und des Orthopäden Dr. Müller sowie Quittungen der Prisma Apotheke. Ich musste das Krankenhaus und den Arzt zur ambulanten Behandlung aufsuchen, da ich am 3. 1. 2009 beim Rad fahren auf einem Waldweg ausgerutscht bin und mir dabei das rechte Bein gebrochen habe.

Ich bitte um Erstattung der von mir ausgelegten Beträge.

Mit freundlichen Grüßen

Anna Klohe

Arbeitsauftrag

Führen Sie die Deckungsprüfung durch und formulieren Sie ein Antwortschreiben an Frau Klohe.

12. **Fallsituation**

Alexander Schmitz unterschrieb am 6. 12. 20... einen Antrag auf Abschluss einer Krankheitskostenvollversicherung bei der Proximus Krankenversicherung AG.

Der Antrag ging dem Versicherer am 11. 12. 20... auf dem Postweg zu.

Als gewünschter Versicherungsbeginn ist der 1. 1. 20... angegeben.

Herr Schmitz erhielt den Versicherungsschein zusammen mit den Verbraucherinformationen am 3. 1. 20...

Es gelten die Wartezeiten lt. § 3 MB/KK 20...

Am 25. 3. 20... finden Sie folgenden Brief von Herrn Schmitz an Ihrem Arbeitsplatz vor:

Alexander Schmitz
Gerolsteiner Straße 28 50933 Köln

Proximus Krankenversicherung AG
z. Hd. Herrn Holzhausen
Postfach 35 97

50676 Köln

Köln, den 17. 3. 20...

Unfallmeldung zur Vers.-Nr. 586 257-S-01

Sehr geehrter Herr Holzhausen,

am 5. 2. 20... rutschte ich auf dem Weg zur Skigymnastik auf dem Bürgersteig aus und verstauchte mir den rechten Arm. Deswegen musste ich mich in ärztliche Behandlung begeben. Die entsprechenden Rechnungen füge ich bei.

Ich bitte um Erstattung der von mir ausgelegten Beträge.

Mit freundlichen Grüßen

Alexander Schmitz

Bei der Prüfung des Erstattungsantrags stellen Sie fest, dass Herr Schmitz die Erstprämie noch nicht bezahlt hat.

Aufgabenstellung

Formulieren Sie ein Antwortschreiben an den Versicherungsnehmer.

13. Varianten zur Aufgabe 12

Prüfen Sie die Leistungspflicht der Proximus Krankenversicherung AG bei folgenden fiktiven Versicherungsfällen des Kunden Alexander Schmitz. Die Erstprämie wurde dieses Mal gezahlt.

a) Am 1. 3. 20… zieht sich Herr Schmitz beim Skilaufen in den Rocky Mountains einen Bänderriss am linken Bein zu.
b) Am 13. 3. 20… steckt sich Herr Schmitz bei einem Bekannten, der an Keuchhusten leidet, an. Die Krankheit bricht bei ihm am 25. 3. 20… aus. Er geht noch am selben Tag zu seinem Internisten. Die langwierige Behandlung dauert bis zum 28. 4. 20….
c) Wegen einer eitrigen Mandelentzündung muss Herr Schmitz am 10. 4. 20… einen HNO-Arzt aufsuchen.
d) Am 8. 8. 20… lässt sich Herr Schmitz von seinem Zahnarzt drei Zähne mit Goldkronen überziehen. Die Behandlung ist am 29. 8. 20… abgeschlossen.

14. Stellen Sie mit Hilfe der versicherungstechnischen Begriffe an einem Zeitstrahl folgende Rechtssituation zur MB/KK und VVG dem Kunden Schulze dar.

Antragstellung:	10. 04. 20…
Beginn lt. Police:	01. 05. 20…
Zugang der Police:	15. 05. 20…
Unfall:	01. 06. 20… bis 17. 08. 20… Behandlung
Zahlung der Erstprämie:	19. 06. 20…
Grippe:	05. 09. 20… bis 13. 09. 20… Behandlung

Die Verbraucherinformationen wurden vor Antragstellung Herrn Schulze ausgehändigt. Eine Bestätigung des Kunden hierüber liegt der Proximus Krankenversicherung AG schriftlich vor. Die Wartezeiten gelten gemäß den Musterbedingungen.

7. Liquidation und Abrechnung

▶ Situation

Familie Gärtner ist von den Leistungen der PKV überzeugt, hat jedoch ein wenig Bedenken, dass sie im Ernstfall – sollte mal ein stationärer Aufenthalt notwendig sein – sehr hohe Beträge an das Krankenhaus vorstrecken muss.

▶ Erläuterung

Diese Bedenken können zerstreut werden, da die meisten PKV-Unternehmen den Kunden mit einer Krankheitskostenvollversicherung oder einer Krankenhauskostenzusatzversicherung eine Chipkarte aushändigen.

Sie ist eine Ausweiskarte, auf der Daten gespeichert sind, die den Verwaltungsprozess in Arztpraxen und im Krankenhaus erleichtern. Dem Krankenhaus gegenüber garantiert die Chipkarte die Übernahme der Kosten für die allgemeinen Krankenhausleistungen und Zuschläge für das Ein- oder Zweibettzimmer. Der Kunde braucht hier also keine Vorauszahlungen zu leisten, da die Klinik direkt mit dem Versicherer abrechnen kann.

Ansonsten ist der Versicherte Vertragspartner des Arztes. Durch den Besuch beim Arzt kommt es zu einem Behandlungsvertrag zwischen dem Arzt und dem Patienten. Die Arztrechnung erhält der Patient und reicht sie seinem Krankenversicherer ein. Der Versicherer zahlt seine zu erbringende Leistung an den Versicherten, der dann die Arztrechnung selber begleicht.

Bei Zahnersatz, Parodontosebehandlung oder Kieferorthopädie ist rechtzeitig vor Behandlungsbeginn ein medizinisch begründeter Heil- und Kostenplan über die detaillierten Behandlungskosten vorzulegen. Fallen Material- und Laborkosten an, so muss teilweise, zumindest ist es sinnvoll, auch ein Kostenvoranschlag des Labors beigefügt sein.

7.1 Umfang der Leistungspflicht

Die Musterbedingungen beschreiben die Voraussetzungen, die erfüllt sein müssen, damit sich ein Leistungsanspruch begründet, z. B.:

- Ärzte und Zahnärzte müssen niedergelassen und approbiert sein

  § 4 Abs. 2 MB/KK u. § 4 Abs. 6 MB/KT 2009

- Arzneien, Verband-, Heil- und Hilfsmittel müssen von Arzt, Zahnarzt oder Heilpraktiker verordnet und Arzneimittel außerdem aus der Apotheke bezogen werden (Nähr-, Stärkungs-, kosmetische Mittel, Mineralwässer und Badezusätze gelten nicht als Arzneimittel).

  § 4 Abs. 3 MB/KK 2009

§ 4 Abs. 4 MB/KK 2009 u. § 4 Abs. 8 MB/KT 2009

- öffentliche und private Krankenhäuser – Kosten werden übernommen, wenn eine medizinisch notwendige Heilbehandlung erforderlich wird und diese Institutionen unter ständiger ärztlicher Leitung stehen, über ausreichend diagnostische und therapeutische Möglichkeiten verfügen und Krankengeschichten führen.

Musterkrankenhaus Köln

Körnerstr. 36 – 38
50286 Köln

Telefon: 0221/48-0
Fax-Nr.: 0221/48-2297
IK.-Nr.: 138963544

RG-Datum 21.08.2008

Krankenversicherung AG
Sonnenscheinstraße 11

50397 Köln

Bitte bei Zahlung angeben:
Aufnahme-Nr. 28048946 RG-Nr. 70160153
Deb. Nr. 108515

RECHNUNG
Stationärer Aufenthalt
Schlussrechnung für den Zeitraum vom 6.7.2008 bis 9.7.2008

Patient: Schmitz, Gerda
Aachener Str. 26, 50821 Köln
Mitglieds-Nr. 04-013940-8590-02

Leistung		Von	Bis	Entgeltschl.	Anzahl	E.-Preis	Betrag	Prozent	MwSt	Ges.-Preis
1 P67D	Neugeborener Einling, Aufnahmegewicht > 2499 g ohne OR-Prozedur, ohne Beatmung >95 Stunden, ohne schweres Problem, ohne anderes Problem oder ein Bele	06.07.08	08.07.08	701P67D	1	710,08	710,08	50,00	0 %	355,04
2 AIP/AZ-Z	Zuschlag für Wegfall AIP und Verbesserung der Arbeitzeitbedingung	06.07.08	08.07.08	47100006	1	19,95	19,95	50,00	0 %	9,98
3 AB§15_08	Abschlag nach § 15 Abs. 2 Satz 1	06.07.08	08.07.08	47200010	1	- 15,17	- 15,17	50,00	0 %	- 7,59
4 QS-ZUSCHL	Qualitätssicherungszuschlag	06.07.08	08.07.08	46009000	1	1,18	1,18	50,00	0,%	0,59
5 SYS Z	Systemzuschlag für Gemeinsamen Bundesausschuss	06.07.08	08.07.08	47100001	1	0,64	0,64	50,00	0 %	0,32
6 AZUBI	Ausbildungszuschlag	06.07.08	08.07.08	75109002	1	65,68	65,68	50,00	0 %	32,84
7 DRG SYS V	DRG Systemzuschlag vollstationär	06.07.08	08.07.08	48000001	1	0,90	0,90	50,00	0 %	0,45
Zwischensumme										391,63
Alle Beträge in EUR							zu zahlender Betrag			391,63 =====

Es liegt keine Zuzahlungsverpflichtung vor.
Fachabteilungsaufenthalt des Patienten:

Vom 06.07.2008 bis 09.07.2008: Geburtshilfe 2400

Kostenübernehmer: SELBST Selbstzahler

50,00 % P67D	355,04 €
50,00 % AIP/AZ-Z	9,98 €
50,00 % AB § 15_08	- 7,59 €
50,00 % QS-ZU/SCHLA	0,59 €
50,00 % SYS Z	0,32 €
50,00 % AZUBI	32,84 €
50,00 % DRG SYS V	0,45 €

Bankverbindungen:

Stadtsparkasse Köln
BLZ 387 263 78
Kto. 10073867

Kölner Volksbank
BLZ 388 278 99
Kto. 296377736

Postbank Köln
BLZ 378 400 39
Kto. 27829-200

Für die Vergütung der allgemeinen Krankenhausleistungen wurde für die deutschen Krankenhäuser gemäß dem Krankenhausfinanzierungsgesetz (KHG) ein durchgängiges, leistungsorientiertes und pauschalierendes Vergütungssystem eingeführt. Grundlage hierfür bildet das G-DRG-System (German-Diagnosis Related Groups-System), wodurch jeder stationäre Behandlungsfall mittels einer entsprechenden DRG-Fallpauschale vergütet wird.

Dabei wurden für jede Krankheit, Krankheitsart und durchgeführte Behandlung Pauschalen festgelegt, welche die Krankenhäuser abrechnen. Weitere Differenzierungsmerkmale sind die Schwere der Krankheit (Operationen, Nebenerkrankungen und Komplikationen), das Alter und die Behandlungsdauer eines Patienten. Muss ein Patient länger behandelt werden, als es nach den Kalkulationen vorgesehen ist, wird für jeden zusätzlichen Tag ein Zuschlag gezahlt. Umgekehrt muss das Krankenhaus mit Abschlägen rechnen, wenn es den Patienten nach sehr kurzer Aufenthaltsdauer wieder entlässt. Dadurch soll verhindert werden, dass die Patienten zu früh entlassen und möglicherweise unzureichend versorgt werden.

Von den DRG erfasst werden u. a. die ärztliche Behandlung, die Krankenpflege und Unterkunft. Kosten für Leistungen, die nicht allen Fallpauschalen gleichermaßen zugeordnet werden können, werden, zusätzlich zur DRG-Fallpauschale, mit einem Zusatzentgelt vergütet, z. B. für Arzneimittel.

Die DRG-Fallpauschalen und Zusatzentgelte sind auf Bundesebene in so genannten Entgeltkatalogen zusammengefasst. Dabei werden die Entgelte für die DRG-Fallpauschalen mit Punkten (Relativgewichten) zueinander ins Verhältnis gesetzt und eben so auch die Entgeltstruktur. Die tatsächliche Vergütungshöhe ergibt sich aus der Multiplikation mit dem auf Landesebene vereinbarten Landesbasisfallwert in Euro.

Die Deutsche Krankenhausgesellschaft (DKG), der GKV-Spitzenverband und der Verband der privaten Krankenversicherung haben sich auf die Bausteine des Fallpauschalensystems 2009 geeinigt.

Kernelement der Fallpauschalenvereinbarung 2009 (FPV 2009) ist der Fallpauschalen-Katalog (DRG – Diagnosis Related Groups), der insgesamt 1 192 verschiedene abrechenbare Fallpauschalen enthält.

7.2 Liquidation

Der Behandler stellt nach der Behandlung eine Rechnung aus, die den Namen der behandelten Person, die Diagnose und die Behandlungsdaten enthält. Anhand dieser Angaben prüft der Versicherer seine Leistungspflicht. Darüber hinaus spezifiziert der Behandler seine Verrichtungen nach der jeweiligen Gebührenordnung:

- GOÄ – Gebührenordnung für Ärzte
- GOZ – Gebührenordnung für Zahnärzte
- GebüH – Gebührenverzeichnis für Heilpraktiker

Auszug aus der GOÄ

Nr.	Leistung	Punkt-zahl	Gebühr in €
I. Allgemeine Beratungen und Untersuchungen			
1	Beratung, auch telefonisch	80	4,66
2	Wiederholungsrezept, Überweisung, Befundübermittlung, Messung von Körperzuständen ...	30	1,75
	Die Leistung nach Nr. 2 darf anlässlich einer Inanspruchnahme des Arztes nicht zusammen mit anderen Gebühren berechnet werden.		
3	Eingehende Beratung, auch telefonisch	150	8,74
	Die Leistung nach Nr. 3 (Dauer mindestens 10 Minuten) ist nur berechnungsfähig als einzige Leistung oder im Zusammenhang mit einer Untersuchung nach den Nrn. 5, 6, 7, 8, 800 oder 801. Eine mehr als einmalige Berechnung der Leistung nach Nr. 3 im Behandlungsfall bedarf einer besonderen Begründung.		
4	Fremdanamnese, Unterweisung und Führung von Bezugsperson(en)	220	12,82
	Die Leistung nach Nr. 4 ist im Behandlungsfall nur einmal berechnungsfähig.		
	Die Leistung nach Nr. 4 ist neben den Leistungen nach den Nrn. 30, 34, 801, 806, 807, 816, 817 und/oder 835 nicht berechnungsfähig.		
5	Symptombezogene Untersuchung	80	4,66
	Die Leistung nach Nr. 5 ist neben den Leistungen nach den Nrn. 6 bis 8 nicht berechnungsfähig.		

Fortsetzung nächste Seite

Nr.	Leistung	Punktzahl	Gebühr in €
6	Vollständige körperliche Untersuchung mindestens eines Organsystems (Augen, HNO-Bereich, Mund-Kiefer, Nieren und ableitenden Harnwege, Gefäßstatus	100	5,83
	Die vollständige körperliche Untersuchung eines Organsystems nach der Leistung nach Nr. 6 beinhaltet insbesondere: – bei den Augen: beidseitige Inspektion des äußeren Auges, beidseitige Untersuchung der vorderen und mittleren Augenabschnitte sowie des Augenhintergrunds; – bei dem HNO-Bereich: Inspektion der Nase, des Naseninnern, des Rachens, beider Ohren, beider äußerer Gehörgänge und beider Trommelfelle, Spiegelung des Kehlkopfs; – bei dem stomatognathen System: Inspektion der Mundhöhle, Inspektion und Palpation der Zunge und beider Kiefergelenke sowie vollständiger Zahnstatus; – bei den Nieren und ableitenden Harnwegen: Palpation der Nierenlager und des Unterbauchs, Inspektion des äußeren Genitale sowie Digitaluntersuchung des Enddarms, bei Männern zusätzlich Digitaluntersuchung der Prostata, Prüfung der Bruchpforten sowie Inspektion und Palpation der Hoden und Nebenhoden; – bei dem Gefäßstatus: Palpation und gegebenenfalls Auskultation der Arterien an beiden Handgelenken, Ellenbeugen, Achseln, Fußrücken, Sprunggelenken, Kniekehlen, Leisten sowie der tastbaren Arterien an Hals und Kopf, Inspektion und gegebenenfalls Palpation der oberflächlichen Bein- und Halsvenen. Die Leistung nach Nr. 6 ist neben den Leistungen nach den Nrn. 5, 7 und/oder 8 nicht berechnungsfähig.		

VerrechnungsSysteme GmbH
Arco-Rechnung 21.07.2008 Seite 1 von 2

Arco VerrechnungsSysteme GmbH Postfach 1560 21305 Lüneburg

Herrn
Frank Bechmann
Kapfentaler Str. 4

58455 Witten

Original

Rechnung im Auftrag von:

Dr. med. Jürgens
Aachener Str. 1014
58449 Witten

erlaubt sich folgende ärztliche Leistung in Rechnung zu stellen

Bitte bei Zahlung angeben:		Team 1
Rg.-Nr: 004668/000523	fälliger Betrag: 429,19 €	Rechnungsdatum: 21.07.2008
Telefon: 04131/2637-100	Fax: 04131/2637-510	eMail: Team1@ArcoGmbH.de

RECHNUNG

Behandelt wurde: Frank Bechmann Geburtstag: 25.06.1950
Diagnose: Nierencyste li links; Pollinosis; Psychosomatischer Symptomenkomplex, Urticaria; Nierencyste li. Links; Hyperurikämie, Hypercholesteinämie; Tinnitus; HWS Syndrom; Blockierung der Brustwirbelsäule

Folgende ärztliche Leistungen werden nach der Gebührenordnung für Ärzte berechnet:

Datum	Ziffer	Begründung und Leistungstext	Faktor	Betrag
31.03.2008	1	Beratung / auch mittels Fernsprecher	2,30	10,72
	5	Symptombezogene Untersuchung	2,30	10,72
	272	Infusion intravenös, von mehr als 30 Minuten Dauer	2,30	24,13
07.05.2008	1	Beratung / auch mittels Fernsprecher	2,30	10,72
	7	Untersuchung eines Organsyst. (Haut-, Brust-, Bauch-, Bewegungs-)	2,30	21,46
	269A	Akupunktur mind. 20 Minuten zur Schmerzbehandlung, je Sitzung	2,30	46,92
	3306	Chirotherapeutischer Eingriff an der Wirbelsäule	2,30	19,85
16.05.2008	269A	Akupunktur mind. 20 Minuten zur Schmerzbehandlung, je Sitzung	2,30	46,92
23.05.2008	269A	Akupunktur mind. 20 Minuten zur Schmerzbehandlung, je Sitzung	2,30	46,92
28.05.2008	2	Ausstellung von Wiederholungspt. U./o. Überweisungen etc.	1,80	3,15
02.06.2008	269A	Akupunktur mind. 20 Minuten zur Schmerzbehandlung, je Sitzung	2,30	46,92
04.06.2008	269A	Akupunktur mind. 20 Minuten zur Schmerzbehandlung, je Sitzung	2,30	46,92
17.06.2008	269A	Akupunktur mind. 20 Minuten zur Schmerzbehandlung, je Sitzung	2,30	46,92
02.07.2008	269A	Akupunktur mind. 20 Minuten zur Schmerzbehandlung, je Sitzung	2,30	46,92
		Summe der Auslagen		0,00
		Honorarsumme		429,19

Arco VerrechnungsSysteme GmbH
Hindenburgstr. 23 a 21335 Lüneburg
Postfach 15 60 21306 Lüneburg
Telefon: 04131-2637-0 Telefax 2637-500
eMail: info@ArcoGmbH.de

Geschäftsführende Gesellschafter:
Dipl.-Kfm. Jens-Roland Ahrens
Dipl.-Kfm. Klaus Ahrens
HRB 1824 Lüneburg
IK: 220 330 112 UST-IdNr.: DE 192657767

Hypo Vereinsbank AG
Kto. 520 22 111 BLZ 200 300 00

Hamburg Sparkasse
Kto. 1387 124 900 BLZ 200 505 50

Die Leistungen in der Gebührenordnung sind beschrieben und tragen Ziffern.

§ 5 Abs. 1 GOÄ

Die Höhe des einzelnen Gebührensatzes ergibt sich, wenn die Punktzahl der einzelnen Leistung des Gebührenverzeichnisses mit dem Punktwert vervielfacht wird. Der Punktwert beträgt 5,82873 Cent.

LF 2
LF 9
LF 15

Je nach Zeitaufwand und Schwierigkeit der Behandlung kann der Arzt ein Vielfaches (Steigerungsfaktor) dieses Gebührensatzes berechnen.

Die Gebührenordnungen für Ärzte und Zahnärzte sehen einen Gebührenrahmen für

§ 5 Abs. 2 GOÄ

- die persönlichen ärztlichen und zahnärztlichen Leistungen vom 1- bis zum 3,5-fachen
- die medizinisch-technischen Leistungen mit hohem Sachkostenanteil vom 1- bis 2,5-fachen
- Laborleistungen vom 1- bis 1,3-fachen

der einfachen Gebührensätze vor. „In der Regel" darf eine Gebühr aber nur zwischen dem Einfachen und dem 2,3-fachen des Gebührensatzes liegen, bei den medizinisch-technischen Leistungen zwischen dem Einfachen und dem 1,8-fachen und bei den Laborleistungen zwischen dem Einfachen und dem 1,15-fachen (Regelspanne).

Will der Arzt oder Zahnarzt über die genannte Regelspanne hinaus bis zum Höchstsatz liquidieren, so ist das nur zulässig, wenn Besonderheiten der oben genannten Bemessungskriterien es rechtfertigen. Dies hat der Arzt oder Zahnarzt schriftlich zu begründen. Auf Verlangen ist die Begründung näher zu erläutern.

Darüber hinaus kann eine abweichende Honorarvereinbarung nur noch hinsichtlich der Höhe der Vergütung getroffen werden. Eine solche Abdingung muss vor der Behandlung in einem besonderen Schriftstück geregelt und vom Arzt oder Zahnarzt und Patient unterschrieben werden. Der Arzt oder Zahnarzt hat dem Patienten einen Abdruck der Vereinbarung, die keine anderen Erklärungen enthalten darf, auszuhändigen. Der Höchstsatz (1,3-fach) für Laborleistungen darf jedoch auch nicht durch Honorarvereinbarung überschritten werden.

Erstattung für	Schwellenwert / Höchstsätze					
	Regelspanne (ohne Begründung)			bis Höchstsatz (mit Begründung)		Honorarvereinbarung
a) persönliche ärztliche Leistungen	1-facher Satz	bis	2,3-facher Satz	bis	3,5-facher Satz	ja
b) medizinisch-technische Leistungen	1-facher Satz	bis	1,8-facher Satz	bis	2,5-facher Satz	ja
c) Laborleistungen	1-facher Satz	bis	1,15-facher Satz	bis	1,3-facher Satz	nein

Die Kassenärztlichen Vereinigungen und die Kassenärztlichen Bundesvereinigungen haben auch die ärztliche Versorgung der Versicherten in den brancheneinheitlichen Standardtarifen sowie seit 1. 1. 2009 in dem brancheneinheitlichen Basistarif mit den in diesen Tarifen versicherten ärztlichen Leistungen sicherzustellen.

Die Leistungen des Basistarifes einschließlich der belegärztlichen Leistungen sind nach der Gebührenordnung für Ärzte oder der Gebührenordnung für Zahnärzte mit der Maßgabe zu vergüten, dass

- Gebühren für die in Abschnitt M des Gebührenverzeichnisses der Gebührenordnung für Ärzte genannten Leistungen nur bis zum 1,16-fachen des Gebührensatzes der Gebührenordnung für Ärzte,
- Gebühren für die in den Abschnitten A, E und O des Gebührenverzeichnisses der Gebührenordnung für Ärzte genannten Leistungen nur bis zum 1,38-fachen des Gebührensatzes der Gebührenordnung für Ärzte,
- Gebühren für die übrigen Leistungen des Gebührenverzeichnisses der Gebührenordnung für Ärzte nur bis zum 1,8-fachen des Gebührensatzes der Gebührenordnung für Ärzte und
- Gebühren für die Leistungen des Gebührenverzeichnisses der Gebührenordnung für Zahnärzte nur bis zum 2-fachen des Gebührensatzes der Gebührenordnung für Zahnärzte

berechnet werden dürfen.

Übungen

1. Markieren Sie in Ihren MB/KK 2009 die Bestimmungen hinsichtlich
   a) der Ärzte und Zahnärzte
   b) der Arzneien, Verband-, Heil- und Hilfsmittel
   c) der Krankenanstalten

2. Der Versicherungsnehmer Zensen fragt bei Ihnen an, ob die Honorare der Ärzte, der Zahnärzte und der Heilpraktiker mit ihm als Privatpatient frei vereinbart werden können.

   Informieren Sie den Versicherungsnehmer.

3. Erstellen Sie für die Arbeit in der Leistungsabteilung eine übersichtliche Tabelle, aus der die Sätze der gesetzlichen Gebührenordnung, die die Ärzte bei ihrer Liquidation zu beachten haben, klar hervorgehen.

4. In der Leistungsabteilung haben Sie eine Arztrechnung zu überprüfen.

   Welche Angaben muss diese Rechnung enthalten?

5. Sachbearbeiter Meyer erhält folgende Rechnung zur Erstattung vorgelegt.

   Welche zwei Sachverhalte führen dazu, dass er sie nicht vertragsgemäß abrechnen kann?

Gemeinschaftspraxis Hendel/Petter
Hals-Nasen-Ohren-Ärzte

Kurze Str. 67
59555 Lippstadt
Tel.: 02941/93872

Herrn
Jakob Meister
Grüngürtel 11
59423 Unna

Rechnung Nr.: 16928
Datum: 14. 2. 2009

Behandlung von Annika Meister, geb. 14. 8. 1995

Behandlungszeitraum: 13. 1. 2008–13. 1. 2009

Für unsere Bemühungen erlauben wir uns nach GOÄ zu berechnen:

Datum	Anz.	Ziffer	Leistung	Satz	Betrag
13. 1. 09	1	1	Beratung – auch mittels Fernsprecher	4,0	18,64
	1	6	Vollständige Untersuchung mind. 1 Organsystem: z. B. HNO	2,3	13,41
2		1415	Binokularmikroskopische Untersuchung des Trommelfells u/o der Paukenhöhle zwecks diagnostischer Abklärung	2,3	12,19
1		1406	Kinderaudiometrie zur Ermittlung des Schwellgehörs mit Hilfe von bedingten u/o Orientierungsreflexen	1,8	19,10
1		1407	Impedanzmessung am Trommelfell u/o an den Binnenohrmuskeln	2,3	24,40
Rechnungsbetrag:					87,74 €

7.3 Leistungsberechnung

▶ Situation

Eine Auszubildende, die sich für die Mitarbeit in der Leistungsabteilung interessiert, möchte von Ihnen informiert werden, welche gesetzlichen und vertraglichen Vorschriften bei der Schadenregulierung zu beachten sind.

Bereiten Sie das Gespräch vor, indem Sie auf wichtige Punkte der Leistungsabrechnung eingehen, um der Mitarbeiterin einen Überblick über wichtige Aspekte der Tätigkeit zu geben.

▶ Erläuterung

Bei der Leistungsbearbeitung sind viele Aspekte hinsichtlich des Vertragsverhältnisses zu prüfen, bevor die Prüfung der einzelnen Belege vorgenommen wird.

Es wird der Leistungsanspruch „dem Grunde nach" geprüft.
Geprüft wird im Einzelnen, ob:

- die Bezugsperson mit entsprechenden Tarifen versichert ist
- individuelle Leistungsausschlüsse vereinbart wurden
- Wartezeiten erfüllt sind
- materieller Versicherungsschutz gegeben ist
- eine Verletzung der vorvertraglichen Anzeigepflicht vorliegt
- ein qualifizierter Zahlungsverzug oder eine Anwartschaftsversicherung besteht/bestand

Ist diese grundlegende Prüfung abgeschlossen, sind die Einzelbelege, z. B. Arztrechnungen, Rezepte etc., zu kontrollieren, ob die an sie gestellten Erfordernisse gemäß der MB/KK, der Gebührenordnungen und evtl. anderen Bestimmungen erfüllt werden.

Bei der Berechnung des Krankentagegeldes wird nach Ablauf der vereinbarten Karenztage jeder Tag der Arbeitsunfähigkeit berücksichtigt. Karenztage gibt es bei jedem neuen Versicherungsfall.

Krankenhaustagegeld wird sowohl für den ersten Tag der stationären Behandlung gezahlt wie auch für den Entlassungstag.

7.4 Einschränkungen der Leistungspflicht (Ausschlüsse)

Damit das vom Versicherer zu tragende Risiko kalkulierbar bleibt, werden die Leistungen einerseits genau bezeichnet, andererseits bestimmte Ereignisse direkt vom Versicherungsschutz ausgeschlossen.

So besteht z. B. keine Leistungspflicht:

- für Krankheiten, Unfälle und deren Folgen, die durch Kriegsereignisse verursacht werden — § 5 Abs. 1 a) MB/KK u. MB/KT 2009
- für auf Vorsatz beruhende Krankheiten und Unfälle — § 5 Abs. 1 b) MB/KK u. MB/KT 2009
- bei Arbeitsunfähigkeit ausschließlich wegen Schwangerschaft, Schwangerschaftsabbruch, Fehlgeburt und Entbindung. — § 5 Abs. 1 d) MB/KK

7.5 Obliegenheiten

Außer den gesetzlichen Obliegenheiten aus dem VVG gibt es in der PKV vertragliche Obliegenheiten, die in den Musterbedingungen genannt werden und die der Versicherungsnehmer zu berücksichtigen hat. Dazu gehören u. a.:

- Jede Krankenhausbehandlung ist binnen 10 Tagen nach ihrem Beginn anzuzeigen. — § 9 Abs. 1 MB/KK
- Der Versicherungsnehmer hat auf Verlangen des Versicherers jede Auskunft zu erteilen, die zur Feststellung des Versicherungsfalles oder der Leistungspflicht des Versicherers und ihres Umfanges erforderlich ist. — § 9 Abs. 2 MB/KK u. MB/KT 2009
- Auf Verlangen des Versicherers ist die versicherte Person verpflichtet, sich durch einen vom Versicherer beauftragten Arzt untersuchen zu lassen. — § 9 Abs. 3 MB/KK u. MB/KT 2009
- Die ärztlich festgestellte Arbeitsunfähigkeit ist dem Versicherer unverzüglich, spätestens aber innerhalb der im Tarif festgesetzten Frist durch Vorlage eines Nachweises (§ 4 Abs. 7) anzuzeigen. Bei verspätetem Zugang der Anzeige wird das Krankentagegeld erst vom Zugangstage an gezahlt, jedoch nicht vor dem im Tarif vorgesehenen Zeitpunkt. Fortdauernde Arbeitsunfähigkeit ist dem Versicherer innerhalb der im Tarif festgesetzten Frist nachzuweisen. Die Wiederherstellung der Arbeitsfähigkeit ist dem Versicherer binnen drei Tagen anzuzeigen. — § 9 Abs. 1 MB/KT 2009

Die Folgen bei Obliegenheitsverletzung werden ebenfalls in den Musterbedingungen genannt. Da es sich um vertragliche Obliegenheiten handelt, müssen die Folgen mit denen im § 28 VVG genannten übereinstimmen. — § 10 MB/KK 2009 u. MB/KT 2009

7.6 Zusammentreffen mehrerer Kostenträger

Besteht Leistungsanspruch gegen mehrere Kostenträger, so ist die Vorleistungspflicht wie folgt geregelt:

PKV und PKV

▶ **Situation**

Für Herrn Meurer besteht bei zwei Versicherern eine Krankheitskostenversicherung. Den zweiten Vertrag hatte er vor einigen Jahren abgeschlossen, weil er sich öfter im Ausland aufhält.

▶ **Erläuterung**

§ 78 VVG

Der Versicherungsnehmer kann bei deckungsgleichem Versicherungsschutz wählen, welchen Versicherer er zuerst in Anspruch nehmen möchte. Da er in der Krankheitskostenversicherung insgesamt max. eine Entschädigung bis zur Höhe der entstandenen Kosten erhält, wird der zuletzt in Anspruch genommene Versicherer im Rahmen seiner tariflichen Leistungen max. die Kostenspitze übernehmen.

In der Praxis erbringt der Versicherer, der die Rechnungen als erster bekommt, seine tarifliche Leistung. Der Versicherungsnehmer erhält Rechnungskopien mit dem Erstattungsvermerk und kann diese beim zweiten Versicherer einreichen.

§ 78 Abs. 2 VVG

Auf den im VVG vorgesehenen Ausgleich zwischen den Versicherern wird verzichtet, da der relativ hohe Bearbeitungsaufwand vermieden werden soll.

PKV und private Unfallversicherung

▶ **Situation**

Kurt Pesch hackt Holz für seinen Kamin. Plötzlich rutscht ihm die Axt vom Holz ab und dringt in sein Bein ein. Ein stationärer Aufenthalt wird notwendig. Herr Pesch besitzt eine Unfall- wie auch eine Krankheitskostenvollversicherung bei der PKV.

▶ **Erläuterung**

Hat ein Versicherungsnehmer aus der privaten Unfallversicherung heraus Anspruch auf den Ersatz von Heilkosten, so ist der PKV-Versicherer vorleistungspflichtig, z. B. bei kosmetischen Operationen nach einem Unfall.

LF 2
LF 9
LF 15

PKV und Haftpflichtversicherung

▶ Situation

Es ist Winter und die Straßen und Gehwege sind glatt. An den meisten Häusern ist gestreut worden. Als Frau Kant eine Freundin besuchen will, die in einem Zweifamilienhaus wohnt, rutscht sie vor der Haustüre aus und bricht sich den Arm. Die Freundin ist entsetzt und ärgerlich darüber, dass der Hausbesitzer seiner Streupflicht nicht nachgekommen ist.

▶ Erläuterung

Zwischen dem vertraglichen Anspruch gegenüber der PKV und den gesetzlichen Schadenersatzansprüchen gegen den Schadenverursacher besteht Gleichrangigkeit.

Leistet der PKV-Versicherer zuerst, kann er Regress beim Schadenverursacher bzw. dessen Haftpflichtversicherung nehmen. § 86 VVG

Das gilt nicht für Krankenhaustagegeld oder Krankentagegeld, da in der Summenversicherung kein gesetzlicher Forderungsübergang nach § 86 VVG stattfindet.

PKV und GKV

▶ Situation

Frau Regner hat neben ihrer gesetzlichen eine private Krankenversicherung abgeschlossen. Sie möchte gerne wissen, wer und in welcher Reihenfolge im Krankheitsfall die Kosten übernimmt.

▶ Erläuterung

In der Regel wird ein GKV-Versicherter nur eine Zusatzversicherung bei der PKV abgeschlossen haben, da er einen Grundversicherungsschutz bereits von der GKV bekommt. Der ergänzende Versicherungsschutz bei der PKV kann grundsätzlich unabhängig von den Leistungen der GKV in Anspruch genommen werden.

Die Tarife können allerdings vorsehen, dass die PKV nur für Schäden eintritt, die die Leistungen der GKV übersteigen, z. B. Wahlleistung im Krankenhaus und privatärztliche Versorgung.

PKV und gesetzliche Unfallversicherung

▶ **Situation**

Frau Frings wird zum Chef gerufen. Auf dem Weg zu ihm träumt sie vor sich hin und übersieht dabei eine Treppenstufe. Sie fällt und hat eine dicke Platzwunde an der Stirn, die sofort genäht werden muss.

▶ **Erläuterung**

§ 5 Abs. 3 MB/KK 2009

Die gesetzliche Unfallversicherung (z. B. Berufsgenossenschaft) ist bei Berufsunfällen und -krankheiten vorleistungspflichtig.

In § 5 Abs. 3 MB/KK 2009 ist eine Subsidiarität vereinbart. Bei Ansprüchen auf Leistungen aus der gesetzlichen Unfallversicherung oder gesetzlichen Rentenversicherung, auf eine gesetzliche Heilfürsorge oder Unfallfürsorge ist ein Leistungsanspruch nur für Aufwendungen gegeben, welche trotz der gesetzlichen Leistungen notwendig bleiben. Die PKV leistet demnach subsidiär. Ausgenommen hiervon sind Ansprüche des Versicherungsnehmers auf ein Krankenhaustagegeld. Nimmt der Versicherungsnehmer die Leistungen der genannten Kostenträger nicht in Anspruch, so ist der Versicherer berechtigt, einen entsprechenden Abzug zu machen.

7.7 Auszahlung der Versicherungsleistungen

§ 6 Abs. 1 MB/KK u. MB/KT

Der Versicherer ist zur Leistung nur verpflichtet, wenn die von ihm geforderten Nachweise erbracht sind; diese werden Eigentum des Versicherers.

Welche Nachweise im Einzelnen – ggf. Originale – erforderlich sind, regeln die Tarifbedingungen.

§ 6 Abs. 4 MB/KK

Die in ausländischer Währung entstandenen Krankheitskosten werden zum Kurs des Tages, an dem die Belege beim Versicherer eingehen, in Euro abgerechnet.

Mit Hilfe der sogenannten „Währungsklausel" sollen Schwierigkeiten bei der Kursfeststellung vermieden werden, da die Rechnungsstellung in der Regel einige Zeit zurückliegt. Mit dem Umrechnungskurs ist nicht der Sorten-, sondern der Devisenkurs gemeint. Dass nicht der Kurs des Erstattungszeitpunktes, sondern des Zeitpunktes des Beleg-Eingangs gewählt wird, kann für den VN vorteilhaft wie auch nachteilig sein.

▶ Zusammenfassung

Leistungsabrechnung

Materieller Versicherungsschutz	Obliegenheiten	Ausschlüsse MB/KK u. MB/KT	Gesetzliche Vorschriften	Mehrere Kostenträger	Tarifliche Bestimmungen
■ Beginne – technisch – formell – materiell ■ Wartezeiten 3 bzw. 8 Monate ■ Erstprämie § 37 VVG ■ Folgeprämie § 38 VVG ■ Anwartschaft-Vers. ■ Ruhensvereinbarung	■ gesetzliche, z. B. vorvertragliche Anzeigepflicht §§ 19 ff. VVG ■ vertragliche – Schadenanzeigepflicht – Auskunftspflicht zum Schaden – Untersuchungspflicht durch Arzt des VR – Anzeige des Berufswechsels – Einwilligung des VR bei weiteren Tagegeldversicherungen – Anzeige einer weiteren Krankheitskostenversicherung	■ Vorsatz ■ Krieg ■ Wehrdienstbeschädigungen ■ Schwangerschaft/Entbindung nur MB/KT ■ Entziehungsmaßnahmen ■ Kur- und Sanatoriumsbehandlung ■ Behandlung in einem Heilbad ■ Behandlung durch Ehegatten, Eltern, Kinder	■ GOÄ ■ GOZ ■ GebüH ■ SGB ■ Beihilfevorschriften des Bundes bzw. der Länder ■ Bundespflegesatzverordnung ■ G-DRG	■ Forderungsübergang gem. § 68 VVG ■ Regress ■ Mehrere Versicherer § 78 WG ■ subsidiäre Regelungen	■ Leistungsarten ■ Leistungshöhe ■ Selbstbeteiligungen ■ Karenztage ■ Tagegeldhöchstbeträge ■ Geltungsbereich ■ individuelle Ausschlüsse

7.8 Gerichtsbarkeit

▶ Situation

Der Versicherer lehnt bei Frau Sachs die Kostenübernahme eines stationären Aufenthaltes mit Hinweis auf eine vorvertragliche Anzeigepflichtverletzung ab.

Damit ist Frau Sachs jedoch nicht einverstanden. Sie möchte diese Angelegenheit gerichtlich klären lassen.

▶ Erläuterung

Für Streitigkeiten aus dem privaten Versicherungsverhältnis sind die ordentlichen Gerichte zuständig.

Es gilt die regelmäßige Verjährungsfrist laut § 195 BGB von 3 Jahren.

- Vor Klageerhebung ist die sachliche und örtliche Zuständigkeit des Gerichts zu prüfen.

  Die sachliche Zuständigkeit ist abhängig von der Höhe des Streitwertes.

  Als erste gerichtliche Instanz kommt bei einem Streitwert

  - bis 5 000 € das Amtsgericht und
  - über 5 000 € das Landgericht in Frage.

  Die örtliche Zuständigkeit richtet sich nach den Allgemeinen Versicherungsbedingungen. Danach kann eine Klage am Sitz des Versicherer oder des Vermittlungsagenten erhoben werden.

- Gegen die Urteile des erstinstanzlichen Gerichts kann Berufung eingelegt werden, und zwar gegen das Urteil

  - des Amtsgerichts beim Landgericht, sofern der Streitwert mehr als 600 € beträgt und
  - des Landgerichts beim Oberlandesgericht.

- Hat das Landgericht als Berufungsinstanz ein Urteil gefällt, so wird dieses rechtskräftig. Gegen das Urteil des Oberlandesgerichtes ist Revision vor dem Bundesgerichtshof nur möglich, wenn das Oberlandesgericht eine Revision zur grundsätzlichen Klärung der anstehenden Probleme zulässt.

  Vor dem Amtsgericht besteht kein Vertretungszwang durch einen Rechtsanwalt, jedoch bei allen übrigen ordentlichen Gerichten.

  Die Gerichtskosten richten sich nach dem Streitwert, und deren Höhe ist aus dem Gerichtskostengesetz ersichtlich. Die Gebühren für den Rechtsanwalt ergeben sich aus der Bundesrechtsanwaltsgebührenordnung.

Die Kosten des Streitverfahrens für beide Parteien hat derjenige zu tragen, der das Verfahren verliert.

▶ Zusammenfassung

Streitigkeiten aus dem privaten Versicherungsverhältnis

Klage	→	Amtsgericht (Streitwert bis 5 000 €)
		oder
	→	Landgericht (Streitwert über 5 000 €)
Berufung	→	Landgericht (Streitwert über 600 €)
	→	Oberlandesgericht (wenn Klageinstanz das Landgericht war)
Revision	→	Bundesgerichtshof

▶ Praxishinweis

Rechtsstreitigkeiten aus der Pflegepflichtversicherung werden vor den Sozialgerichten behandelt.

Übungen

1. Welche Einschränkungen (Ausschlüsse) sehen die MB/KK und MB/KT 2009 vor?
2. Nennen Sie die Obliegenheiten, die der Versicherungsnehmer gem. der MB/KK und MB/KT 2009 zu erfüllen hat.
3. Wie ist die Vorleistungspflicht beim Zusammentreffen mehrerer Kostenträger in der Praxis geregelt?
4. Stellen Sie die Gerichtsbarkeit für private Versicherungsunternehmen dar.
5. Für einen Angestellten besteht bei einem Krankenversicherer eine Krankenhaustagegeldversicherung in Höhe von 40 € je Tag und eine Krankentagegeldversicherung von 45 € je Tag, zahlbar vom 43. Tag der Arbeitsunfähigkeit an. Infolge einer Magenerkrankung lag der Versicherungsnehmer vom 28. 6. 20… bis 5. 8. 20… und vom 10. 8. 20… bis 21. 8. 20… im Krankenhaus. Wegen dieser Krankheit war der Versicherungsnehmer vom 27. 6. 20… bis 3. 10. 20… arbeitsunfähig.

   a) Wie viel Krankenhaustagegeld erhält der Versicherungsnehmer?
   b) Wie viel Krankentagegeld wird dem Versicherungsnehmer ausgezahlt?

6. Ein Krankenversicherter hat sich in Großbritannien in fachärztliche Behandlung begeben. Der Arzt liquidierte wie folgt:

   a) ambulante erste Behandlung: £ 9, zwei weitere B. je £ 8.
   b) stationärer Aufenthalt vom 3. 5. 20… bis 18. 5. 20…

täglicher Pflegesatz:	£ 82,00
tägliche Nebenkosten:	£ 14,50
Operationskosten:	£ 614,00
Visite (insgesamt):	£ 95,00

   Der Tarif des Versicherten sieht folgende Leistungen vor:

ambulante Heilbehandlung:	75 % der nachgewiesenen Kosten
stationäre Heilbehandlung:	75 % der nachgewiesenen Kosten
für Operationen:	80 % der Kosten

   Ermitteln Sie die Entschädigung der Proximus Versicherung (Kurs: 1,43 € entspricht 1 £).

7. Herr Müller ist selbstständig. Im Rahmen seines privaten Krankenversicherungsschutzes vereinbart er ein Krankenhaustagegeld von 60 € für jeden Kliniktag und ein Krankentagegeld ab dem 15. Tag der Arbeitsunfähigkeit in Höhe von 45 € pro Tag.

   Wie hoch ist die Versicherungsleistung durch den Versicherer, wenn Herr Müller vom 30. 5. 20... – 6. 8. 20... vom Arzt krankgeschrieben wurde und er sich außerdem vom 5. 6. 20... bis 13. 6. 20... in stationärer Behandlung befand?

8. Ein Versicherungsnehmer hat eine Krankheitskostenvollversicherung abgeschlossen. Bei ambulanter Heilbehandlung ist eine Erstattung der Kosten von 80 % bis max. 2 500 € pro Jahr vereinbart. Die Kosten der stationären Heilbehandlung werden unter Berücksichtigung eines Selbstbehaltes von 200 € pro Jahr voll erstattet. Aufgrund einer Krankheit entstehen Kosten für ambulante Heilbehandlung in Höhe von 2 666,20 € und Krankenhauskosten in Höhe von 3 689 €. Sonstige Kosten sind im Versicherungsjahr nicht entstanden.

   Wie viel Euro übernimmt der Versicherer?

9. Herr Menke hat am 14. 11. 20... einen Antrag auf Abschluss einer Krankheitskostenvollversicherung (100 % Tarif mit 100 € Selbstbehalt pro Kalenderjahr) gestellt. Die Police geht dem Versicherungsnehmer am 22. 12. 20... zu. (Technischer Beginn: 1. 1. 20...) Die Wartezeiten sind zu erfüllen.

   a) Aufgrund eines Skiunfalles muss sich Herr Menke vom 28. 12. 20... bis 3. 1. 20... in ärztliche Behandlung begeben. Herr Menke reicht der Krankenversicherung folgende Rechnungen ein:

      27. 12. 20... Arzthonorar: 265,30 €, Medikamente: 25,30 €
      29. 12. 20... Arzthonorar: 44,20 €
      01. 01. 20... Arzthonorar: 116,20 €

      Wie hoch ist die Entschädigung durch den Versicherer?

   b) Aufgrund eines grippalen Infekts ist Herr Menke vom 30. 3. 20... bis 8. 4. 20... arbeitsunfähig. Zur Abrechnung reicht er am 30. 4. 20... folgende Rechnungen ein:

      30. 03. 20... Arzthonorar: 83,20 €, Arzneien: 58,75 €
      01. 04. 20... Arzthonorar: 95,40 €
      06. 04. 20... Arzthonorar: 33,40 €

      Wie viel ersetzt der Krankenversicherer?

10. Ein Bundesbeamter erhält für sich und seine Ehefrau einen Beihilfesatz zu den Krankheitskosten von je 70 %, für seine beiden Kinder beträgt der Satz 80 %. Die Differenz deckt er über eine private Krankenversicherung ab. Der Versicherungsnehmer reicht der Proximus Krankenversicherung folgende Rechnungen ein:

Arzneimittel:	65,20 € (für die Ehefrau)
	212,20 € (Kinder)
Arzthonorar:	64,30 € (Ehefrau)
	85,20 € (Kinder)
	160,20 € (Versicherungsnehmer)

Berechnen Sie die Kostenerstattung durch den Versicherer.

11. Ein Freiberufler hat sich und seine Ehefrau für den Krankheitsfall durch eine private Krankenversicherung abgesichert. Dem Vertrag liegen folgende Daten zu Grunde:

- Ambulante Heilbehandlung: 100 % Erstattung mit 200 € Selbstbeteiligung pro Jahr
- Stationäre Heilbehandlung: 100 % Erstattung
- Zahnärztliche Behandlung: 100 % Zahnbehandlung, 75 % Zahnersatz
- Krankentagegeld: 90 € ab dem 8. Tag (nur Versicherungsnehmer)
- Krankenhaustagegeld: 40 € (Versicherungsnehmer und Ehefrau)

a) Nach der Geburt des ersten Kindes reicht der Versicherungsnehmer folgende Rechnungen, ausgestellt auf die Ehefrau, bei seinem Versicherer ein:

Schwangerschaftsuntersuchungen ambulant:	873 €
Pflegekosten im Krankenhaus (26. 4. 20...–5. 5. 20...):	3 822,10 €
Chefarzthonorar im Krankenhaus:	634,56 €

Wie hoch ist die Versicherungsleistung durch den Versicherer (Erste Abrechnung im laufenden Versicherungsjahr)?

b) Wegen einer Magenerkrankung musste sich der Versicherungsnehmer vom 12. 2. 20...–28. 2. 20... in stationäre Behandlung begeben. Der Versicherungsnehmer war wegen dieser Krankheit arbeitsunfähig vom 12. 2. 20...–16. 3. 20... An Krankenhauskosten einschließlich der Arzthonorare reicht der Versicherungsnehmer Rechnungen über 4 789 € ein. Die Kosten für die ambulante Heilbehandlung beliefen sich auf 634,74 €.

Wie hoch ist die Versicherungsleistung durch den Versicherer und wie setzt sie sich zusammen?

12. Herr Rhiem, ein von der Versicherungspflicht befreiter 32-jähriger Angestellter, schließt am 1. 6. 20… eine Krankenhaustagegeldversicherung in Höhe von 50 € je Tag und eine Krankentagegeldversicherung in Höhe von 90 €, zahlbar nach einer Karenzzeit von 42 Tagen, ab.

    Am 1. 12. 20… wird der Versicherte wegen einer akut aufgetretenen schmerzhaften Gelenkentzündung in ein Krankenhaus eingeliefert, aus dem er im darauf folgenden Jahr am 2. 1. 20… wieder entlassen wird. Sein Hausarzt schreibt ihn nach erfolgreicher krankengymnastischer Behandlung zum 2. 4. 20… (kein Schaltjahr) wieder gesund.

    Wie hoch sind die vom Versicherer zu erbringenden Leistungen aus
    1) der Krankenhaustagegeldversicherung und
    2) der Krankentagegeldversicherung?

13. Frau Schulz, eine 29-jährige Handelsvertreterin, schloss am 1. 6. 20… einen Zahntarif ab, der eine 100%ige Deckung der Zahnbehandlungskosten und eine 80%ige Deckung der Kosten für Zahnersatz vorsieht. Drei Jahre später reicht die Versicherte eine Zahnarztrechnung in Höhe von 6 800 € beim Versicherer ein.

    Wie hoch ist die Erstattung des Versicherers, wenn 15 % dieses Betrages Zahnbehandlungskosten sind?

14. Die versicherte Frau Giltjes, deren Versicherungsschutz sich durch besondere Vereinbarung auf das außereuropäische Ausland erstreckt, muss sich während einer Geschäftsreise in den USA einer Augenoperation unterziehen. Für den zwölftägigen Krankenhausaufenthalt reicht der Versicherte eine Rechnung des Krankenhauses über 2 310 US Dollar ein.

    Wie hoch ist die Leistung des Versicherers? Kurs am Tag des Rechnungseingangs (1 € entspricht 0,92 US-$). Ferner war ein Krankenhaustagegeld in Höhe von 35 € vereinbart.

8. Vertragsbeendigung

▶ Situation

Frau und Herr Zensen bitten die Proximus Versicherung AG um Auskunft über folgende Rechtsfragen zu ihrer Krankenkostenvollversicherung:

1. Kann die Proximus Versicherung AG bei schlechtem Schadenverlauf, z. B. im Alter, den Vertrag anlässlich eines Schadenfalles oder zum Ablauf kündigen?
2. Können wir den Vertrag auch einzeln kündigen, z. B. bei einer Scheidung?
3. Zu welchen Terminen können wir den Vertrag kündigen?

Geben Sie Familie Zensen in einem Brief Auskunft.

▶ Erläuterung

§ 195 Abs. 1 VVG

Die Krankenversicherung, die ganz oder teilweise den im gesetzlichen Sozialversicherungssystem vorgesehenen Kranken- oder Pflegeversicherungsschutz ersetzen kann (substitutive Krankenversicherung), ist unbefristet.

Für Auslands- und Reisekrankenversicherungen können Vertragslaufzeiten vereinbart werden.

Jedoch – wie in jeder anderen Versicherungssparte – gibt es verschiedene Gründe und Möglichkeiten, die zu einer Aufhebung des Krankenversicherungsvertrages führen können. Die Aufhebung kann sich dabei auf einzelne versicherte Personen oder Tarife beschränken.

8.1 Ordentliche Kündigung

Durch den Versicherungsnehmer

§ 205 Abs. 1 VVG u. § 13 Abs. 1 MB/KK 2009 u. MB/KT 2009 u. § 207 Abs. 2 VVG

Das Versicherungsverhältnis kann mit 3-monatiger Frist zum Ende eines jeden Versicherungsjahres, frühestens aber zum Ablauf einer vereinbarten Vertragsdauer gekündigt werden. Sind von der Kündigung mitversicherte Personen betroffen, so ist die Kündigung nur wirksam, wenn der Versicherungsnehmer nachweist, dass die versicherte Person von der Kündigung Kenntnis erlangt hat[1].

1 Nach dem Bedingungswerk 2, Proximus Versicherung ist die Kündigung zum Ablauf des 2. Versicherungsjahres möglich (Versicherungsjahr gleich Kalenderjahr lt. MB/KK). Nach MB/KT kann bereits zum Ende des 1. Jahres gekündigt werden, für das Versicherungsjahr ist der technische Beginn entscheidend.

Innerhalb von 2 Monaten kann die versicherte Person die Fortsetzung des Vertrages unter Benennung des neuen Versicherungsnehmers erklären.

§ 207 Abs. 1 VVG

LF 2 LF 9 LF 15

Durch den Versicherer

In einer der Erfüllung der Pflicht zur Versicherung dienenden Krankheitskostenversicherung (§ 193 Abs. VVG) sowie in der substitutiven Krankheitskosten-, Krankentagegeld- und einer Pflegekrankenversicherung (§ 195 Abs. 1 VVG) ist das ordentliche Kündigungsrecht ausgeschlossen.

§ 206 Abs. 1 VVG u. § 14 MB/KK 2009 u. MB/KT 2009 u. MB/PV 2009

Liegen diese Voraussetzungen nicht vor, so kann der Versicherer das Versicherungsverhältnis innerhalb der ersten drei Versicherungsjahre mit einer Frist von drei Monaten zum Ende eines Versicherungsjahres kündigen.

Ordentlich kündigen kann der Versicherer eine

- Krankentagegeldversicherung, für die kein gesetzlicher Anspruch auf einen Beitragszuschuss des Arbeitgebers besteht
- Krankenhaustagegeld- und Krankheitskostenteilversicherung, für die die Voraussetzungen nach § 206 Abs. 1 VVG nicht zutreffen

Die Kündigung kann in den ersten 3 Jahren unter Einhaltung einer Frist von 3 Monaten zum Ende eines jeden Versicherungsjahres erfolgen.

8.2 Außerordentliche Kündigung

Durch den Versicherungsnehmer

Ein außerordentliches Kündigungsrecht hat der Versicherungsnehmer

- **bei Eintritt der Versicherungspflicht**

  kann er innerhalb von 3 Monaten nach Eintritt der Versicherungspflicht eine Krankheitskosten-, eine Krankentagegeld- oder eine Pflegekrankenversicherung rückwirkend zum Beginn der Versicherungspflicht kündigen, wenn der Versicherungsnehmer den Eintritt der Versicherungspflicht innerhalb von 2 Monaten nachweist. (Später nur zum Ende des Monats, in dem er den Eintritt der Versicherungspflicht nachweist.)

§ 205 Abs. 2 VVG u. § 13 Abs. 3 MB/KK 2009 u. MB/KT 2009 u. § 13 Abs. 1 MB/PV 2009

▶ Praxishinweis

Recht auf Wiederaufnahme in die PKV

§ 5 Abs. 9 SGB V

Privatversicherte, die ihren Vertrag gekündigt haben – in der Annahme es trete Versicherungspflicht ein, es bestehe Anspruch auf Familienversicherung oder Anspruch auf freiwillige Weiterversicherung in der GKV nach Beendigung der Familienversicherung – haben das

Recht auf Neuabschluss ihres Vertrages zu den alten Tarifbedingungen, ohne Risikoprüfung und mit Anrechnung der Alterungsrückstellungen. Voraussetzung hierfür ist jedoch, dass der Vertrag beim PKV-Unternehmen mindestens 5 Jahre vor der Kündigung bestanden hat.

Der neue Versicherungsvertrag beginnt am Tag nach der Beendigung des bisherigen Vertrages, wenn die Versicherung in der GKV nicht zustande kommt. Dieses Recht auf Wiederaufnahme endet 3 Monate nach Ende des Ursprungsvertrages, bzw. 12 Monate nach Ende des Ursprungsvertrages, wenn die Versicherung in der GKV aufgrund von Versicherungspflicht oder Familienversicherung zustande kommt, aber vor Erreichen der notwendigen Vorversicherungszeiten wieder endet, denn dann besteht nicht die Möglichkeit einer freiwilligen Weiterversicherung in der GKV.

§ 205 Abs. 4 VVG u. § 13 Abs. 5 MB/KK 2009 u. § 13 Abs. 4 MB/KT 2009

- **bei Erhöhung der Beiträge aufgrund der Beitragsanpassungsklausel oder Minderung der Leistung durch den Versicherer**

  Die Kündigung ist innerhalb von einem Monat nach Zugang der Änderungsmitteilung mit Wirkung für den Zeitpunkt der Änderung möglich.

  Bei einer Beitragserhöhung kann der Versicherungsnehmer das Versicherungsverhältnis auch bis und zum Zeitpunkt des Wirksamwerdens der Erhöhung kündigen.

§ 205 Abs. 3 VVG u. § 13 Abs. 4 MB/KK 2009

- **bei Vereinbarung im Versicherungsvertrag, dass z. B. bei Erreichen eines anderen Lebensalters der Beitrag steigt**

  kann er innerhalb von 2 Monaten nach der Änderung zum Zeitpunkt deren Inkrafttretens kündigen.

§ 205 Abs. 5 VVG u. § 13 Abs. 6 MB/KK 2009 u. § 13 Abs. 5 MB/KT 2009

- **bei Aufhebung des Vertrages für einzelne Personen oder Aufhebung einzelner Tarife durch den Versicherer**

  kann er innerhalb von 2 Wochen nach Zugang einer Kündigung zum Wirksamwerden der Kündigung die Aufhebung des übrigen Teils der Versicherung verlangen. (Bei Rücktritt oder Anfechtung durch den Versicherer kann er die Aufhebung zum Ende des Monats verlangen, in dem ihm die Erklärung des Versicherers zugegangen ist.)

Durch den Versicherer

Der Versicherer hat ein außerordentliches Kündigungsrecht:

- bei Nichtzahlung der Folgeprämie (§ 38 VVG)
- bei Verletzung einer vertraglichen Obliegenheit vor Eintritt des Versicherungsfalles (§ 28 VVG) — § 10 MB/KK 2009 u. MB/KT 2009
- wenn der Versicherungsnehmer für einzelne versicherte Personen oder Tarife die Kündigung erklärt (Ausnahme: Eintritt der Versicherungspflicht). — § 14 Abs. 4 MB/KT 2009

LF 2
LF 9
LF 15

▶ Hinweis

Hat der Versicherungsnehmer die Verletzung der Anzeigepflicht gemäß § 19 VVG nicht zu vertreten, ist ein außerordentliches Kündigungsrecht des Versicherers ausgeschlossen. — § 194 Abs. 1 VVG

8.3 Rücktritt und Anfechtung

Außerdem kann der Versicherer vom Vertrag **zurücktreten**

- bei Nichtzahlung des Erst- oder Einmalbeitrages
- bei vorsätzlicher oder grob fahrlässiger Verletzung der vorvertraglichen Anzeigepflicht (Rücktritt nur innerhalb der ersten drei Jahre möglich, abweichend von § 21 Abs. 3 VVG). — § 37 VVG; § 19 Abs. 2 u. § 194 Abs. 1 VVG

oder den Vertrag **anfechten**, z. B.

- bei arglistiger Täuschung durch den Versicherungsnehmer im Rahmen der vorvertraglichen Anzeigepflicht. — § 22 VVG u. § 123 BGB

8.4 Sonstige Beendigungsgründe

Die Musterbedingungen sehen eine Anzahl von Gründen vor, die automatisch zur Beendigung der Versicherung führen, ohne dass es einer Willenserklärung bedarf:

- **Bei Verlegung des gewöhnlichen Aufenthalts in einen anderen Staat** — § 15 Abs. 3 MB/KK 2009 u. § 15 Abs. 1 e) MB/KT

  endet das Versicherungsverhältnis, es sei denn, dass eine anderweitige Vereinbarung getroffen wird. Bei Wegzug einer versicherten Person endet nur deren Versicherungsverhältnis.

- **Bei Tod des Versicherungsnehmers (s. hierzu auch § 207 n VVG)** — § 15 Abs. 1 MB/KK 2009 u. MB/PV § 15 Abs. 1 d)

  endet das Versicherungsverhältnis. Die versicherten Personen haben jedoch das Recht, das Versicherungsverhältnis fortzusetzen unter Benennung des künftigen Versicherungsnehmer (innerhalb von zwei Monaten).

- **Bei Tod der versicherten Person endet das Versicherungsverhältnis** — § 15 Abs. 2 MB/KK 2009 u. MB/PV § 15 Abs. 1 d) MB/KT 2009

- **Mit Eintritt der Berufsunfähigkeit** — § 15 Abs. 1 b) MB/KT

  d. h. die versicherte Person ist auf nicht absehbare Zeit im bisher ausgeübten Beruf mehr als 50 % erwerbsunfähig.

  Besteht zu diesem Zeitpunkt jedoch bereits ein Versicherungsfall, so endet das Versicherungsverhältnis erst nachdem der Versicherungsfall abgeschlossen wurde, spätestens aber drei Monate nach Eintritt der Berufsunfähigkeit.

§ 15 Abs. 1 a) MB/KT 2009

- **Bei Wegfall einer tariflichen Voraussetzung**

  für die Versicherungsfähigkeit zum Ende des Monats, in dem die Voraussetzung weggefallen ist. Besteht zu diesem Zeitpunkt ein Versicherungsfall, so endet das Versicherungsverhältnis nicht vor dem Zeitpunkt, wo der Versicherungsfall endet. Spätestens aber drei Monate nach Wegfall der Voraussetzung.

§ 15 Abs. 1 c) MB/KT 2009

- **Mit dem Bezug von Altersrente**

  spätestens, sofern tariflich vereinbart, mit Vollendung des 65. Lebensjahres.

§ 15 Abs. 4 MB/PV 2009

- **Das Versicherungsverhältnis in der Pflegeversicherung**

  endet mit der Verlegung des Wohnsitzes ins Ausland, es sei denn, dass insoweit eine besondere Vereinbarung getroffen wird.

▶ Zusammenfassung

Beendigung der PKV

Kündigung

ordentlich

VR
- Verzicht bei Vollkostentarifen einschl. Krankenhaustagegeld und der privaten Pflegepflichtversicherung
- bei Teil- und Zusatzversicherung nur in den ersten 3 Versicherungsjahren
- Verzicht bei Krankentagegeldversicherung, wenn Anspruch auf einen Beitragszuschuss des Arbeitgebers besteht; ansonsten nur in den ersten 3 Jahren

VN
- 3 Monate zum Ende des Versicherungsjahres unter Beachtung einer evtl. Mindestvertragslaufzeit

außerordentlich

VR
- Nichtzahlung der Folgeprämie
- Obliegenheitsverletzung vor Eintritt des Versicherungsfalles
- Gegenkündigung bei Teilkündigung des VN (MB/KT § 14 Abs. 4)

VN
- bei Versicherungspflicht
- bei Beitragsanhebung
- bei Leistungsminderung
- bei Anfechtung, Rücktritt oder Kündigung einzelner Personen oder Tarife durch den VR
- Vereinbarung, dass bei Erreichen eines bestimmten Lebensjahres oder neuer Altersgruppe der Beitrag steigt

Rücktritt

VR
- Nichtzahlung der Erstprämie
- vorsätzliche und grob fahrlässige Verletzung der vorvertraglichen Anzeigepflicht

Anfechtung

VR
- arglistige Täuschung bei vorvertraglicher Anzeigepflicht

VN
- z. B. arglistige Täuschung bei Vertragsabschluss

sonstige Möglichkeiten

MB/KK u. MB/KT
- Tod des VN oder der versicherten Person
- Verlegung des gewöhnlichen Aufenthalts in einen anderen Staat aus dem Tätigkeitsbereicht des VR

MB/KT
- Eintritt der Berufsunfähigkeit
- Bezug von Altersrente spätestens nach Vollendung des 65. Lebensjahres
- Wegfall der Versicherungsfähigkeit

MB/PV
- Tod des VN oder der versicherten Person
- Verlegung des Wohnsitzes ins Ausland

9. Kranken-/Pflegeversicherung und Steuern

▶ Situation

Herr Brück, der Außendienstmitarbeiter der Proximus Versicherung AG, hat sich bisher mit den steuerlichen Auswirkungen der Kranken- und Pflegeversicherung noch nicht intensiv beschäftigt. Er bittet um ein Informationsgespräch, in dem ihm die steuerlichen Aspekte für alle Beteiligten dargelegt werden.

▶ Erläuterung

Folgende Grafik veranschaulicht die Summen, die letztlich von den Bürgern über Beitrags- und Leistungszahlungen erbracht werden, um die Ausgaben im Gesundheitswesen zu finanzieren.

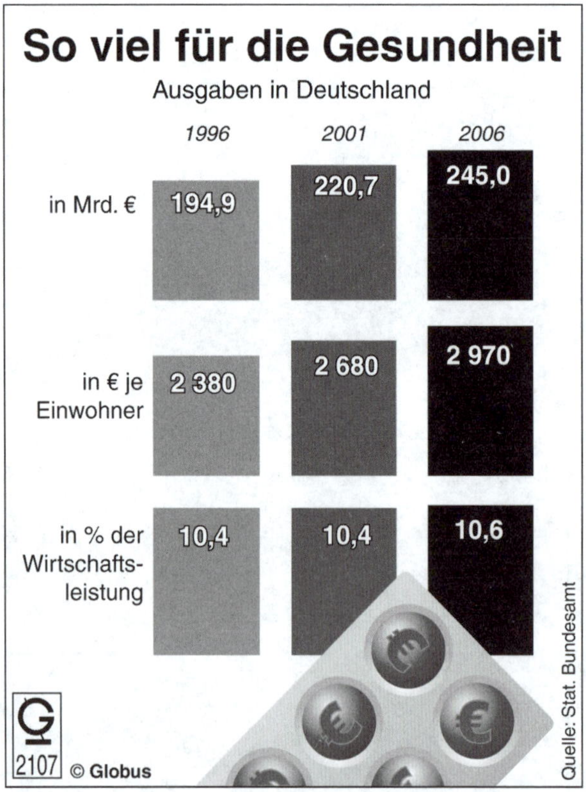

Gesundheit wird immer teurer. 245 Milliarden Euro gaben die Bundesbürger im Jahr 2006 für die Behandlung von Krankheiten, für Vorbeugung und Rehabilitation, für Arzneimittel, Zahnersatz und vieles andere mehr aus. Das ist mehr als ein Zehntel der gesamten Wirtschaftsleistung (10,6 %).

LF 2
LF 9
LF 15

9.1 Arbeitgeberanteil

Der Zuschuss des Arbeitgebers zur Krankenversicherung und zur Pflegepflichtversicherung ist als Ausgabe für die Zukunftsicherung des Arbeitnehmers steuerfrei. Allerdings besteht Steuerfreiheit nur insoweit, als die Zahlung aufgrund gesetzlicher Verpflichtung des Arbeitgebers geleistet wird, also nur für die durch § 257 SGB V festgelegte Beitragshöhe.

§ 3 Abs. 62 EStG

Gewährt der Arbeitgeber seinem Arbeitnehmer aufgrund vertraglicher Vereinbarung einen höheren Zuschuss oder übernimmt er den Beitrag ganz, so muss der Betrag, der über den bei Versicherungspflicht zu zahlenden steuerfreien Arbeitgeberanteil hinausgeht, wie Arbeitsentgelt versteuert werden.

9.2 Eigenanteil an den Beiträgen

Alle Beiträge des Steuerpflichtigen zu einer privaten oder gesetzlichen Krankenversicherung sowie zur Pflegepflichtversicherung können als sonstige Vorsorgeaufwendungen im Rahmen der Sonderausgaben steuerlich geltend gemacht werden.

Durch das Alterseinkünftegesetz wurden die Vorsorgeaufwendungen ab dem 1. 1. 2005 neu gestaltet. In einer Übergangsfrist nimmt das Finanzamt eine sog. Günstigerprüfung vor. Sollte in wenigen Ausnahmefällen die Regelung der bisherigen Vorsorgeaufwendungen für den Steuerzahler besser sein, so wird nach dem alten Recht das Einkommen reduziert.

Vorsorgeaufwendungen

▪ Altersvorsorgeaufwendungen (Basisversorgung) steigend absetzbar GRV* und Rürup-Rente ab 60 und nicht übertragbar Jahreshöchstbetrag 20 000 € ledig ab 2025 volle Abzugsfähigkeit – zunächst 60 % ab dem Jahr 2005
▪ Sonstige Vorsorgeaufwendungen GKV, Pflege, Arbeitslosen LV vor 1. 1. 2005 zu 88 % absetzbar ▪ **Kranken alleine finanziert 2 400 € p. a.** **Kranken mit Arbeitgeberzuschuss 1 500 € p. a.**
▪ Riester-Vorsorgeaufwendungen bis zum Höchstbetrag jeweils absetzbar ab dem Jahre 2008 ➡ 2 100 €
▪ Pflegezusatzversicherung **Nach dem 31. 12. 1957 geborene – Höchstbetrag** **pro Jahr 184 € für private Pflegezusatzversicherung**

* + Beiträge zu berufsständischen Versorgungseinrichtungen

Kranken- und Pflegepflichtbeiträge der Arbeitnehmer sind bis maximal 1 500 € (ledig) und 3 000 € (verheiratet) absetzbar. Den Selbstständigen steht ein Betrag von 2 400 € (ledig) und 4 800 € (verheiratet) offen. Beiträge zu einer zusätzlichen Pflegeversicherung können darüber hinaus bis 184 € (ledig) bzw. 368 € (verheiratet) vom Einkommen abgesetzt werden, sofern der Steuerpflichtige nach dem 31. 12. 1957 geboren ist.

Hierbei sind die geleisteten Beiträge um eine etwaige vom Versicherer gezahlte Beitragsrückerstattung und steuerfreie Beitragszuschüsse des Arbeitnehmers zu mindern.

Dagegen bleiben die Schadenleistungen des Versicherers bei der Berechnung der Vorsorgeaufwendungen unberücksichtigt.

▶ Beispiel zur Ermittlung der Krankenversicherungsbeiträge von Eva Weber, ledig; geb. 10. 8. 1980

Frau Weber zahlt 2008 freiwillig Beiträge an eine Ersatzkasse von monatlich 200 €, das sind jährlich		2 400 €
Außerdem hat sie eine Auslandsreisekrankenversicherung (Jahresvertrag)		10 €
und eine Krankenhauszusatzversicherung mit monatlichen Aufwendungen von 40 €, jährlich also	480 €	
Hiervon erhielt sie aus 2007 zwei Beiträge zurückerstattet, da sie die Versicherung nicht in Anspruch genommen hat	80 €	400 €
Aufwendungen für Krankenversicherung 2008		2 810 €
zusätzlich Pflegezusatzversicherung		200 € p. a.

Da Frau Weber von ihrem Arbeitgeber einen Zuschuss (Zeile 67 – Steuererklärung) zur Pflege- und Krankenversicherung erhält, werden von den 2 810 € p. a. gezahlten Krankenversicherungsbeiträgen nur 1 500 € (Höchstbeitragsregelung) steuerlich anerkannt, d. h. ihr steuerpflichtiges Einkommen wird um diesen Betrag reduziert (Zeile 69 Steuererklärung).

Bei Verheirateten verdoppelt sich der Betrag auf 3 000 € p. a. Bei Personen ohne Zuschuss (Selbstständige) ist der Höchstbetrag 2 400 € p. a. bzw. 4 800 € p. a.

Von den 200 € (Zeile 68) für die private Pflegezusatzversicherung kann Frau Weber maximal 184 € p. a. von ihrem zu versteuernden Einkommen abziehen, da sie nach dem 31. 12. 1957 geboren wurde.

Steuererklärung Frau Eva Weber

Steuernummer 270-7567-390

Sonderausgaben 52

Zeile		Kz	Stpfl. / Ehemann EUR	Kz	Ehefrau EUR
	Beiträge zu				
61	– gesetzlichen Rentenversicherungen u. zu berufsständischen Versorgungseinrichtungen lt. Nr. 23 d. Lohnsteuerbescheinigung (Arbeitnehmeranteil)	30	,–	31	,–
62	– landwirtschaftl. Alterskassen sowie zu berufsständischen Versorgungseinrichtungen bei Nichtarbeitnehmern, die den gesetzlichen Rentenversicherungen vergleichbare Leistungen erbringen	32	,–	33	,–
63	– freiwilligen Versicherungen in den gesetzlichen Rentenversicherungen und zu berufsständischen Versorgungseinrichtungen sowie Pflichtbeiträge von Nichtarbeitnehmern zu den gesetzlichen Rentenversicherungen	35	,–	36	,–
64	– eigenen kapitalgedeckten Rentenversicherungen (§ 10 Abs. 1 Nr. 2 Buchstabe b EStG) mit Laufzeitbeginn nach dem 31. 12. 2004 – ohne Altersvorsorgebeiträge, die in Zeile 75 geltend gemacht werden –	37	,–	38	,–
65	Arbeitgeberanteil zu gesetzlichen Rentenversicherungen, Zuschüsse zu berufsständischen Versorgungseinrichtungen lt. Nr. 22 der Lohnsteuerbescheinigung	47	,–	48	,–
66	Arbeitgeberanteil zu gesetzlichen Rentenversicherungen im Rahmen einer pauschal besteuerten geringfügigen Beschäftigung	62	,–	63	,–
	Bei Zusammenveranlagung ist die Eintragung für jeden Ehegatten vorzunehmen:				
67	Haben Sie zu Ihrer Krankenversicherung oder Ihren Krankheitskosten Anspruch auf – steuerfreie Zuschüsse (z. B. Rentner aus der Rentenversicherung) oder – steuerfreie Arbeitgeberbeiträge (z. B. sozialversicherungspfl. Arbeitnehmer) oder – steuerfreie Beihilfen (z. B. Beamte, Versorgungsempfänger)?	49	1 (1 = Ja, 2 = Nein)	50	(1 = Ja, 2 = Nein)
	Nur bei steuerpflichtigen Personen, die nach dem 31.12.1957 geboren sind:		EUR		EUR
68	Beiträge zu einer zusätzlichen freiwilligen Pflegeversicherung (nicht in Zeile 71 enthalten)	82	200 ,–	87	,–
	Beiträge (abzüglich erstatteter Beiträge und steuerfreier Zuschüsse) zu		EUR		EUR
69	– gesetzlichen Versicherungen gegen Arbeitslosigkeit, Kranken- und Pflegeversicherung lt. Nr. 25 der Lohnsteuerbescheinigung	53	2 810 ,–	54	,–
70	– gesetzlichen Kranken- und Pflegeversicherungen bei Nichtarbeitnehmern (z. B. bei Rentnern)	84	,–	85	,–
					Stpfl./Ehegatten EUR
71	– freiwilligen Versicherungen gegen Arbeitslosigkeit, Erwerbs- und Berufsunfähigkeitsversicherungen, Kranken- und Pflegeversicherungen – ohne Beiträge zu freiwilligen zusätzlichen Pflegeversicherungen in Zeile 68 –			55	,–
72	– Unfall- und Haftpflichtversicherungen sowie zu Risikoversicherungen, die nur für den Todesfall eine Leistung vorsehen			42	,–
73	– Rentenversicherungen mit Kapitalwahlrecht und Kapitallebensversicherungen mit mindestens 12 Jahren Laufzeit und Laufzeitbeginn sowie erster Beitragszahlung vor dem 1. 1. 2005			46	,–
74	– Rentenversicherungen ohne Kapitalwahlrecht mit Laufzeitbeginn und erster Beitragszahlung vor dem 1. 1. 2005 (auch steuerpflichtige Beiträge zu Versorgungs- und Pensionskassen) – ohne Altersvorsorgebeiträge, die in Zeile 75 geltend gemacht werden –			44	,–

Alle Sonderausgaben können nur im Jahre der Bezahlung geltend gemacht werden. Durch angemessene Vorauszahlungen kann eine Berücksichtigung im alten Jahr, durch Hinausschieben der Zahlung auf das neue Jahr eine Berücksichtigung im neuen Jahr erreicht werden. Es gilt das so genannte „Zufluss-" bzw. „Abflussprinzip" der Einkommen bzw. Ausgaben eines Steuerpflichtigen.

▶ Beispiele

1. Herr Müller, ein verheirateter Handelsvertreter, 45 Jahre, zahlt Beiträge zur Kranken- und Pflegeversicherung in Höhe von 5 800 € jährlich. Als Selbstständiger erhält er keinen Zuschuss eines Arbeitgebers zur Krankenversicherung.

   Er kann diese Beträge bei den sonstigen Vorsorgeaufwendungen geltend machen:

Alleinzahler der Beiträge maximal	2 400 € Herr Müller
+ für den Ehepartner, der ebenfalls keinen Arbeitgeberzuschuss erhält	2 400 € Frau Müller, 40 J.
Maximalbetrag	4 800 € p. a.

   Von den 5 800 € Beitragszahlungen erkennt das Finanzamt lt. Höchstbeitragsregelung 4 800 € an und reduziert damit sein steuerpflichtiges Einkommen. Sollte Herr Müller einschließlich Solidaritätszuschlag und Kirchensteuer einen Spitzensteuersatz von 40 % haben, dann reduziert sich seine Steuerschuld um 1 920 €.

   Hätten beide noch eine empfehlenswerte private Pflegezusatzversicherung abgeschlossen, dann könnten sie ihr steuerpflichtiges Einkommen noch einmal um maximal 368 € p. a. verringern.

2. Herr Nordmann bezieht ein Bruttogehalt von 30 000 €. Seine Ehefrau betreibt eine Agentur. Die Ehegatten wenden zusammen für Versicherungen (private und gesetzliche Kranken- und Pflegeversicherung) 7 000 € auf. Die Sonderausgaben der Ehegatten werden wie folgt berechnet:

Ehemann, 42 Jahre: gesetzlich versichert – eigene Aufwendungen 2 800 € p. a. absetzbar: von 2 800 € p. a. – da Arbeitgeber einen Teil übernimmt – Höchstbetragsregelung	1 500 €
Ehefrau, 38 Jahre: privat versichert – alleinige Aufwendungen 4 200 € p. a. absetzbar: von 4 200 € p. a. – da Alleinzahler – maximaler Höchstbetrag	2 400 €
	3 900 €

Von den gesamten Aufwendungen von 7 000 € p. a. zur Kranken- und Pflegeversicherung werden nur 3 900 € steuermindernd vom Finanzamt bei den Vorsorgeaufwendungen anerkannt.

Für private Pflegezusatzversicherungen wäre noch ein Höchstbetrag von 368 € p. a. offen.

Überblick

Steuerliche Wirksamkeit von

Ausgaben im Gesundheitswesen

Werbungskosten oder Aufwand	**Sonderausgaben**	**außergewöhnliche Belastungen**	**nicht wirksam**
wenn beruflich notwendig, z. B. Sportbrille, Kontaktlinsen	Beiträge des Steuerzahlers zur PKV und Pflegepflichtversicherung, Pflegezusatzversicherung	Eigenanteil zu med. Leistungen, z. B. Brillen, Zähne Pflegekosten ▪ eigene ▪ für Dritte	Aufwendungen zu nicht wissenschaftlich anerkannten Heilmethoden

Höchstbeträge p. a.

	ledig	verheiratet
Arbeitnehmer Kranken- + Pflegepflichtversicherung	1 900 €	3 800 €
Selbstständiger Kranken- + Pflegeversicherung	2 800 €	5 600 €
Pflegezusatzversicherung	184 €	368 €

9.3 Eigenanteile an den Leistungen

Wenn einem Steuerpflichtigen zwangsläufig größere Aufwendungen erwachsen als der überwiegenden Mehrzahl der Steuerpflichtigen gleicher Einkommens- und Vermögensverhältnisse und gleichen Familienstandes, spricht man von einer **außergewöhnlichen Belastung**. Die Ausgaben sind also weder den Betriebsausgaben noch den Werbungskosten oder den Sonderausgaben zuzurechnen sein.

Ein Abzug der Versicherungsbeiträge als außergewöhnliche Belastung vom Gesamtbetrag der Einkünfte ist daher nicht möglich. Das Ereignis und die Beseitigung seiner Folgen müssen für den Steuerpflichtigen zwangsläufig sein, das heißt, er muss sich ihnen aus rechtlichen, tatsächlichen und sittlichen Gründen nicht entziehen können. Das ist z. B. gegeben bei Übernahme der Kosten infolge Krankheit, Tod, Unfall o. ä.

Somit können die Aufwendungen für Krankheitskosten, die nicht durch Versicherungsleistungen oder Erstattung von dritter Seite (z. B. Beihilfe) ersetzt werden, als außergewöhnliche Belastungen gem. § 33 EStG berücksichtigt werden.

Im Einzelnen fallen hierunter Arzt-, Krankenhaus-, Zahnarztkosten, Kosten für medizinische Hilfsmittel (Brillen, Bruchbänder, orthopädische Schuhe und dergl.) und alle mit Krankheiten zusammenhängenden Aufwendungen.

	Andere außergewöhnliche Belastungen Art der Belastung		Aufwendungen EUR		Erhaltene / zu erwartende Versicherungsleistungen, Beihilfen, Unterstützungen, Wert des Nachlasses usw. EUR
103	Zahnersatz		2 000 ,–		,–
104	Brille und Medikamente	+	330 ,–	+	,–
105	Summe der Zeilen 103 und 104	63	2 330 ,–	64	,–

Diese Aufwendungen sind um die Erstattungen der Krankenkassen zu reduzieren. Lediglich der Betrag, den der Steuerpflichtige aus seiner Tasche zu zahlen hat, kann angesetzt werden. Dieser ist um die **zumutbare Belastung** zu kürzen.

Kosten für die Unterbringung in einem Krankenhaus können regelmäßig ohne Kürzung um eine Haushaltsersparnis als außergewöhnliche Belastung anerkannt werden. Bei einer Krankenhausbehandlung sind die Leistungen aus einer Krankenhaustagegeldversicherung von den eigenen Aufwendungen abzuziehen; nicht aber die Leistungen aus einer Krankentagegeldversicherung.

Neuerdings sind selbst die Kosten eines Bio-Schlafzimmers absetzbar, wenn aufgrund einer Allergie die Anschaffung als med. notwendig bestätigt wird. Ebenfalls sind Pflegekosten als außergewöhnliche Belastungen absetzbar.

Die Kosten zur Linderung von AIDS sind ebenfalls steuermindernd. Soweit es sich um eine Infektion bei der Berufsausübung handelt, liegen Werbungskosten (Angestellte) oder Betriebsausgaben (z. B. selbstständige Ärzte) vor. In allen anderen Fällen sollen die Kosten als außergewöhnliche Belastung im Sinne des § 33 EStG (gekürzt um die zumutbare Belastung) geltend gemacht werden können. Die Frage, wie es zur Infektion gekommen ist, ist wegen unerlaubten Eindringens in die Intimssphäre des Steuerpflichtigen nicht zulässig.

Pflegebedürftige können den Eigenanteil in ihrer Steuererklärung geltend machen und somit das Finanzamt an den Kosten beteiligen, sofern sie Steuern zahlen. Angehörige, die Unterhalt leisten, können ihr zu versteuerndes Einkommen um diese Aufwendungen mindern.

Das Einkommensteuerrecht sieht vor, dass der Steuerpflichtige von den bei ihm angefallenen Kosten für außergewöhnliche Belastungen einen Teilbetrag selbst trägt und nicht einkommensmindernd ansetzen kann (sog. zumutbare Belastung). Diese zumutbare Belastung ist prozentual gestaffelt nach der Höhe des Einkommens, dem Familienstand und der Zahl der Kinder. Die Werte hierzu sind in nachfolgender Tabelle abgebildet.

§ 33 Abs. 3 EStG

Die zumutbare Belastung beträgt

bei einem Gesamtbetrag der Einkünfte (in €)	bis 15 340	über 15 340 bis 51 130	über 51 130
1. bei Steuerpflichtigen, die keine Kinder haben und bei denen die Einkommensteuer			
a) nach § 32 a Abs. 1	5	6	7
b) nach § 32 a Abs. 5 oder 6 (Splitting-Verfahren)	4	5	6
zu berechnen ist;			
2. bei Steuerpflichtigen mit			
a) einem oder zwei Kindern	2	3	4
b) drei oder mehr Kindern	1	1	2
	vom Hundert des Gesamtbetrages der Einkünfte		

▶ Beispielrechnung zur Ermittlung außergewöhnlicher Belastungen

Herr Adam Krüll, verheiratet, 1 Kind, hatte im letzten Jahr im medizinischen Bereich folgende Aufwendungen, die von der Krankenkasse nicht ersetzt wurden. Herr Krüll hat alle Belege gewissenhaft aufgehoben.

Zahnersatz	Zeile 103 bis 104 der Steuererklärung	2 000 €
Zuzahlungen Medikamente		200 €
Brille		130 €
Eigenanteile insgesamt p. a.		2 330 €
Da die gesamten Einkünfte des Herrn Krüll 35 000 € betragen, ergibt sich seine zumutbare Belastung mit 3 % von 35 000 € =		1 050 €
Somit beträgt seine steuerlich wirksame außergewöhnliche Belastung		1 280 €

Um diesen Betrag wird sein zu versteuerndes Einkommen reduziert.

Bei einem Steuersatz lt. Steuertabelle von ca. 30 %, inkl. Solidaritätszuschlag, erhält er 1 280 € x 30 % = 384 € durch die Einkommensteuererstattung vom Staat zurück.

9.4 Leistungen aus der Krankenversicherung

Alle Leistungen aus der privaten und der gesetzlichen Krankenversicherung sowie aus der Pflegepflichtversicherung sind steuerfrei, einschließlich der Leistungen aus Tagegeldversicherungen.

Lediglich die gesetzlichen Leistungen, wie „Krankengeld", „Mutterschaftsgeld" und „Elterngeld" werden steuerlich berücksichtigt (siehe Anlage N Steuererklärung Zeile 25 und 27). Sie werden zwar nicht unmittelbar der Besteuerung unterworfen, sondern es werden die anderen Einkünfte, die ein Steuerpflichtiger bezogen hat, zu dem Steuersatz besteuert, der bestünde, wenn die genannten Leistungen steuerpflichtig wären.

▶ Beispiel

Ein lediger Arbeitnehmer hat ein zu versteuerndes Einkommen ohne Krankengeld von	15 000 €
hierauf beträgt die Einkommensteuer 17,48 %.	
Der anzusetzende Bruttobetrag aus dem Krankengeld beträgt	2 100 €
Bei einem Einkommen von	17 100 €
würde die Einkommensteuer 18,24 % betragen.	

In diesem Falle wird die Einkommensteuer auf das zu versteuernde Einkommen von 15 000 € nicht wie ursprünglich mit 17,48 %, sondern mit der höheren Progression mit 18,24 % erhoben.

Damit fallen diese Leistungen unter den sog. „Progressionsvorbehalt".

Diese Regelung gilt nicht für Tagegeldzahlungen der PKV.

▶ Zusammenfassung

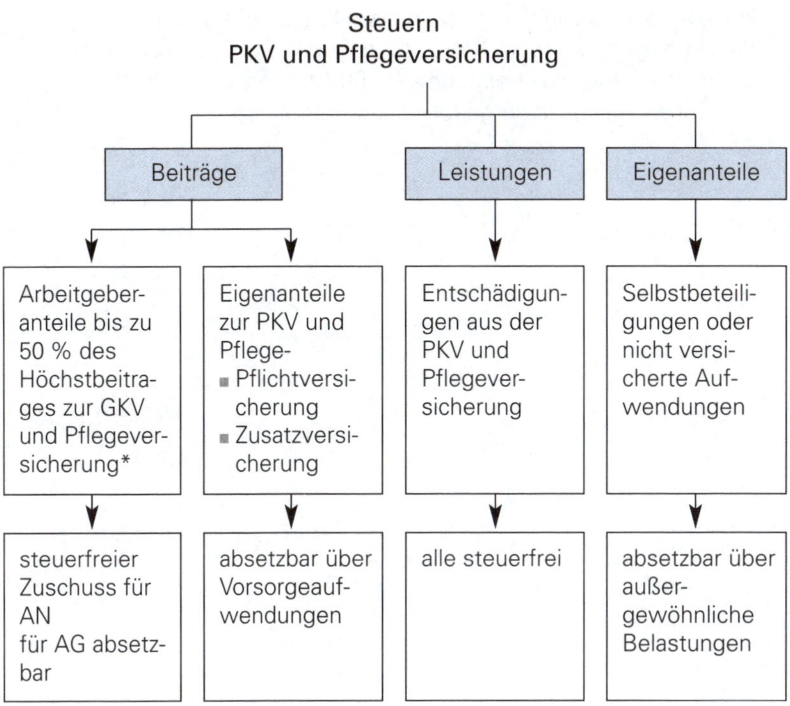

* Arbeitgeberanteile, die die 50%ige Grenze übersteigen, sind für den AN lohnsteuerpflichtig.

Bürgerentlastungsgesetz

Mit dem „Bürgerentlastungsgesetz" sollen von 2010 an die Beträge zur Kranken- und Pflegeversicherung stärker steuerlich absetzbar sein als bisher. Das Entlastungsvolumen beträgt fast zehn Milliarden Euro. Nach dem jetzt erzielten Kompromiss sollen die Höchstgrenzen für andere Vorsorgeaufwendungen angehoben werden. Darunter fallen insbesondere Erwerbs- und Berufsunfähigkeitsversicherungen, aber auch Haftpflicht-, Unfall- und andere Risikoversicherungen.

Die Höchstgrenzen für Vorsorgeaufwendungen werden nun von 1 500 € (für Arbeitnehmer und Beihilfeberechtigte) und 2 400 € (für Steuerpflichtige, die ihre Krankenversicherung alleine tragen) auf 1 900 € und 2 800 € angehoben. Über diese Höchstbeträge hinaus können aber mindestens die tatsächlich geleisteten Beiträge zur Kranken- und Pflegeversicherung angesetzt werden. Das nützt Geringverdienern, die allein mit Kranken- und Pflegekassenbeiträgen Steuerfreibeträge nicht ausnutzen können.

▶ Rechenbeispiel

Ein lediger Arbeitnehmer mit einem Bruttolohn von 17 000 € zahlt 1 498 € Kranken- und Pflegeversicherungsbeiträge im Jahr, die er steuerlich absetzen kann. Daneben könnte er dann andere Versicherungsbeiträge bis zu 402 € geltend machen – die Differenz zum neuen Höchstbetrag von 1 900 €. Wenn hingegen ein lediger Arbeitnehmer 3 500 € Beiträge hat, bleibt ihm für sonstige Vorsorgeaufwendungen nichts mehr zusätzlich.

Übungen

1. Wann zählt der Arbeitgeberanteil zur PKV zum steuerpflichtigen Einkommen des Arbeitnehmers?
2. Unterscheiden Sie: Vorsorgeaufwendungen, Werbungskosten und außergewöhnliche Belastungen.
3. Bis zu welchen Höchstbeträgen sind Versicherungsbeiträge bei einem ledigen Steuerpflichtigen absetzbar?
4. Sind Leistungen aus der gesetzlichen bzw. privaten Krankenversicherung steuerpflichtig?
5. Was versteht man unter dem „Progressionsvorbehalt"?
6. Ein lediger Arbeitnehmer verfügt über ein Bruttoeinkommen von 40 000 €. Bis zu welchem Betrag gelten seine außergewöhnlichen Belastungen als zumutbar?
7. Nennen Sie fünf Aufwendungen, die im Rahmen der außergewöhnlichen Belastungen steuerlich absetzbar sind.
8. Herr Pütz ist als Dachdecker selbstständig und zahlt 4 000 € p. a. an die Proximus Krankenversicherung. Frau Pütz ist als Packerin tätig und zahlt jährlich 2 100 € in die gesetzliche Kranken- und Pflegeversicherung.

   Das Ehepaar rechnet mit einem Spitzensteuersatz von 40 % (einschließlich Soli und Kirchensteuer).

   Wie hoch ist die steuerliche Entlastung aufgrund der Krankenversicherungsbeiträge (GKV, PPV, PKV)?
9. Anton Kunz, verheiratet, 3 Kinder, verdient im Jahr 44 000 €. Sein Eigenanteil für Kuren, Krankenhauskosten und Brillen betrug im letzten Jahr 1 980 €.

   Ermitteln Sie den Betrag der außergewöhnlichen Belastung, der sich steuermindernd auswirkt.
10. Folgende Kunden haben bei Proximus eine Pflegezusatzversicherung abgeschlossen (alle nach 31. 12. 1957 geboren).

    a) Herr und Frau Scherer 480 € p. a.
    b) Herr Arnemann 300 € p. a.

    Um wie viel können sie ihr steuerpflichtiges Einkommen reduzieren?

11. Im Kundenberatungsgespräch legt Ihnen Frau Werker folgende Gehaltsabrechnung vor, und fragt Sie, ob sie zur PKV übertreten kann.

1	**Gehaltsabrechnung Oktober 2008**				
2					
3	Großhandelskauffrau Frau Sabine Werker, Aachen, ledig, keine Kinder				45 Jahre alt
4	**Achtung: Freibetrag auf Lohnsteuerkarte p. a.**		- €		
5	**Sonderzahlung zur GKV**				0,90 %
6	**Sonderzahlung zur Pflegeversicherung - kinderlos**				0,25 %
7	**Sozialversicherung**	**GRV**	**GKV**	**Arbeitslosenv.**	**Pflegevers.***
8	**Beitragssätze in Prozent**	19,90 %	13,90 %	3,30 %	1,95 %
9	**Beitragsbemessungsgrenzen in 2008**	5.300,00 €	3.600,00 €	5.300,00 €	3.600,00 €
10					
11	Gehaltstarif VIII im 14. Berufsjahr			3.923,00 €	
12	halbe Verantwortungszulage			126,50 €	
13	Bruttolohn lt. Gehaltstarif			4.049,50 €	
14	+ Vermögenswirksame Leistungen/Tarif			40,00 €	
15	**Gesamtes Bruttogehalt**			**4.089,50 €**	
16					
17	- Lohnsteuer lt. Tabelle	23,00 %		940,59 €	
18	- Solidaritätszuschlag	5,50 %		51,73 €	
19	- Kirchensteuer	9,00 %		84,65 €	
20	- Rentenversicherung			406,90 €	
21	- Krankenversicherung			282,60 €	
22	- Arbeitslosenversicherung			67,48 €	
23	- Pflegeversicherung			44,10 €	
24	**Gesamtabgaben**			1.878,05 €	
25	**Nettoverdienst**			2.211,45 €	
26	**- VWL an Bausparkasse**	per Postbank		40,00 €	
27	**- VWL an Aktienfonds**	per Postbank		34,00 €	
28	*Überweisung an Angestellte*	per Bank		2.137,43 €	
29	Arbeitgeberanteil zur Sozialversicherung			759,68 €	
30	Tariflicher Arbeitgeberanteil zur vermögenswirksamen Leistung			40,00 €	
31	Diese Leistung ist im zu versteuernden Einkommen enthalten.				
32	Der Zuschuss des Arbeitgebers wird **einkommensunabhängig** gewährt.				
33					
34	**Pflegeversicherung: Kinderlose von 23 bis 65 Jahren zahlen 1,225 % Beitrag.**				
35	**Der Arbeitgeberanteil bleibt in diesen Fällen bei 0,975 %.**				
36					
37				**Jahresarbeitsentgeltgrenze**	**48.150,00 €**
38					
39					

a) Frau Werker möchte von Ihnen wissen, wie sich der Abschluss der PKV + Pflegeversicherung über 420 € bei der Proximus auf die Gehaltsabrechnung auswirkt.

b) Informieren Sie Frau Werker umfassend und ermitteln Sie ihren Beitragsvorteil nach einem Wechsel in die PKV.

c) Begründen Sie Frau Werker die Vorteile eines Beitragsentlastungstarifs.

10. Verkaufsargumente der PKV

▶ Situation

Familie Gernot ist an einem Wechsel von der GKV in die PKV interessiert. Von ihrem Versicherungsvermittler Herrn Brück möchte das Ehepaar nun wissen, welche Vorteile ihnen daraus im Einzelnen entstehen. Herr Brück listet folgende Aspekte für sein Verkaufsgespräch auf.

▶ Erläuterung

10.1 Beitragsvorteile

Die Entwicklung der Beiträge der freiwillig versicherten GKV-Mitglieder hängt sehr stark von der Steigerung der Jahresarbeitsentgeltgrenze und der Beitragssätze ab. Da die Jahresarbeitsentgeltgrenze zum 1. 1. eines jeden Jahres kraft Gesetzes festgelegt wird, sind die Beiträge der freiwillig Versicherten in den letzten Jahren weit überproportional gestiegen. Tatsächlich sind die Beiträge seit 1970 von 8,2 % auf 15,5 % gestiegen.

Beitragsvergleich

In der folgenden Sechs-Jahres-Betrachtung zeigt sich, dass bei unterstelltem steigenden PKV-Beitrag, die PKV immer noch Vorteile gegenüber der GKV besitzt. Bei diesem Vergleich wird Folgendes unterstellt:

1. Maßvoller Anstieg der JAEG bzw. der Beitragsbemessungsgrenze.
2. Leistungskürzungen der GKV sind bei dem Vergleich nicht berücksichtigt.
3. Anstieg der Proximus-Beiträge entsprechen der Beitragssteigerung der GKV.

Sechs-Jahres-Betrachtung – ohne Pflegeversicherung in €

Herr Fischer, Arbeitnehmer, 30 Jahre alt, Bruttolohn 3 870 €

PKV-Schutz:	Zweibettzimmer, Zahnbehandlung, Zahnersatz 75 %, Verdienstausfallversicherung, ambulante Heilbehandlung ohne Selbstbeteiligung
Kinder:	gleichwertiger Versicherungsschutz ohne Verdienstausfall.

Entwicklung des Beitrages in der GKV und PKV

Jahr	BBG in €	Durchschnittlicher Beitragssatz GKV	GKV-Beitrag in €	Prozentuale Veränderung	Proximus-Beitrag ohne Kind in €	Proximus-Beitrag mit Kind in €
2001	3 298,00	13,6 %	448,53		293,16	387,90
2002	3 375,00	14,0 %	472,50	5,34 %	300,00	396,93
2003	3 450,00	14,3 %	493,35	4,41 %	306,81	405,95
2004	3 487,50	14,2 %	495,15	0,36 %	313,62	414,96
2005	3 525,00	14,2 %	500,55	1,09 %	320,42	423,96
2006	3 562,50	14,2 %	505,88	1,06 %	322,11	429,49
2007	3 562,50	14,8 %	527,25	4,22 %	330,10	435,15
2008	3 600,00	14,9 %	536,40	1,74 %	335,53	443,33
2009	3 675,00	15,5 %	569,63	6,20 %	340,09	450,91
Gesamt-Zahlungen in 9 Jahren			54 030,00		34 342,08	45 4962,96

Selbst bei zwei Kindern liegt der Beitragsvorteil noch bei der Proximus Versicherung. Nicht im Vergleich enthalten sind die möglichen Zusatzversicherungen der GKV-Versicherten, die vielen Eigenanteile der GKV-Versicherten und die mögliche Beitragsrückerstattung der PKV-Kunden. Diese drei weiteren Tatsachen heben den Vorteil der privaten Krankenversicherung noch deutlicher hervor.

Wie aus den Tarifauszügen der Proximus Versicherung ersichtlich ist, ergeben sich bei einem Wechsel zur PKV sehr häufig Beitragseinsparungen von 100 € bis 200 € und mehr pro Monat bei einem verbesserten Leistungsangebot. Darüber hinaus sehen einige Tarife bei Nichtinanspruchnahme der PKV Beitragsrückerstattungen vor.

Beschäftigte, die bei einem privaten Krankenversicherungsunternehmen versichert sind und für sich und ihre Angehörigen, die bei Versicherungspflicht des Beschäftigten nach § 10 SGB V familienversichert wären, Vertragsleistungen beanspruchen können, die der Art nach den Leistungen des SGB V entsprechen, erhalten von ihrem Arbeitgeber einen Beitragszuschuss. Der Zuschuss beträgt die Hälfte des Betrages, der sich unter Anwendung des um 0,9 % Beitragssatzpunkte verminderten allgemeinen Beitragssatzes der gesetzlichen Krankenversicherung zu zahlen wäre.

In den Fällen, in denen die PKV eine Beitragsermäßigung wegen eines vereinbarten Selbstbehalts gewährt, beträgt der Zuschuss höchstens die Hälfte des tatsächlich gezahlten Beitrags. Es steht jedoch im Ermessen des Arbeitgebers, dem Arbeitnehmer eine Unterstützung zu gewähren, indem er ihm Krankheitsaufwendungen, die im Rahmen des Selbstbehaltes entstanden sind, erstattet.

LF 2 LF 9 LF 15

Beiträge für Beitragsentlastungstarife sind im Rahmen des Arbeitgeberzuschusses nach § 257 SGB V zu berücksichtigen und daher auch zuschussfähig. Auch der gesetzliche Beitragszuschlag, der zur Entlastung der Prämie ab dem 65. Lebensjahr verwendet wird, ist zuschussfähig.

Aufgrund der Beitragsvorteile und der Leistungserweiterungen der PKV würden viele GKV-Versicherte in die PKV überwechseln, wenn sie per Gesetz nicht pflichtversichert wären. Nur die wechselwilligen Angestellten und Arbeiter können in die PKV übertreten, wenn sie mit ihren regelmäßigen Einkünften die JAEG übersteigen und in drei aufeinanderfolgenden Kalenderjahren überstiegen haben. Damit bleibt vielen Arbeitnehmern, wie es von der Sozialpolitik auch gewollt ist, der PKV-Vollkostentarif verschlossen.

Durch eine außerordentliche Anhebung der Versicherungspflichtgrenze zum 1. Januar 2003 um 450 € monatlich wurde für Arbeitnehmer der Wechsel in die private Krankenvollversicherung erschwert. Infolgedessen reduzierte sich der Nettoneuzugang seit 2003 kontinuierlich. Im Jahr 2006 erreichte er erstmals zumindest das Vorjahresniveau.

	2006	2005	Veränderung absolut	Veränderung in %
Vollversicherte Personen	8 489 100	8 373 000	+ 116 100	+ 1,39

Neben dem Nettoneuzugang gibt es noch zwei weitere Größen, die die Bestandsveränderungen in der PKV beschreiben: die Wanderungsbewegung zwischen PKV und GKV und der Bruttoneuzugang.

Die Wanderungsbewegung stellt dar, wie viele Personen zwischen der GKV und der PKV wechseln. Die Rückkehr in die GKV ist für einen Privatversicherten grundsätzlich nur möglich, wenn er versicherungspflichtig wird (zum Beispiel weil sein Einkommen sinkt) oder wenn er als beitragsfreies Familienmitglied gesetzlich versichert sein kann.

Wanderungsbewegung	2006	2005	Veränderung absolut	Veränderung in %
Übertritte zur PKV	284 700	274 500	+ 10 200	+ 3,72
Abgänge zur GKV	143 900	154 200	– 10 300	– 6,68
Differenz	140 800	120 300	+ 20 500	+ 17,04

Quelle: Zahlenbericht der privaten Krankenversicherung 2006/2007

Der Saldo der Wechsler zwischen GKV und PKV ist erkennbar größer als der Nettoneuzugang. Die Ursache hierfür ist, dass in der PKV die Sterberate über der Geburtenrate liegt.

Vorteile der PKV gegenüber der GKV aus der Sicht der Kunden

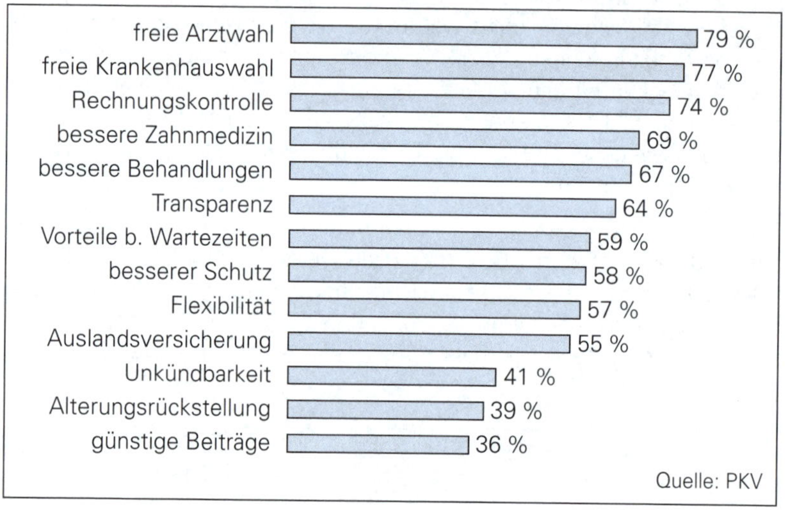

Rückkehr in die gesetzliche Krankenversicherung

Bei sinkendem Einkommen ist die Rückkehr möglich

Wenn Arbeitnehmer aus einer gesetzlichen Kasse in die private Krankenversicherung gewechselt haben, können diese nicht ohne weiteres wieder zurück. Der Gesetzgeber will vermeiden, dass sie in jungen Jahren von den niedrigen Beitragssätzen der privaten Krankenversicherer profitieren und mit einem Wechsel im Alter steigende Beiträge vermeiden.

Eine Wiederaufnahme in die gesetzliche Krankenversicherung ist nur möglich, wenn die Einkünfte dauerhaft unter die Versicherungspflichtgrenze sinken: Der Rückkehrwillige muss nachweisen, dass das Einkommen mindestens ein Jahr lang weniger als 48 600 € betragen hat (Stand 2009).

Zurück auch bei Arbeitslosigkeit

Wenn der Arbeitnehmer sich von der gesetzlichen Versicherungspflicht ganz befreien lässt, führt kaum ein Weg mehr zurück in die gesetzlichen Kassen. Eine solche Befreiung ist auf Antrag möglich, wenn er in der privaten Krankenversicherung bleiben will, obwohl die Einkünfte unter die Versicherungspflichtgrenze, wegen Erhöhung der Jahresarbeitsentgeltgrenze, gesunken sind.

Einzige Ausnahme: Arbeitslosigkeit. Wer sich arbeitslos meldet, wird von der Arbeitsagentur in der Regel wieder gesetzlich versichert. Grundsätzlich sollte der Wechsel zurück in eine gesetzliche Kasse aber gut überlegt sein, denn damit gehen die Altersrückstellungen verloren, die in der privaten Krankenversicherung gebildet werden.

▶ Hinweis

Seit dem 1. 7. 2000 ist ein Wechsel in die GKV **für Personen ab dem 55. Lebensjahr** nahezu unmöglich.

Personen, die nach Vollendung des 55. Lebensjahres eigentlich versicherungspflichtig würden, beispielsweise aufgrund von Arbeitslosigkeit oder durch Aufnahme einer Arbeitnehmertätigkeit mit Einkommen unter der Jahresarbeitsentgeltgrenze, bleiben dennoch versicherungsfrei, wenn sie in den letzten 5 Jahren vor Eintritt der Versicherungspflicht in der PKV und nicht in der GKV versichert waren. Das Gleiche gilt auch für privat versicherte Ehegatten, die nach dem 55. Lebensjahr z. B. durch Aufnahme einer geringfügigen Beschäftigung versicherungspflichtig würden.

10.2 Leistungsvergleich (Stand: 1. 1. 2009)

GKV (Kassenpatient)	PKV (Privatpatient)
Ambulante Heilbehandlung nur Vertragsärzte zulässig; keine Heilpraktiker Arzneimittel, Heil- und Hilfsmittel etc. gegen Zuzahlung Praxisgebühr	**Ambulante Heilbehandlung** ambulante Behandlung als Privatpatient freie Wahl des Arztes oder Heilpraktikers alle medizinisch notwendigen Arzneimittel frei
Zahnärztliche Heilbehandlung Zahnbehandlung: 100 %, jedoch keine hochwertigen Materialien Zahnersatz: Festzuschüsse Kieferorthopädie: Leistungen für kieferorthopädische Behandlung grundsätzlich nur für Personen, die bei Behandlungsbeginn das 18. Lebensjahr noch nicht vollendet haben.	**Zahnärztliche Heilbehandlung** Als Privatpatient z. B. 100 % Zahnbehandlung 75 % Zahnersatz, Zahnkronen 75 % Kieferorthopädie
Stationäre Heilbehandlung Nur schriftlich begründete Einweisung in eines der beiden nächsterreichbaren Vertrags-Krankenhäuser, die geeignet und am preisgünstigsten sind. ▪ Regelleistung im Mehrbettzimmer ▪ ärztliche Behandlung nach Einsatzplan des Krankenhauses ▪ Eigenbeteiligung 10 € pro Tag, max. 280 € pro Jahr.	**Stationäre Heilbehandlung** freie Krankenhauswahl Komfort und persönlicher Service ▪ Unterbringung im Ein- oder Zweibettzimmer ▪ privatärztliche Behandlung (z. B. durch den Chefarzt) ▪ keine Eigenbeteiligung
Geltungsbereich (Erstattungs-)Anspruch nur für Behandlungen im Geltungsbereich der Kasse sowie in EU-Ländern und Ländern mit Sozialversicherungsabkommen	**Geltungsbereich** weltweit
Beitragsrückerstattung keine	**Beitragsrückerstattung** erfolgsabhängig

11. Gegenüberstellung: PKV und GKV

	PKV	GKV
Aufsicht	▪ Bundesanstalt für Finanzdienstleistungsaufsicht (BaFin) – nachgeordnete Stelle des Bundesministeriums für Finanzen in Berlin ▪ Treuhänder (§ 12 d VAG)	Bundesversicherungsamt in fachlicher Zusammenarbeit mit dem Bundesministerium für Gesundheit
Rechtliche Grundlagen	▪ EU-Richtlinien ▪ Handelsgesetzbuch (HGB) ▪ Bürgerliches Gesetzbuch (BGB) ▪ Versicherungsaufsichtsgesetz (VAG) ▪ Versicherungsvertragsgesetz (VVG) ▪ Gesetz zur Regelung der Allgemeinen Geschäftsbedingungen (AGBG) ▪ Allgemeine Versicherungsbedingungen (AVB) ▪ Pflege-Versicherungsgesetz (PflegeVG) ▪ spezielle Vereinbarungen („Klauseln") ▪ Rechtsprechungsrecht ▪ Sozialgesetzbuch (SGB)	▪ Sozialgesetzbuch (SGB) ▪ Reichsversicherungsordnung (RVO) ▪ Satzung der jeweiligen Krankenkasse ▪ Rechtsprechungsrecht
Träger	Wirtschaftsunternehmen in der Rechtsform ▪ AG ▪ VVaG	Gesetzliche Krankenkassen sind Körperschaften des öffentlichen Rechts mit Selbstverwaltung. Es gibt folgende Kassenarten: Allgemeine Orts-, Betriebs-, Innungskrankenkassen und Ersatzkassen sowie die lediglich für bestimmte Personenkreise zugeordnete bzw. wählbare Deutsche Rentenversicherung Knappschaft-Bahn-See und landwirtschaftliche Krankenkassen (z. B. für Mittel- und Ostdeutschland).

	PKV	GKV
Mitgliedschaft/ versicherter Personenkreis	freiwillig (kraft Vertrages), hauptsächlich: Selbstständige, Freiberufler, Beamte, Arbeitnehmer mit einem Einkommen über der Jahresarbeitsentgeltgrenze Jahresarbeitsentgeltgrenze unter Berücksichtigung der 3-Jahresfrist	Pflichtversicherte (kraft Gesetzes): Arbeitnehmer bis zur Jahresarbeitsentgeltgrenze, Auszubildende, Arbeitslose, Rentner etc. freiwillig Versicherte: einige Personengruppen können freiwillig der GKV beitreten (s. SGB V § 9)
Beiträge	individuell, sie richten sich nach: Eintrittsalter, Geschlecht, Gesundheitszustand und dem gewünschten Versicherungsschutz je zu versichernder Person	einkommensabhängig, sie richten sich nach: dem Einkommen des Versicherten bis max. zur Beitragsbemessungsgrenze und nach dem einheitlichen Beitragssatz der gesetzlichen Krankenversicherung
Leistungen	▪ nach dem gewählten Tarif ▪ grundsätzlich Kostenerstattungsprinzip (Erstattung der Kosten), Ausnahmen z. B. Krankenhausausweis ▪ Zahlung eines vereinbarten Tagegeldes	▪ einheitlich ▪ grundsätzlich Sachleistungsprinzip (Sachleistungen aufgrund einer Versichertenkarte) ▪ Barleistungen nur für bestimmte Leistungen (z. B. Krankengeld) oder der Versicherer hat ausdrücklich Kostenerstattung für den ambulanten und/oder stationären Bereich gewünscht
Leistungs-einschränkungen	Wartezeiten, Selbstbeteiligungen, Begrenzung auf die Sätze der ärztlichen und zahnärztlichen Gebührenordnung, individuelle Leistungsausschlüsse (LA) und tarifliche Einschränkungen	Verpflichtung der Ärzte usw. zur wirtschaftlichen Behandlungs- und Verordnungsweise allgemeine Krankenhausleistungen Zuschüsse oder Selbstbeteiligungen, z. B. bei: Brillen, Medikamenten, stationären Aufenthalten, Zahnersatz

	PKV	GKV
Beendigung des Versicherungsschutzes	Vertragsablauf, ordentliche Kündigung, außerordentliche Kündigung, einige sonstige Beendigungsgründe gemäß den Musterbedingungen	Beendigung der Versicherungspflicht (jedoch ist oft eine Weiterversicherung möglich)
Gerichtsbarkeit	▪ Amtsgerichte ▪ Landgerichte ▪ Oberlandesgerichte ▪ Bundesgerichtshof (in Karlsruhe)	▪ Sozialgerichte ▪ Landessozialgerichte ▪ Bundessozialgericht (in Kassel)
Demographische Entwicklung	Kaum abhängig, da durch Altersrückstellung für höheres Risiko im Alter vorgesorgt wird. Einkommensumschichtung nicht gewollt	Stark abhängig, da Risikoausgleich zwischen Alt und Jung (intertemporär) und zwischen hohen und niedrigen Einkommensbeziehern (interpersonal) gewollt ist

12. Pflegeversicherung

▶ Situation

Sie lesen in einer Tageszeitung folgende Notiz:

> Es gibt immer mehr ältere Menschen in Deutschland und damit auch immer mehr Pflegebedürftige. Prognosen zufolge wird sich ihre Zahl bis 2050 auf mehr als vier Millionen verdoppeln. Schätzungsweise 2,4 Millionen werden dann Betreuungsplätze benötigen. Die heute 20- bis 60-Jährigen haben nur wenige Kinder. Wenn sie alt werden, können nur wenige von ihnen vom eigenen Nachwuchs gepflegt werden. Wie soll der gigantische Betreuungsbedarf dann von der Gesellschaft finanziert werden?

▶ Erläuterung

§ 1 SGB XI

12.1 Soziale Pflegeversicherung (SPV)

Die Pflegepflichtversicherung wurde zum 1. 1. 1995 eingeführt. Träger der sozialen Pflegeversicherung sind die Pflegekassen. Bei jeder Krankenkasse wurde eine Pflegekasse errichtet.

Gleichzeitig mit Einführung begann auch die Prämienzahlungspflicht in Höhe von 1 % der Bruttobezüge bis zur Beitragsbemessungsgrenze.

Seit 1. 4. 1995 werden Leistungen für häusliche Pflege erbracht und seit 1. 7. 1996 sind Leistungen für stationäre Pflege vorgesehen. Nach Einführung der Leistungen für stationäre Betreuung ist auch der zu zahlende Beitragssatz von 1 % auf 1,7 % der Bruttobezüge bis max. zur Beitragsbemessungsgrenze erhöht worden. Eine weitere Beitragssatzsteigerung erfolgte am 1. 7. 2008 auf 1,95 %.

Sowohl gesetzlich als auch privat versicherte Beschäftigte erhalten vom Arbeitgeber einen Zuschuss von 50 % bis max. zur Hälfte des jeweils gültigen Höchstbeitrages in der SPV. Das gilt jedoch nur, wenn die Kompensation des Arbeitgeberanteils durch Streichung eines Feiertages durch die Bundesländer gewährleistet ist.

Seit dem 1. 1. 2005 zahlen kinderlose Pflegepflichtversicherte einen Beitrags-zuschlag von 0,25 % von ihrem Bruttolohn bis zur Beitragsbemessungsgrenze. Der Arbeitgeberanteil bleibt bei einem Beitragssatz von 0,975 %.

Arbeitgeberanteil immer	0,975 %
Arbeitnehmeranteil mit Kindern	0,975 %
Arbeitnehmeranteil ohne Kinder	1,225 %

Im Bundesland Sachsen wurde diese Kompensation abgelehnt, mit der Folge, dass die Arbeitnehmer einen höheren Beitragsanteil tragen müssen.

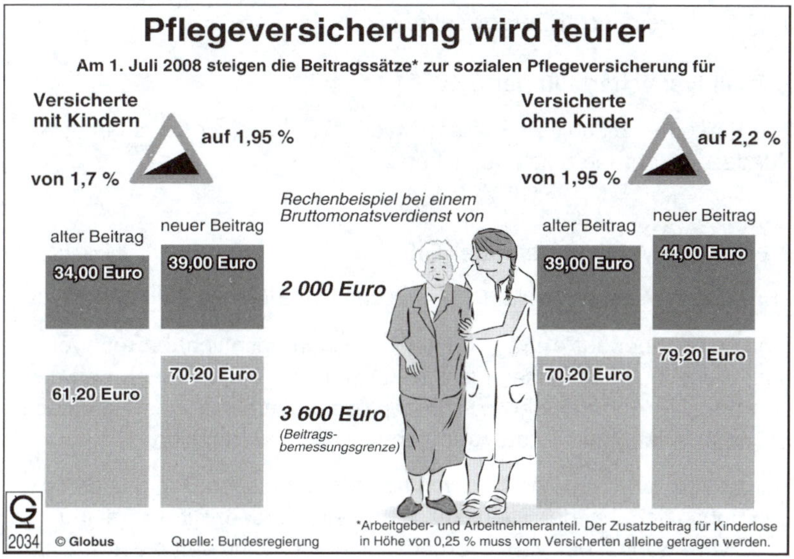

Pflegeversicherung

Die Pflegeversicherung ist als fünfte Säule des **Sozialversicherungssystems** das jüngste und gleichzeitig umstrittenste Projekt in der deutschen Sozialpolitiklandschaft.

Bis 1995 gab es keine finanzielle Absicherung für das Risiko der **Pflegebedürftigkeit** im Alter. Die Kosten für die Altenpflege mussten bis dahin von den Betroffenen selbst aufgebracht werden. Nachdem vorhandenes Vermögen aufgebraucht wurde, blieb der Gang zum Sozialamt unausweichlich. Auch die Haushalte der Kommunalverwaltung wurden durch die anfallenden **Pflegekosten** – die sie durch Sozialhilfe finanzierten – enorm belastet.

Nachdem in diesem Zusammenhang die drohende Verarmung vieler pflegebedürftiger Menschen Ende der 80er / Anfang der 90er in ein tieferes Bewusstsein gedrungen war, spürte die Politik vermehrten Handlungsbedarf.

Nach einem besonders langwierigen Gesetzgebungsprozess wurde am 1. 1. 1995 die **gesetzliche Pflegepflichtversicherung** eingeführt.

Auch die Pflegeversicherung ist – wie die anderen Säulen der Sozialversicherung – ein so genannter Generationsvertrag, bei dem die im Erwerbsleben Stehenden für die Leistungen einzahlen, während gleichzeitig die Bedürftigen die Leistungen entgegennehmen. Wegen der sich umkehrenden Alterspyramide ergibt sich auch hier das Problem der langfristigen Finanzierbarkeit ohne Kapitaldeckung.

12.1.1 Versicherter Personenkreis

Pflichtversicherte in der GKV

§ 20 Abs. 1 SGB XI

Alle Personen, die in der GKV pflichtversichert sind, sind auch in der Pflegeversicherung pflichtversichert.

Freiwillig Versicherte in der GKV

§ 20 Abs. 3 u. § 22 SGB XI

Freiwillig Versicherte in der GKV sind versicherungspflichtig in der SPV.

Sie können aber auf Antrag von der Versicherungspflicht befreit werden, wenn sie nachweisen, dass sie bei einem PKV-Unternehmen für sich und ihre Angehörigen Leistungen beanspruchen können, die nach Art und Umfang den Leistungen der SPV gleichwertig sind.

Der Antrag kann nur innerhalb von drei Monaten nach Beginn der Versicherungspflicht bei der Pflegekasse gestellt werden. Die Befreiung wirkt vom Beginn der Versicherungspflicht an, wenn seit diesem Zeitpunkt noch keine Leistungen in Anspruch genommen wurden, sonst vom Beginn des Kalendermonats an, der auf die Antragstellung folgt. Die Befreiung kann nicht widerrufen werden.

Familienversicherte

§ 25 u. § 56 SGB XI

Unterhaltsberechtigte Kinder und Ehegatten, deren monatliches Einkommen die Geringfügigkeitsgrenze (ein Siebtel der monatlichen Bezugsgröße in der Sozialversicherung) nicht übersteigt, sind im Rahmen der Familienversicherung beitragsfrei mitversichert.

Gleiches gilt **seit 1. 8. 2001** auch für den Lebenspartner einer eingetragenen Lebenspartnerschaft.

Sonstige

§ 23 Abs. 3 SGB XI

- Beamte, die in der GKV freiwillig versichert sind und Anspruch auf Beihilfe haben, werden mit einem Teilbetrag versichert und erhalten auch nur Teilleistungen.

§ 21 SGB XI

- Manche Personen sind auch in der gesetzlichen Pflegeversicherung pflichtversichert, obwohl sie weder in der GKV noch in der PKV versichert sind (z. B. Soldaten auf Zeit, die nach dem Bundesversorgungsgesetz Anspruch auf Kranken- oder Heilbehandlung haben).

LF 2
LF 9
LF 15

12.1.2 Begriff

Pflegebedürftigkeit liegt vor, wenn eine Person wegen einer körperlichen, geistigen oder seelischen Krankheit oder Behinderung für die gewöhnlichen und regelmäßig wiederkehrenden Verrichtungen des täglichen Lebens auf Dauer, voraussichtlich aber für mindestens sechs Monate, in erheblichem oder höherem Maße der Hilfe bedarf. Die Pflegebedürftigkeit wird durch den ärztlichen Dienst der privaten Pflegepflichtversicherung (Medicproof) anhand folgender Kriterien vorgenommen:

§ 14 SGB XI
§ 1 Abs. 2 MB/PPV

- Körperpflege
- Ernährung
- Mobilität
- hauswirtschaftliche Versorgung

Altersstruktur in der privaten Pflegeversicherung 2007

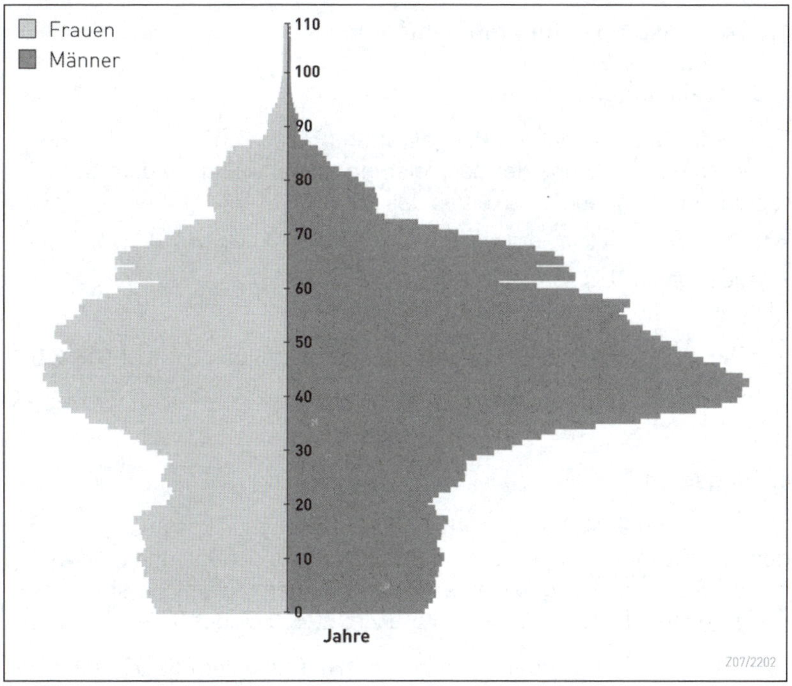

Quelle: Jahresbericht der PKV

12.1.3 Stufen der Pflegebedürftigkeit

§ 15 SGB XI
§ 1 (b) PPV 2009

Man unterscheidet drei Pflegestufen:

Pflegestufe I	Hierunter fallen erheblich Pflegebedürftige, die mindestens einmal täglich für wenigstens zwei Verrichtungen der Hilfe bedürfen. ➡ Zeitaufwand 1,5 Stunden
Pflegestufe II	Hierunter fallen schwerpflegebedürftige Personen, die mindestens dreimal täglich zu verschiedenen Tageszeiten der Hilfe bedürfen. ➡ Zeitaufwand 3 Stunden
Pflegestufe III	Hier handelt es sich um Schwerstpflegebedürftige, die täglich rund um die Uhr (auch nachts) der Hilfe bedürfen. ➡ Zeitaufwand 5 Stunden

12.1.4 Leistungen für ambulante Pflege

- **Sachleistungen**

§ 36 SGB XI
Tarif PVN

Es werden von geeigneten Pflegekräften (Pflegedienste) Sachleistungen erbracht. Die Höhe der Sachleistung richtet sich nach dem Schweregrad der Pflegebedürftigkeit ab Juli 2008:

Pflegestufe I	bis zu	420 €
Pflegestufe II	bis zu	980 €
Pflegestufe III	bis zu	1 470 €

In besonderen Härtefällen können die Sachleistungen bis zu 1 918 € betragen.

- **Pflegegeld**

§ 37 SGB XI
Tarif PVN

An Stelle der häuslichen Pflege können Pflegebedürftige auch ein Pflegegeld erhalten, wenn sie die erforderliche Grundpflege und hauswirtschaftliche Versorgung selbst, z. B. durch Angehörige, sicherstellen. Das Pflegegeld beträgt je nach Stufe 215 €, 420 € oder 675 € monatlich.

Bei Urlaub, Krankheit oder sonstiger Verhinderung der Pflegeperson werden die Kosten für eine erwerbsmäßige Pflegekraft für längstens vier Wochen pro Kalenderjahr bis zu 1 470 € erstattet. Für den Anspruch auf Kurzzeitpflege in Pflegeheimen entfällt die Voraussetzung, dass vorher mindestens 12 Monate lang häusliche Pflege geleistet worden sein muss. In Krisensituationen der häuslichen Pflege kann dadurch Kurzzeitpflege ohne Vorbedingungen geleistet werden.

Geschieht die Ersatzpflege durch eine nicht professionelle Pflegeperson, werden max. die Beträge der jeweiligen Pflegestufe bezahlt. Bei

Vorlegen eines Nachweises werden der Ersatzpflegeperson auch Kosten erstattet, die durch die Ersatzpflege entstanden sind, jedoch max. bis zu einem Betrag von 1 470 €. Künftig gilt die widerlegbare Vermutung, dass keine erwerbsmäßige Pflege vorliegt, wenn die Ersatzpflegeperson mit dem Pflegebedürftigen bis zum 2. Grad verwandt oder verschwägert ist oder mit ihm in häuslicher Gemeinschaft lebt.

Der Anspruch auf Pflegegeld ruht für die Zeit, in der sich der Pflegebedürftige nicht in Deutschland oder einem Land der Europäischen Union aufhält. Diese Bestimmung wurde gelockert, so dass bei einem vorübergehenden Auslandsaufenthalt bis zu sechs Wochen das Pflegegeld weiter zu gewähren ist. Das Gleiche gilt für die ersten vier Wochen einer vollstationären Krankenhausbehandlung oder einer stationären medizinischen Rehabilitationsmaßnahme.

Wer Pflegegeld bezieht, muss in regelmäßigen Abständen einen Pflegeeinsatz abrufen (bei Pflegestufe I und II mindestens halbjährlich und bei Pflegestufe III mindestens vierteljährlich). Die Pflegeeinsätze dienen dazu, die Qualität der häuslichen Pflege zu sichern, indem die Pflegepersonen Hilfestellung und Beratung erhalten. Die Kosten für den Pflegeeinsatz hat der Pflegebedürftige zu tragen.

Wird der Pflegeeinsatz nicht regelmäßig angefordert, kürzt die Pflegekasse das Pflegegeld in angemessener Höhe oder sperrt die Zahlung im Wiederholungsfall.

Bei Tod des Pflegebedürftigen wird das Pflegegeld bis zum Ende des Monats gezahlt, in dem er gestorben ist.

▪ Kombination von Sachleistung und Pflegegeld

Der Pflegebedürftige hat entsprechend seinen individuellen Bedürfnissen freie Gestaltungsmöglichkeit zwischen Sach- und Geldleistung, bzw. eine Kombinationsmöglichkeit der beiden Arten. § 38 SGB XI

▪ Sonstige Leistungen

- Bei häuslicher Pflege werden die Leistungen ergänzt um Leistungen für Pflegehilfsmittel und technische Hilfen. Dazu zählen z. B. Pflegebetten, Rollstühle und Hebegeräte. § 40 SGB XI
- Für Umbaumaßnahmen in der Wohnung werden Zuschüsse bis zu 2 557 € je Maßnahme gezahlt.
- Personen, die einen Pflegebedürftigen nicht erwerbsmäßig pflegen, haben Anspruch darauf, dass die Pflegekassen für sie Beiträge zur Rentenversicherung entrichten. Die Höhe der Beiträge richtet sich nach den Pflegeleistungen pro Woche. § 44 SGB XI

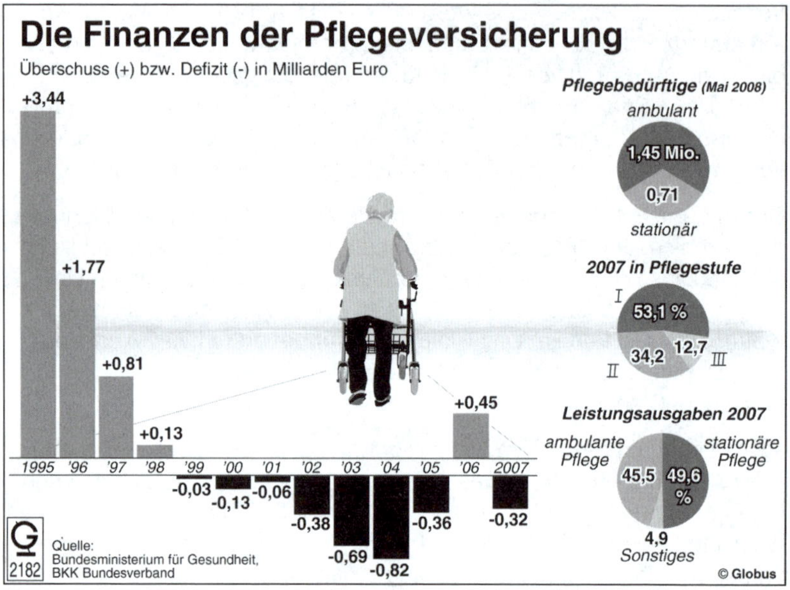

12.1.5 Leistungen bei stationärer Pflege

▪ Teilstationäre Pflege und Kurzzeitpflege

§ 41 SGB XI
Tarif PVN

Wenn häusliche Pflege nicht ausreichend sichergestellt ist, werden bei Unterbringung in Einrichtungen der Tages- oder Nachtpflege je nach Pflegestufe monatlich bis zu 420 €, 980 € bzw. 1 470 € gezahlt. Darüber hinaus werden Leistungen für Kurzzeitpflege in einer vollstationären Einrichtung für längstens vier Wochen bis zu 1 470 € pro Kalenderjahr übernommen. Voraussetzung ist hierbei immer, dass es sich um eine erwerbsmäßige Ersatzpflege handelt.

▪ Stationäre Pflege

§ 43 SGB XI
Tarif PVN

Reicht eine häusliche oder teilstationäre Pflege nicht aus, so haben die Versicherten seit 1. 7. 1996 Anspruch auf Pflege in vollstationären Einrichtungen.

Von den Kassen werden die Kosten für pflegebedingte Aufwendungen und soziale Betreuung bis zu einem Gesamtbetrag von 1 470 € monatlich übernommen (um Härten zu vermeiden 1 750 € bei Pflegestufe III).

Seit 1. 7. 1996 müssen die Pflegekassen sich auch an Aufwendungen beteiligen, die für vollständige Pflege in Einrichtungen der Behindertenhilfe entstehen. Das sind in der Regel Einrichtungen, die der beruflichen oder sozialen Eingliederung oder Erziehung Behinderter dienen.

LF 2
LF 9
LF 15

Die neuen Leistungen der Pflegeversicherung

Ab Juli 2008 werden die Leistungen der gesetzlichen Pflegeversicherung stufenweise angehoben.
Angaben in Euro pro Monat

Übernahme der Kosten für ambulante Pflegedienste (Sachleistungen)

	bis Juni 2008	*ab Juli 2008*	*ab 2010*	*ab 2012*
Pflegestufe I	384	420	440	450
Pflegestufe II	921	980	1 040	1 100
Pflegestufe III*	1 432	1 470	1 510	1 550

*Härtefälle weiterhin 1 918 Euro pro Monat

Zuschuss für pflegende Angehörige, Nachbarn oder Freunde (Pflegegeld)

	bis Juni 2008	*ab Juli 2008*	*ab 2010*	*ab 2012*
Pflegestufe I	205	215	225	235
Pflegestufe II	410	420	430	440
Pflegestufe III	665	675	685	700

Stationäre Pflege in Heimen

	bis Juni 2008	*ab Juli 2008*	*ab 2010*	*ab 2012*
Pflegestufe I	1 023	unverändert	unverändert	unverändert
Pflegestufe II	1 279	unverändert	unverändert	unverändert
Pflegestufe III	1 432	1 470	1 510	1 550
Härtefälle	1 688	1 750	1 825	1 918

Quelle: BMG

Leistungen steigen

Erstmals seit Einführung der Pflegeversicherung im Jahr 1995 wurden die Leistungen angehoben. Sie steigen in drei Schritten zur Jahresmitte 2008 sowie in den Jahren 2010 und 2012. Nur die Leistungen für Heimpflege in den Stufen I und II bleiben nach Angaben des Bundesgesundheitsministeriums zunächst unverändert bei 1 023 bzw. 1 279 € pro Monat.

Die Leistungen für Menschen mit eingeschränkter Alltagskompetenz, d. h. Demenzkranke, psychisch Kranke und geistig Behinderte, werden deutlich erweitert. Ganz neu ist, dass diese Leistungen künftig auch Pflegebedürftige erhalten, deren Hilfebedarf das Ausmaß der Pflegestufe I noch nicht erreicht.

12.2 Private Pflegepflichtversicherung (PPV)

▶ Situation

Das Ehepaar Zensen hat von den hohen Kosten gelesen, die bei einer Unterbringung im Pflegeheim entstehen können, und bittet Sie als Mitarbeiter der Proximus Versicherung AG um Auskunft, wie eine lückenlose Abdeckung der Pflegekosten zu realisieren ist.

▶ Erläuterung

Versicherungsträger für die private Pflegepflichtversicherung ist das private Versicherungsunternehmen, bei dem mindestens Anspruch auf Kostenerstattung für allgemeine Krankenhausleistung besteht. Durch das Prinzip „Pflege- folgt der Krankenversicherung" erreicht man, dass Abgrenzungsschwierigkeiten zwischen Krankheit und Pflegebedürftigkeit vermieden werden.

Als Vertragsgrundlage dienen die „Allgemeinen Versicherungsbedingungen für die private Pflegeversicherung" (MB/PPV 2009).

12.2.1 Versicherter Personenkreis

- Alle privat Krankenversicherten mit Anspruch auf allgemeine Krankenhausleistungen
- Beamte und Personen, die nach gleichen Grundsätzen Anspruch auf Beihilfe bei Pflegebedürftigkeit haben. Sie müssen eine anteilige Versicherung abschließen
- Heilfürsorgeberechtigte, die nicht in der sozialen Pflegeversicherung pflichtversichert sind (z. B. Soldaten, Polizeibeamte)
- Mitglieder der Krankenversorgung der Bundesbahn und der Postbeamtenkrankenkasse
- Mitglieder der GKV

12.2.2 Leistungen der privaten Pflegepflichtversicherung

§ 23 Abs. 1 SGB XI

Die Leistungen müssen denen der sozialen Pflegepflichtversicherung gleich sein.

Versicherungsschutz besteht ab dem im Versicherungsschein bezeichneten Zeitpunkt (technischer Beginn), jedoch nicht vor Abschluss des Vertrages, nicht vor Zahlung des ersten Beitrags und nicht vor Ablauf der Wartezeiten.

§ 3 Abs. 2 MB/PPV 2009

Die Wartezeiten rechnen ab dem technischen Beginn. Sie betragen ab erstmaliger Stellung eines Leistungsantrages in der Zeit ab dem 1. Juli 2008 zwei Jahre, wobei das Versicherungsverhältnis innerhalb der letz-

LF 2
LF 9
LF 15

ten zehn Jahre vor Stellung des Leistungsantrages mindestens zwei Jahre bestanden haben muss.

Für versicherte Kinder gilt die Wartezeit als erfüllt, wenn ein Elternteil sie erfüllt. Vorversicherungen aus der privaten oder sozialen Pflegeversicherung werden bei einem nahtlosen Wechsel angerechnet.

Für Pflegebedürftige, die zuhause Hilfe benötigen, leistet seit 1995 die Pflegeversicherung. Ab 1996 gibt es Leistungen für Pflege in Heimen. Ob die Alltagsunterstützung bewilligt wird, entscheidet der medizinische Dienst der Krankenkassen. Dessen Mitarbeiter befinden auch darüber, in welche Pflegestufe der einzelne Alte oder Kranke eingestuft wird. Danach bemessen sich die Leistungen. In Pflegestufe I gibt es entweder 420 € im Monat für die Pflege durch ambulante Dienste oder 215 € für pflegende Angehörige. Schwerstpflegebedürftige erhalten 1 470 € Pflegesachleistung oder 675 € für die Angehörigen.

Pflegeberatung

Im Rahmen der Pflegereform erhalten die Kunden das Recht auf eine kostenlose Pflegeberatung. Der Verband der privaten Krankenversicherung (PKV) hat hierfür ein eigenständiges Unternehmen gegründet: Die Compass Private Pflegeberatung GmbH – gebührenfreie Telefonnummer 08 00/1 01 88 00.

Auch eine persönliche Beratung zu Hause ist möglich über:

- Ansprüche von Leistungen aus der Pflegeversicherung
- weitergehende sozialrechtliche Ansprüche
- finanzielle Aspekte der Pflegesituation
- Verfahren zur Feststellung der Pflegebedürftigkeit
- Schulung pflegender Angehöriger
- stationäre, teilstationäre und ambulante Betreuung
- Notsituationen

12.2.3 Bedingungen an das private Versicherungsunternehmen

§ 110 Abs. 1 SGB XI

Damit die Belange der bei einem privaten Versicherungsunternehmen versicherten Personen ausreichend gewahrt werden, müssen bestimmte gesetzliche Mindestanforderungen erfüllt werden:

Der Versicherer unterscheidet Versicherungen zu **Bestands-** und zu **Neugeschäftskonditionen**.

- Nach **Bestandskonditionen** sind Personen versichert,
  - für die zum Einführungstermin am 1. 1. 1995 bereits eine Versicherung mit Anspruch auf allgemeine Krankenhausleistungen bestanden hat
  - die freiwillig in der GKV versichert waren und sich im ersten Halbjahr 1995 von der Versicherungspflicht haben befreien lassen

- die zum 1. 1. 1995 Anspruch auf Beihilfe bzw. freie Heilfürsorge hatten, aber weder gesetzlich noch privat krankenversichert waren
- die zum 1. 1. 1995 privat krankenversichert waren, aber irgendwann danach das PKV-Unternehmen mit ihrer Kranken- und Pflegepflichtversicherung wechselten oder wechseln.

Die Bestandskonditionen sehen vor:

- kein Ausschluss von Vorerkrankungen/kein Risikozuschlag
- kein Ausschluss bereits pflegebedürftiger Personen
- keine längeren Wartezeiten als in der sozialen Pflegeversicherung
- keine unterschiedlichen Beiträge aufgrund des Geschlechts und des Gesundheitszustandes
- Beitrag max. 50 % (40 % bei Beihilfeberechtigten) vom Höchstbeitrag in der sozialen Pflegeversicherung
  Höchstbeiträge ab 1. 1. 2009

Tarif PVN	Nichtbeihilfeberechtigte Personen	71,66 € p. M.
Tarif PVB	Beihilfeberechtigte Personen	28,66 € p. M.

- Begrenzung der Beiträge für Ehepaare und Lebenspartner einer eingetragenen Lebenspartnerschaft auf max. 150 % (60 % bei Beihilfeberechtigten) des gesetzlichen Höchstbeitrages, wenn ein Ehegatte oder Lebenspartner kein Gesamteinkommen hat, das regelmäßig ein Siebtel der monatlichen Bezugsgröße in der Sozialversicherung überschreitet.
  Ehegattenhöchstbeträge ab 1. 1. 2009
  Tarif PVN = 107,49 € p. M.
  Tarif PVB = 43,00 € p. M.
- beitragsfreie Mitversicherung von Kindern bis zum 18. Lebensjahr – ferner in Schul- bzw. Berufsausbildung bis zum 25. Lebensjahr.

▶ Beispiele

- Das Kind Norbert war zum 1. 1. 1995 bei den Eltern in der privaten Pflegeversicherung versichert. Nach 14 Jahren schließt der junge Unternehmer Norbert eine eigene private Krankenversicherung mit Pflegeversicherung ab. Es gelten die Bestandskonditionen, da für ihn bei Versicherungspflicht eine private Pflegeversicherung bestand.
- Heute wechselt ein Ehepaar mit seinem Kranken- und Pflegeversicherungsvertrag das Unternehmen. Die Vorversicherung bestand zum 1. 1. 1995. Da zum Zeitpunkt der Versicherungspflicht eine private Pflegeversicherung bestand, gelten Bestandskonditionen.

LF 2
LF 9
LF 15

- Nach **Neugeschäftskonditionen** sind Personen versichert, die erst nach dem 1. 1. 1995 bei der PKV pflegeversichert wurden.

  Diese Konditionen sehen vor:

  - Kontrahierungszwang, wenn gleichzeitig eine Krankheitskostenversicherung beantragt wird
  - kein Ausschluss von Vorerkrankungen (Risikozuschlag ist jedoch möglich)
  - keine Staffelung der Beiträge nach Geschlecht
  - keine längeren Wartezeiten als in der sozialen Pflegeversicherung
  - Zahlung des Tarifbeitrages (falls dieser Tarifbeitrag über dem Höchstbeitrag in der sozialen Pflegeversicherung liegt, erfolgt nach 5 Jahren Versicherungszeit in der privaten Pflegeversicherung bzw. in der privaten Krankenversicherung eine Kürzung auf 50 % bzw. auf 40 % bei Beihilfeberechtigten des Höchstbeitrages in der sozialen Pflegeversicherung – analog den Bestandskonditionen)
  - beitragsfreie Mitversicherung von Kindern bis zum 18. Lebensjahr – ferner bis zum 25. Lebensjahr, wenn noch in Schul- bzw. Berufsausbildung.

▶ **Beispiel**

Heute tritt das Ehepaar Grohe von der GKV zur PKV mit Pflegeversicherung über. Da zum Zeitpunkt der Versicherungspflicht keine private Pflegeversicherung bestand, gelten die Neugeschäftskonditionen.

12.2.4 Beiträge

Die Beiträge sind altersabhängig, jedoch nicht geschlechtsabhängig kalkuliert und für Beihilfeberechtigte und Personen ohne Beihilfeanspruch getrennt ermittelt.

Für die Beitragsberechnung sind gesetzliche Bestimmungen zu beachten. Hierunter fallen die **Bestandskonditionen** und die **Neugeschäftskonditionen**.

Die privat Pflegeversicherten erhalten unter den gleichen Voraussetzungen wie Versicherte in der sozialen Pflegeversicherung einen Arbeitgeberzuschuss in Höhe von maximal 35,86 € ab 1. 1. 2009.

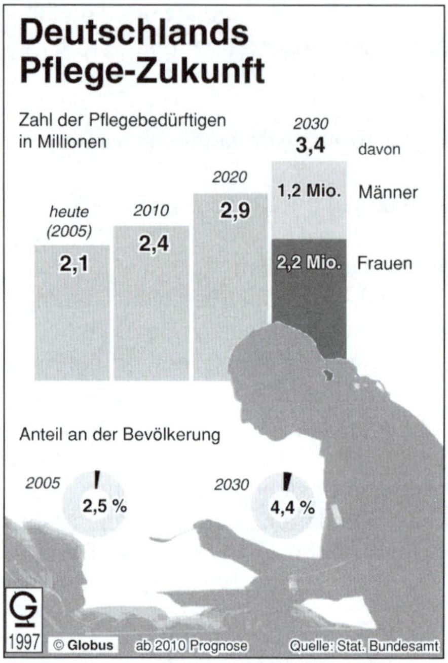

Die Beiträge sind im Bedingungswerk 2 Proximus Versicherung auf Seite 160 vermerkt, und zwar für

- nichtbeihilfefähige Personen
- beihilfefähige Personen
- Studenten
- Anwartschaft

12.2.5 Poolvertrag

Kein privater Krankenversicherer ist verpflichtet, die Pflegepflichtversicherung anzubieten. Unternehmen, die sie betreiben, müssen sich jedoch am Ausgleich der Versicherungsrisiken beteiligen und dazu ein Ausgleichssystem schaffen und erhalten.

Dies ist geschehen durch den sog. **„Poolvertrag"**.

Vertragspartner sind der PKV-Verband und PKV-Unternehmen. Sie haben eine Gesellschaft des bürgerlichen Rechts gegründet.

In diesem Vertrag verpflichten sich die Unternehmen

- zu einer gemeinsamen Beitragskalkulation (einheitlicher Nettobeitrag) nach den Vorschriften des § 110 SGB XI. Im Bereich der Bruttobeiträge bleibt der Wettbewerb bestehen.
- zur Durchführung eines dauerhaften und wirksamen finanziellen Ausgleichs der unterschiedlichen Belastungen gemäß § 111 SGB XI. Neu in den Markt eintretenden Unternehmen muss ein Marktzugang zu

gleichen Bedingungen offengehalten werden. Die Bundesanstalt für Finanzdienstleistungsaufsicht hat die Aufsicht über das Ausgleichssystem.
- zum Führen einer Gemeinschaftsstatistik für die private Pflegeversicherung.
- zum Bereitstellen von Versicherungsschutz in der PPV für solche Personen, deren PKV nicht an dieser Gesellschaft beteiligt ist.
- zur Überwachung der Risikoprüfung und Schadenregulierung der einzelnen Versicherer.

Der finanzielle Ausgleich ist notwendig, weil aufgrund der Aufnahmepflicht bereits heute Pflegebedürftige in die PPV aufgenommen, Kinder beitragsfrei mitversichert werden müssen usw. Aus diesen Gründen ist es den Versicherungsunternehmen nicht möglich, für die Versicherungsnehmer einen risikogerechten Beitrag zu kalkulieren. Dadurch können einzelne Unternehmen überfordert werden.

Anders als die soziale Pflegepflichtversicherung, verfügt die private Pflegepflichtversicherung noch über 11 Mrd. € Rückstellungen. Trotz der finanziellen Probleme der sozialen Pflegepflichtversicherung (SPV) ist der Zugriff auf die Alterungsrückstellungen der privaten Pflegepflichtversicherung (PPV) verfassungsrechtlich ausgeschlossen. Der SPV bleiben nur Beitragserhöhungen auf mindestens 3 % in ferner Zukunft.

12.2.6 Meldungen bei fehlendem Versicherungsschutz

Das private Versicherungsunternehmen hat Personen, die bei ihm gegen Krankheit versichert sind und trotz Aufforderung innerhalb von sechs Monaten nach Inkrafttreten des Pflege-Versicherungsgesetzes, bei Neuabschlüssen von Krankenversicherungsverträgen innerhalb von drei Monaten nach Abschluss des Vertrages, keinen privaten Pflegeversicherungsvertrag abgeschlossen haben, unverzüglich dem Bundesversicherungsamt (BVA) zu melden.

Das Versicherungsunternehmen hat auch Versicherungsnehmer zu melden, die mit der Entrichtung von sechs Monatsbeiträgen in Verzug geraten sind. Gemäß Vereinbarung des PKV-Verbandes mit dem BAV hat diese Meldung innerhalb der ersten zehn Arbeitstage des 6. Rückstandsmonats zu erfolgen. Diese Meldung kann für den Versicherten ein Bußgeld von bis zu 2 500 € nach sich ziehen.

§ 112 SGB XI

12.2.7 Pflegegeld im Ausland

Grundsätzlich sind die Leistungen der Pflegeversicherung auf das Inland beschränkt. Die Pflichtversicherung zahlt im EU-Ausland, in der Schweiz, in Norwegen, Island und Liechtenstein allerdings Pflegegelder. Für Zusatzversicherungen ist dies auch möglich.

12.3 Ergänzungsversicherungen zur privaten und zur sozialen Pflegepflichtversicherung

▶ Situation

Sie lesen einen Artikel des Institutes der deutschen Wirtschaft

Pflegeversicherung – Der nächste Patient

Die Pflegeversicherung gerät in eine immer bedrohlichere finanzielle Schieflage – das vergangene Jahr schloss sie mit einem Rekorddefizit von 700 Millionen € ab. Schuld daran ist die ungesunde Ausgabedynamik. Nicht nur die Zahl der Pflegefälle steigt, sie werden auch zunehmend in teuren Heimen untergebracht. Geht es so weiter, müssen die Beitragssätze erhöht oder die Leistungen gekürzt werden.

Welche Lösungsmöglichkeit bietet sich für den Kunden?

▶ Erläuterung

Außer der neu eingeführten Pflegepflichtversicherung bietet die private Krankenversicherung bereits seit Mitte der 80er Jahre private Pflegeversicherungen in Form von Pflegekosten- und/oder Pflegetagegeld an. Diese Tarife erweisen sich als Ergänzung zur Pflegepflichtversicherung durchaus als sinnvoll, da die gesetzliche Pflegeversicherung nur eine Minimalversorgung vorsieht. Oftmals reicht diese Grundversorgung nicht aus, um die tatsächlich anfallenden Kosten im Pflegefall zu decken. Im Übrigen führt die demografische Entwicklung dazu, dass die gesetzliche Pflegeversicherung in wenigen Jahren ihre Leistungen nicht mehr in voller Höhe erbringen kann. Schon heute sind trotz Pflegeversicherung 40 % der Pflegebedürftigen auf Sozialhilfe angewiesen. Auf die Hilfe von Angehörigen haben Senioren Anspruch, sobald sie ihre Ersparnisse aufgebraucht haben. „Verwandte in gerader Linie sind verpflichtet, einander Unterhalt zu gewähren", heißt es dazu in § 1601 des BGB.

Zunächst sind Ehepartner unterhaltspflichtig. In den meisten Fällen sind die Kinder in der Pflicht. Sind mehrere Kinder vorhanden, finden sie manchmal freiwillig eine gerechtere Lösung als das Sozialamt mit seinen schematischen Rechnungen. Geschwister sollen sich die Lasten entsprechend ihrer Leistungsfähigkeit teilen. Wenn die Angehörigen es finanziell tragen können, steht den Senioren ein Lebensstandard entsprechend ihrem wirtschaftlichen und sozialen Status im Schnitt des Lebens zu. So kostet je nach Unterbringung die Pflege in der Stufe III 3 000 € bis 4 500 € monatlich, also viel mehr als die Pflegekassen leisten. Die Finanzlücke steigt kontinuierlich, weil die Leistungssteigerungen des Staates diese Kostenexplosion nicht kompensiert.

Markt und Chancen

Aufgrund dieser Situation – Verdoppelung der Anzahl Pflegebedürftiger bis ins Jahr 2050 und einer Halbierung der Anzahl Beitragszahler – wird die kapitalgedeckte Pflegeversicherung große Marktchancen haben, obwohl heute dieses Altersrisiko noch unterschätzt wird, wenn erst 5 % der Bevölkerung über eine private Pflegezusatzversicherung verfügen oder anders gesprochen – es stehen noch 95 % des Marktes offen für die Kundengewinnung. Ohne Pflegeergänzung droht im Alter bei Unterbringung im Heim mit monatlichen Kosten von 3 500 bis 4 500 € eine Einkommensunterdeckung, die durch die Kinder bzw. das Sozialamt ausgeglichen werden muss.

Pflegekostenversicherung

Der Grundgedanke dieses Tarifs ist, dass nach Vorleistung der Pflegepflichtversicherung die verbleibenden Kosten in einer Höhe von bis zu 50 % der Leistungen aus der Pflegezusatzversicherung erstattet werden. Leistungen werden bei häuslicher Pflege durch Pflegekraft oder durch Angehörige, bei stationärer Pflege als auch bei Kurzzeitpflege erbracht. Vom Wesen her handelt es sich bei diesem Tarif um eine Schadensversicherung.

Die Proximus Versicherung bietet z. B. folgende Leistungen an:

	häusliche Pflegehilfe	häusliche Pflege
Pflegestufe I	bis zu 210,00 €	107,50 €
Pflegestufe II	bis zu 490,00 €	210,00 €
Pflegestufe III	bis zu 735,00 €	337,50 €

Pflegetagegeldversicherung

Das vereinbarte Pflegetagegeld wird unabhängig davon gezahlt, wie viel Vorleistungen zu Pflegeaufwendungen stattgefunden haben. Hierbei ist es unerheblich, ob Angehörige oder eine ausgebildete Pflegefachkraft die Arbeiten verrichten. Vom Wesen her handelt es sich bei diesem Tarif um eine Summenversicherung.

Der Kunde versichert einen Tagessatz für Pflegestufe III. In der Regel gibt es bei Stufe II die Hälfte des Betrages, bei Stufe I 25 % der Leistung.

Bei einem Tagegeld von 80 € erhält der Versicherte in

Pflegestufe I	20 € pro Tag
Pflegestufe II	40 € pro Tag
Pflegestufe III	80 € pro Tag

Bei diesem Tarif kann der Pflegebedürftige selbst entscheiden, für welche Hilfe – Pflegedienst – Haushaltshilfe – Pflegeheim er sein Geld ausgibt.

Beitragskalkulation

Die Beiträge der Pflegeergänzungsversicherung hängen ab von:

- Leistungen
- Alter
- Gesundheitsrisiko
- Geschlecht

Sie werden nach dem sog. Anwartschaftsdeckungsverfahren kalkuliert. Das bedeutet, dass der nicht für die Leistungen der eigenen Altersgruppe verbrauchte Teil verzinslich angelegt wird. Aus dem so gebildeten Kapital werden dann im Alter die Leistungen der Pflegeversicherung bezahlt. In der Pflegeergänzungsversicherung ist damit sichergestellt, dass jede Generation bzw. Altersgruppe für ihren eigenen Pflegebedarf im Alter vorsorgt. Eine Umverteilung zwischen den Generationen findet nicht statt.

Beitragszahlung

In der Regel wird eine laufende Beitragszahlung vereinbart. Einige Gesellschaften bieten diese Versicherung gegen Zahlung einer Einmalprämie an, wenn z. B. eine Lebensversicherung fällig wird. Frauen zahlen mehr als Männer. Für bereits bestehende Krankheiten erheben die Versicherungen meist einen Beitragszuschlag.

Beitragsfreiheit im Pflegefall

Im Pflegefall verzichten viele Versicherer auf die Beitragszahlung.

Dynamische Anpassung

Das Pflegetagegeld passt sich automatisch an die wirtschaftliche Entwicklung an, und zwar ohne erneute Gesundheitsprüfung.

Personenkreis

Alle Personen, die Anspruch auf Leistungen aus einer sozialen oder privaten Pflegepflichtversicherung haben und nicht älter als 70 Jahre sind, können diese Tarife wählen.

Pflegezusatzversicherungen können nur bei privaten Krankenversicherern abgeschlossen werden. Bei Tarifkombinationen sind die Vorschriften der einzelnen Krankenversicherer zu beachten.

Wartezeiten

Die Wartezeit beträgt max. drei Jahre. In den Tarifen der Gesellschaften können diese Wartezeiten entfallen.

§ 197 VVG

Leistung

Alle Leistungen werden – wie in der Pflichtversicherung – aufgrund eines Antrages gewährt, und zwar ab dem Zeitpunkt, wenn die entsprechenden Anspruchsvoraussetzungen erfüllt sind. Das heißt, es muss Pflegebedürftigkeit eingetreten und medizinisch festgestellt worden sein. In der Regel gelten dieselben Kriterien wie in der Pflegepflichtversicherung.

Steuerliche Behandlung der Pflegeergänzungsversicherung

Als steuerlichen Anreiz können Personen, die nach dem 31. 12. 1957 geboren sind, Beiträge zu einer Pflegeergänzungsversicherung mit einem zusätzlichen Höchstbetrag von 184 € für Ledige bzw. 268 € für Verheiratete pro Jahr als Sonderausgabenabzug in der Steuererklärung geltend machen.

▶ Zusammenfassung

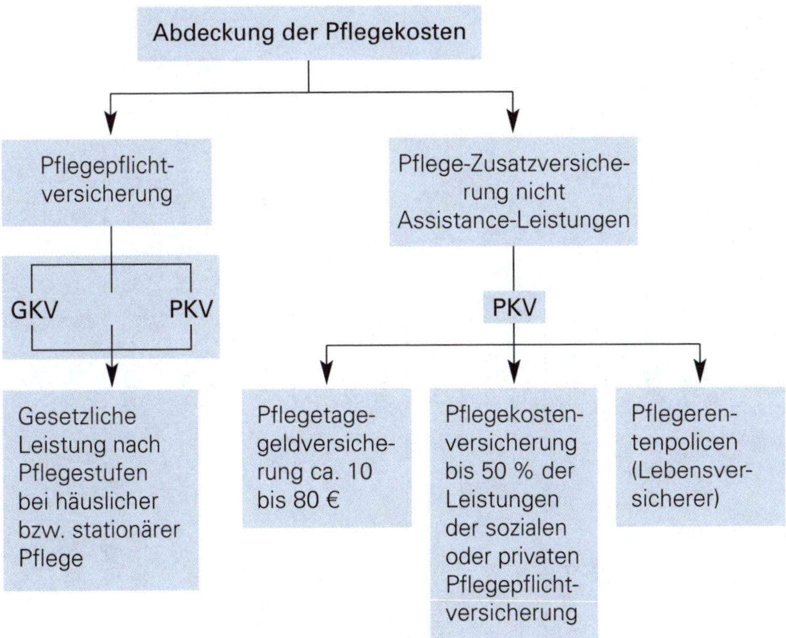

Private und gesetzliche Pflegepflichtversicherung im Strukturvergleich		
	Private Krankenversicherung	Gesetzliche Krankenversicherung
Aufsicht	Bundesanstalt für Finanzdienstleistungsaufsicht (BaFin)	Bundesversicherungsamt
gesetzliche Grundlagen	Pflege-Versicherungsgesetz (PflegeVG) – mit Bußgeld 2 500 €	Pflege-Versicherungsgesetz (PflegeVG) – mit Bußgeld 2 500 €
Träger	Privates Krankenversicherungsunternehmen, bei dem der Krankenversicherungsvertrag besteht	Die bei der Krankenkasse eingerichtete Pflegekasse
Mitgliedschaft	Pflichtmitgliedschaft	Pflichtmitgliedschaft
versicherter Personenkreis	Alle privat Krankenversicherten mit Anspruch auf allgemeine Krankenhausleistungen; Beihilfeberechtigte; Heilfürsorgeberechtigte; Bahn- und Postbeamte	alle gesetzlich Krankenversicherten
Beiträge	Kalkulation nach dem Anwartschaftsdeckungsverfahren; Begrenzung des Höchstbeitrags auf den der sozialen Pflegepflichtversicherung; Beitragszuschuss des Arbeitgebers oder Rentenversicherungsträgers; halber Beitrag für Beamte, Heilfürsorgeberechtigte und geringverdienende Ehe- oder Lebenspartner; kostenlose Mitversicherung der Kinder	Einkommensabhängige Beiträge (1,95 % + 0,25 % für Kinderlose) bis zur Bemessungsgrenze

Fortsetzung nächste Seite

	Private Krankenversicherung	Gesetzliche Krankenversicherung
Leistungen	Für häusliche Pflege: Pflegegeld, Kostenerstattung für Pflegefachkraft, Kombination von beidem, Pflegevertretung, Tages- und Nachtpflege, Kurzzeitpflege, sonstige Leistungen (u. a. soziale Absicherung der Pflegepersonen und für stationäre Pflege	wie PKV, aber – abgesehen vom Pflegegeld – als Sachleistung
Leistungsvoraussetzungen	Leistungsansprüche nur bei ärztlichem Nachweis der Pflegebedürftigkeit; eingeteilt in drei Stufen	wie PKV
Beendigung des Versicherungsschutzes	Kündigungsrecht des Versicherungsnehmers bei Eintritt der Versicherungspflicht in der sozialen Pflegeversicherung	freiwillig Versicherte: Befreiung bei Nachweis einer privaten Pflegepflichtversicherung
Versicherungsantrag	Bei Bestehen oder gleichzeitigem Abschluss einer privaten Krankheitskostenvollversicherung besteht für den Versicherungsnehmer Abschluss- und für den Versicherer Kontrahierungszwang	Mitgliedschaft kraft Gesetzes
Geltungsbereich	Bundesrepublik Deutschland; bei Verlegung des Wohnsitzes ins Ausland Antrag auf Weiterversicherung; bis zur Rückkehr nach Deutschland Ruhen der Ansprüche. Beachten Sie § 5 Abs. 1 a) MB/PPV	wie PKV
Gerichtsbarkeit	Sozialgerichte ➡ für private Pflegepflichtversicherung ordentliche Gerichte ➡ für Pflegezusatzversicherungen	Sozialgerichte Wohnort des Versicherungsnehmers

13. Internet-Informationen zur Kranken- und Pflegeversicherung

Infoportal des Verbandes:	www.derprivatpatient.de
Arztbeschwerde:	www.bundesaerztekammer.de
Behandlungsfehler:	Verbraucher-Zentrale Hamburg Kirchenallee 22 20099 Hamburg www.vzhh.de
Adressen zur Gesundheit z. B. Selbsthilfegruppen, Diabetespatient usw.:	www.gesundheit.de oder www.kbv.de (kassenärztliche Bundesvereinigung) www.bmg.bund.de (Bundesministerium für Gesundheit)
günstige GKV:	www.capital.de
passende PKV:	www.versicherungsnetz.de www.aspectonline.de www.finanzscout.de
Auslandschutz GKV:	www.dak.de/content/dakleistungen/ausland.html
Arztsuche:	www.arzt-auskunft.de www.netdoktor.de www.deutschlandmed.de www.lifeline.de www.vitalboerse.de
GOÄ-Auskunft:	www.pkv.de/recht
Krankenhausführer:	www.krankenhausguide.de
offene Apotheke:	www.apotheke.com www.apotheke.de
Internetapotheke:	www.docmorris.de
Ombudsmann:	www.pkv-ombudsmann.de

Sowohl die PKV als auch die GKV akzeptieren den Bezug von Medikamenten über Internetapotheken.

Wiederholungsaufgaben

1. Das Ehepaar Teuber (er: selbstständiger Kaufmann; sie: beamtete Lehrerin) interessiert sich für eine private Krankenversicherung. Zurzeit sind die beiden freiwillig in der GKV versichert.

   Erstellen Sie für das Ehepaar ein Angebot mit dem Ziel eines Übertritts.

2. Herr Binder, Ende 50 und seit zwei Jahrzehnten privat versichert, ist verunsichert, ob er später von seiner Rente noch den Krankenversicherungsbeitrag für sich und seine Frau zahlen kann.

   Er spricht mit seinem betreuenden Außendienstmitarbeiter und möchte von ihm die wichtigsten Bestimmungen und Leistungen des von dem PKV-Unternehmen angebotenen Standardtarifs wissen.

3. Das Ehepaar Kolbe ist angestellt und in der GKV freiwillig versichert. Es ist sehr an einer privaten Krankenversicherung interessiert und möchte von Ihnen Vorteile wissen, die die PKV der GKV gegenüber zu bieten hat.

   Vor allem möchten die Kolbes von Ihnen Informationen, ob eine private Krankenversicherung für sie auch noch sinnvoll ist, wenn zwei Kinder hinzukommen, Frau Kolbe jedoch weiterhin ihren Beruf ausübt.

4. Herr Werker ist in der GKV versichert. Bei einem PKV-Unternehmen besteht seit 1. 5. 1996 ein Versicherungsvertrag über eine stationäre Zusatzversicherung, eine Krankenhaustagegeldversicherung von 20 € und eine Krankentagegeldversicherung von 15 €. Zum 1. 1. 2009 wird der Beitrag für die Zusatzversicherung erhöht. Die Nachricht über die Beitragserhöhung erhält Herr Werker am 13. 11. 2008. Herr Werker ist sehr verärgert und kündigt am 17. 11. 2008 den gesamten Vertrag zum 31. 12. 2008.

   Nehmen Sie zu diesem Sachverhalt Stellung.

5. Ihre Gesellschaft versendet an Versicherte, die nach dem Tarif XY versichert sind, die Mitteilung über eine Beitragsanpassung. Frau Gülden beschwert sich und verweist auf den § 8 a der MB/KK 2009, wonach eine Erhöhung des Beitrages aufgrund des Älterwerdens ausgeschlossen ist. Eine „gleich bleibende Prämie" ist für die gesamte Laufzeit des Vertrages zugesagt.

   Erklären Sie ihr die Sachlage.

6. Die Auftragslage in der Wirtschaft ist zurzeit nicht besonders gut. Ganz besonders betroffen ist Herr Münz, der im Moment nicht mehr weiß, wie er die laufenden Kosten bezahlen soll. Den Beitrag für seine private Krankenversicherung kann er nicht mehr aufbringen und bittet seinen Versicherer um Hilfe in dieser Situation.

   Welche Vorschläge unterbreiten Sie ihm, seinen Versicherungsschutz zu erhalten?

7. Herr Stern möchte von Ihnen einen Vorschlag für einen privaten Krankenversicherungsschutz. Er erzählt Ihnen, dass er 43 Jahre, selbstständig und freiwilliges Mitglied in der GKV ist. Seine Frau arbeitet als Angestellte in einem Kaufhaus und ist wie seine Tochter Sonja in der GKV pflichtversichert. Sonja ist im 2. Ausbildungsjahr zur Arzthelferin.

   Stellen Sie der Familie Stern einen passenden Versicherungsschutz zusammen und gehen Sie auch auf die Vorzüge der PKV ein.

8. Sie lernen Herrn Singer, Mitinhaber eines Unternehmens mit ca. 600 Mitarbeitern, kennen. Er möchte von Ihnen Einzelheiten über einen Gruppenversicherungsvertrag wissen.

   Erläutern Sie die Vorteile eines Gruppenversicherungsvertrages, die ihm und den versicherten Mitarbeitern gewährt werden können.

9. Frau Winterberg ist freiwilliges Mitglied der GKV. Sie bittet um ein schriftliches Angebot für eine stationäre Zusatzversicherung. Allerdings befürchtet sie, im Leistungsfall hohe Geldbeträge zunächst vorstrecken zu müssen.

   Schildern Sie die Vorteile der stationären Zusatzversicherung und nehmen Sie zur Leistungsabrechnung Stellung.

10. Ein bei Ihrer Unternehmung versicherter 30-jähriger Angestellter wird arbeitslos. Er erkundigt sich bei Ihnen, welche Auswirkungen sich dadurch auf seinen Krankenversicherungsvertrag ergeben. Es besteht ein Versicherungsschutz, der Leistungen für ambulante Behandlung, stationäre Krankenhausbehandlungen mit Wahlleistungen und Zahnbehandlungen vorsieht. Außerdem sind ein Krankenhaustagegeldtarif und ein Krankentagegeldtarif versichert.

    Verfassen Sie ein Antwortschreiben an den Kunden und gehen Sie dabei auf alle Aspekte seines Problems ein.

11. Ein Ehepaar, das bis 31. 12. 2008 Mitglied der GKV ist, schließt zum 1. 1. 2009 einen Versicherungsvertrag mit einer privaten Krankenversicherung. Es kommt für beide eine Krankheitskostenvollversicherung und für den berufstätigen Ehemann eine Krankentagegeldversicherung zustande. Nehmen Sie zu folgenden Fragen des Ehepaars Stellung:

a) Was ist unter Wartezeit zu verstehen?
b) Welche Wartezeiten gibt es gemäß MB/KT und MB/KK?
c) Wie beurteilen Sie die Frage der Wartezeiten im vorliegenden Fall?

12. Emil Schütte muss sich stationär behandeln lassen. Seine stationäre Zusatzversicherung sieht Leistungen für die Mehrkosten im Zweibettzimmer und die privatärztliche Behandlung im Krankenhaus vor.

    Erläutern Sie die Abwicklung des Leistungsfalles von der Anzeige der Krankenhausaufnahme bis zur Auszahlung der Leistungen. Gehen Sie auch auf die Prüfung der Leistungspflicht dem Grunde nach ein.

13. Ab 1. des nächsten Monats gibt der 42-jährige Herr Findeis seine Selbstständigkeit auf und übernimmt eine Stellung als angestellter Exportkaufmann. Da sein Einkommen unter der Jahresarbeitsentgeltgrenze liegt, möchte er den Versicherungsvertrag für sich und seine Familie kündigen.

    Folgende Versicherungen bestehen:

    Herr Findeis – Krankheitskostenvoll- und Krankenhaustagegeldversicherung
    Frau Findeis – wie Ehemann (sie ist Hausfrau)
    Sohn – stationäre Zusatzversicherung (Auszubildender)

    Erklären Sie dem Versicherungsnehmer, zu welchen Zeitpunkten eine Kündigung gem. MB/KK möglich ist und was er zu beachten hat.

14. Herr Meyer (Angestellter, verheiratet, zwei Kinder) hat gelesen, dass bei einer Unterbringung in einem Pflegeheim seine Kinder für die Kosten aufkommen müssen.

    Informieren Sie Herrn Meyer und bieten Sie ihm eine versicherungstechnische Lösung an.

15. Herr Knopf hat ab 1. 5. eine Krankheitskostenvoll-, eine Krankenhaustagegeld- und eine Krankentagegeldversicherung ohne Wartezeiterlass abgeschlossen. Da er leitender Angestellter ist, sieht sein Angestelltenvertrag eine längere Lohnfortzahlung im Falle der Arbeitsunfähigkeit vor, so dass die Krankentagegeldversicherung ab dem 106. Tag beginnt. Die Police erhält Herr Knopf am 17. 5. Die Prämien werden per Lastschriftverfahren vom Versicherer eingezogen. Durch eine akut auftretende Krankheit wird sofort ein stationärer Aufenthalt vom 20. 5. bis 24. 08. notwendig. Darüber hinaus ist Herr Knopf noch bis einschließlich 12. 9. arbeitsunfähig.

Nehmen Sie zu folgenden Fragen Stellung und begründen Sie Ihre Aussagen:

a) Bekommt er die Kosten des stationären Aufenthaltes erstattet?
b) Besteht Anspruch auf Krankenhaustagegeld?
c) Für wie viele Tage zahlt der Versicherer Krankentagegeld?

16. Karin Holz ist Angestellte und in der GKV freiwillig versichert. Ihr monatliches Durchschnittseinkommen beträgt netto 3 000 €.

    Sie möchte von Ihnen wissen, in welcher Höhe sie bei Ihnen eine Krankentagegeldversicherung abschließen muss, um im Krankheitsfall die Lücke zu schließen, die sich nach Ablauf der Gehaltsfortzahlung ergibt.

17. Herr Tim reicht Ihnen Belege ein.
    Prüfen Sie die Leistungspflicht und begründen Sie Ihre Entscheidung.

    Vertrag:

    - Zugang der Police bei Herrn Tim am 14. 12. 2008
    - technischer Beginn: 1. 1. 2009
    - kein Wartezeiterlass
    - Leistungsausschluss „Herz-Kreislauf- und Gefäßerkrankungen und Folgen"
    - qualifizierter Zahlungsverzug (ohne Kündigung) vom 13. 7. bis 21. 7. 2009

    eingereichte Belege:

    a) ambulante ärztliche Behandlung vom 10. 7.–18. 7. 2009
       Diagnose: akute Bronchitis
    b) stationärer Aufenthalt vom 28. 3.–3. 4. 2009
       Diagnose: Blinddarmentzündung
    c) Zahnbehandlung: 12. 5.–24. 5. 2009
       Zahnersatz: 26. 5. und 30. 5. 2009
    d) ambulante ärztliche Behandlung vom 27. 4.–2. 5. 2009
       Diagnose: Bluthochdruck
    e) ambulante ärztliche Behandlung 20. 7.–31. 7. 2009
       Diagnose: „Hexenschuss"

18. Gabi Bender hat bei Ihnen eine Krankheitskostenvollversicherung. Sie schickt Belege zur Erstattung, die am 28. 11. 2009 bei Ihnen eingehen:

    a) ambulante Behandlung in England am 18. 7. 2009; 21 £; „Insektenstich"
    b) Zahnarztrechnung vom 14. 11. 2009 über Zahnbehandlung in der Zeit vom 8. 9.–28. 10. 2009; 630 €
    c) Kopie einer Arztrechnung über ambulante Behandlung am 6. 3. 2009; 84,60 €; „Gastroenteritis"

d) ambulante Behandlung in der Zeit vom 16. 7.–30. 7. 2002; 460 €; „Verstauchung des linken Handgelenkes"
e) Apothekenquittung vom 11. 9. 2009 über Kopfschmerztabletten; 3,40 €

Was haben Sie bei der Bearbeitung dieser Belege zu beachten?

19. Tanja Bach reicht Ihnen folgende Belege zur Erstattung ein. Prüfen Sie die Leistungspflicht, begründen Sie Ihre Entscheidungen und berechnen Sie die Leistungen.

Angaben zum Vertrag:

- Tanja Bach, Bad Mergentheim
- Krankheitskostenvollversicherung
- Krankenhaustagegeld von 25 €
- Krankentagegeld ab dem 8. Tag in Höhe von 90 €

eingereichte Belege:

a) ambulante Behandlung Dr. Müller, Bad Mergentheim
10. 7.–21. 7. 2009, „Gastritis"
b) stationäre Behandlung, Bad Mergentheim
11. 10.–28. 10. 2009, „Magengeschwür"
c) Arbeitsunfähigkeitsbescheinigungen
11. 10.–5. 11. 2009, „Magengeschwür"

Fallsituationen

Sie sind Mitarbeiter/-in der Versicherungsagentur Brück:

1. Aufgabe

Herr Berger ist von den Vorzügen einer privaten Krankenversicherung überzeugt und bittet Sie als Mitarbeiter der Proximus Versicherung für sich und seine Familie ein Angebot zu unterbreiten. Er wünscht den bestmöglichen Schutz, den die Proximus Versicherung unter Berücksichtigung des Preis-/Leistungsverhältnisses zu bieten hat.

Außerdem möchte er für sich eine Krankentagegeldversicherung von 70 € ab 8. Tag sowie eine Krankenhaustagegeldversicherung für sich von 50 €, für seine Frau von 55 € und die beiden Kinder von jeweils 40 € abschließen.

	Name	Vorname	Alter	Beruf	berufl. Status
Antragsteller	Berger	Norbert	41 Jahre	Anwalt	selbstständig
Ehepartner	Berger	Marion	38 Jahre	Hausfrau	ohne
Kinder	Berger	Markus	10 Jahre	Schüler	ohne
	Berger	Sabine	8 Jahre	Schülerin	ohne
Anschrift	Hauptstr. 22, 50374 Erftstadt				
Telefon	0 22 35-9 87 33				

Unterbreiten Sie Familie Berger ein Angebot der Proximus Versicherung.

Tarife entnehmen Sie dem Bedingungswerk 2.

Das Angebot unterstellt normale Gesundheitsverhältnisse.

Monatsbeitrag

Tarif/Leistung	Antrag-steller	Ehe-partner	Kind 1	Kind 2	Leistungs-art
ambulante Heilbehandlung					
stationäre Heilbehandlung					
zahnärztliche Behandlung					
Krankenhaustagegeld					
Krankentagegeld					
Pflegepflichtversicherung					
Monatsbeitrag vers. Person					

2. Aufgabe

Frau Maren Bittner ist in der BKK pflichtversichert, 46 Jahre alt. Sie wünscht als ledige Angestellte ihren Versicherungsschutz zu erhöhen:

1. Privatpatient bei einer stationären Heilbehandlung
2. Krankenhaustagegeld für Mehraufwendungen 50 €
3. Verdienstausfall 30 €

Unterbreiten Sie Frau Bittner ein Angebot auf der Grundlage der Proximus-Tarife und gehen Sie auf das Abrechnungsverfahren der BKK und der Proximus Versicherung im Leistungsfall ein.

3. Aufgabe

Herr Johannes Grün, Bundesbeamter, möchte ein Angebot über eine Krankenversicherung, die eine Restdeckung der Kosten neben seiner Beihilfe übernimmt. Als Krankenhaustagegeldversicherung wünscht Herr Walter Grün für sich 30 € und für seine Ehefrau 20 € und für die Kinder je 10 €.

	Name	Vorname	Alter	Beruf	berufl. Status
Antragsteller	Grün	Johannes	38 Jahre	Lehrer	Beamter
Ehepartner	Grün	Wilma	35 Jahre	Hausfrau	ohne
Kinder	Grün	Bernd	12 Jahre	Schüler	ohne
	Grün	Gertrud	7 Jahre	Schülerin	ohne
Anschrift	Holzmarkt-straße 129, 10234 Berlin				
Telefon	0 30-23 43 59				

4. Aufgabe

Frau Elisabeth Edeler kann als Selbstständige von der gesetzlichen Krankenversicherung zur privaten Krankenversicherung wechseln und möchte zu einem möglichst niedrigen Beitrag versichert werden. Sie wünscht ein Krankenhaustagegeld von 40 € und ein Tagegeld von 45 € ab dem 22. Tag.

Frau Edeler ist 28 Jahre alt. Auf Grund einer Vorerkrankung müssen wir im ambulanten Bereich und beim Krankentagegeld einen Beitragszuschlag von 100 % vereinbaren.

Unterbreiten Sie Frau Edeler ein Angebot der Proximus Versicherung und erläutern Sie ihr den Leistungsumfang des Versicherungsschutzes.

Basistarif bitte nicht anbieten!

Leistungsbereich	Tarif	Erläuterungen	Monatsbeitrag
ambulante Heilbehandlung			
Zuschlag			
stationäre Heilbehandlung			
zahnärztliche Behandlung			
Krankenhaustagegeld			
Krankentagegeld			
Zuschlag			
Pflegepflichtversicherung			
		Gesamtbetrag	

5. Aufgabe

Herr Winter bittet Sie, ihm ein Angebot der Proximus Versicherung zu unterbreiten, nachdem seine Ehefrau nicht mehr versicherungspflichtig ist und er sich selbstständig gemacht hat.

	Name	Vorname	Alter	Beruf	berufl. Status
Antragsteller	Winter	Paul	33 Jahre	Architekt	selbstständig
Ehepartner	Winter	Isolde	29 Jahre	Dolmetscherin	angestellt
Kinder	Winter	Friedrich	6 Jahre	Schüler	ohne
	Winter	Brigitte	7 Jahre	Schülerin	ohne
Anschrift	Karlstraße 35, 80453 München				
Telefon	0 89-44 55 66				

Familie Winter hat sich für folgende Tarife der Proximus Versicherung entschieden:

Tarif/Leistung	Antragsteller	Ehepartner	Kind 1	Kind 2
ambulante Heilbehandlung	A 4	A 0	A 4	A 4
stationäre Heilbehandlung	S 1	S 1	S 3	S 3
zahnärztliche Behandlung	Z 2	Z 2	Z 3	Z 3
Krankenhaustagegeld	50 €	55 €	20 €	20 €
Krankent. ab 15. bzw. 43. Tag	80 €	40 €	– €	– €
Pflegepflichtversicherung	PPV	PPV	PPV	PPV

1. Berechnen Sie den Monatsbeitrag.
2. Wie hoch ist der Zuschuss des Arbeitgebers?
3. Beurteilen Sie die Wahl der Tarife aus Sicht des Kunden und zeigen Sie gegebenenfalls Alternativen auf.

Sie sind Mitarbeiter/-in der Versicherungsagentur Brück:

6. Aufgabe

Herr Berger (siehe Aufgabe Nr. 1 – Antrag) hat in der beantragten Form bei der Proximus Versicherung eine Krankenversicherung abgeschlossen. Nach sechs Jahren teilt er Ihnen nun mit, dass Sohn Markus eine Lehre als Kfz-Mechaniker begonnen hat.

In diesem Zusammenhang hat er einige Fragen:

a) Muss ich für meinen Sohn Markus noch weiter Prämie entrichten?
b) Wenn nein, was passiert mit seiner Alterungsrückstellung?
c) Um wie viel reduziert sich meine Monatsprämie?
d) In welchen Bereichen ergeben sich für meinen Sohn Versorgungslücken?
e) Ferner wünscht der Kunde für sich und seine Ehefrau eine Beitragsentlastung im Alter von je 50 €. Beide sind sechs Jahre älter geworden.

Tarif/Leistung	Antrag-steller	Ehe-partner	Kind 1	Kind 2	Neuer Monatsbeitrag/ Leistungsart
Ambulante Heilbehandlung					
Stationäre Heilbehandlung					
Zahnärztliche Behandlung					
Krankenhaustagegeld					
Krankentagegeld					
Pflegepflichtversicherung					
Beitragsentlastungsvereinbarung					
Monatsbeitrag vers. Person					

7. Aufgabe

Frau Maren Bittner (siehe Aufgabe Nr. 2 – Antrag) wünscht ihren Versicherungsschutz bei der Proximus Versicherung zu erhöhen. Sie ist zwischenzeitlich 51 Jahre alt.

a) Krankenhaustagegeld für Mehraufwendungen von 50 € auf 55 €
b) Verdienstausfall von 30 € auf 40 €
c) Zusatzversicherung Pflegetagegeld von 50 € (Tarif im Lehrbuch)
   1. Benötigen wir eine neue Gesundheitsprüfung?
   2. Berechnen Sie den neuen monatlichen Beitrag.
   3. Berechnen Sie den monatlichen Mehrbeitrag.

8. Aufgabe

Familie Grün hat bei der Proximus Versicherung (siehe Aufgabe Nr. 3 – Antrag) den gewünschten Beamtentarif abgeschlossen. Nach einem Jahr schreibt Ihnen Herr Grün, dass er für 2 Jahre freie Heilfürsorge aufgrund seines vorübergehenden Einsatzes bei der Bundeswehr genießt. Der sonstige Vertragsinhalt bleibt unverändert.

Die Prämie einer Anwartschaftversicherung beträgt 20 % des gewünschten Tarifes. Für die Anwartschaftsversicherung der Pflegepflichtversicherung gilt ein Sondersatz.

	Name	Vorname	Alter	Beruf	berufl. Status
Antragsteller	Grün	Johannes	38 Jahre	Bundeswehr	Beamter
Ehepartner	Grün	Wilma	35 Jahre	Hausfrau	ohne
Kinder	Grün	Bernd	12 Jahre	Schüler	ohne
	Grün	Gertrud	7 Jahre	Schülerin	ohne
Anschrift	Holzmarktstraße 129, 10234 Berlin				
Telefon	01 20-23 43 59				

9. Aufgabe

Frau Elisabeth Edeler (siehe Aufgabe Nr. 4 – Antrag) hat bei der Proximus Versicherung die beantragte Krankenversicherung abgeschlossen. Sie wünscht nach 3 Jahren die Anhebung des Krankentagegeldes von 45 € auf 65 € ab dem 22. Tag. Der Gesundheitszustand hat sich nicht verändert. Der Prämienzuschlag bleibt in der bisherigen Höhe bestehen.

1. Kann die Proximus Versicherung auf einer erneuten Gesundheitsprüfung bestehen?
2. Berechnen Sie der Kundin den neuen Monatsbeitrag.

10. Aufgabe

Familie Winter (siehe Aufgabe Nr. 5 – Antrag) wurde die beantragte Versicherung policiert. Leider muss die Proximus ihre Beiträge in der Krankenversicherung erhöhen.

1. Begründen Sie die Beitragsanpassung der Proximus Versicherung.
2. Berechnen Sie den neuen Monatsbeitrag, wenn die Anpassung wie folgt durchgeführt wird.
3. Berechnen Sie den Zuschuss des Arbeitgebers zur privaten Kranken- und Pflegeversicherung.

Beitragsanpassungen:

Tarif/Leistung	Antragsteller	Ehepartner	Kind 1	Kind 2
ambulante Heilbehandlung	20 %	20 %	10 %	10 %
stationäre Heilbehandlung	10 %	10 %	0 %	0 %
zahnärztliche Behandlung	5 %	5 %	0 %	0 %
Krankenhaustagegeld	0 %	0 %	0 %	0 %
Krankent. ab 15. bzw. 43. Tag	15 %	15 %		
Pflegepflichtversicherung	0 %	0 %	0 %	0 %

Schaden- und Leistungsmanagement

1. Aufgabe

Sie sind Sachbearbeiter/-in der Proximus Krankenversicherung und erhalten am 9. 6. 2008 Rechnungsbelege von Herrn Bauer für sich und seine Familie mit der Bitte, die Überweisung des Leistungsbetrages so schnell wie möglich zu veranlassen.

a) Rechnung Dr. Schröder für Herrn Bauer vom 28. 4. 2008, Köln, über 73,15 € für Behandlung am 14. und 17. 2. 2008 wegen akuter Bronchitis, Tonsillitis und Schnupfen
b) Rezept Dr. Schröder für Herrn Bauer vom 14. 2. 2008 über Hustensaft, Halsschmerztabletten und Nasentropfen, 39,30 €, aus der Römer-Apotheke bezogen
c) Rechnung Dr. Wildmann für Frau Gabi Bauer vom 9. 5. 2008, Düsseldorf, über 439,60 € für Behandlung am 3. 1., 10. 1. und 17. 1. 2008 wegen Prellung des linken Unterschenkels und Verstauchung des linken Handgelenkes
d) Rezept Dr. Wildmann für Frau Bauer vom 3. 1. 2008 über Schmerztabletten, 4,30 €, aus der Goethe-Apotheke bezogen
e) Dr. Lichtenbusch für Sohn Thorsten vom 2. 6. 2008, Köln, über 105,15 € für Behandlung am 27. 3., 30. 3. und 6. 4. 2008 wegen Windpocken

f) Rechnung Dr. Lichtenbusch für Tochter Sophie vom 2. 6. 2008, Köln, über 34,45 € für Behandlung am 10. 5. 2008 wegen Blinddarmreizung

Familie Bauer hat am 5. 1. 2008 die Police für ihre Krankheitskostenvollversicherung erhalten, mit Beginn 1. 1. 2008.

Prüfen Sie die Leistungspflicht, und geben Sie stichpunktartig an, was Herr Bauer von Ihnen erstattet bekommt. Begründen Sie Ihre Entscheidungen mit Hinweis auf die Paragrafen der Proximus-Bedingungen.

2. Aufgabe

Sie sind Mitarbeiter/-in der Proximus Krankenversicherung. Der Versicherungsnehmer Gerd Siegmundt teilt Ihnen mit, dass er seinen Lebenstraum verwirklicht und am 1. 12. 2008 für 10 Wochen nach Australien und Neuseeland reisen wird. Er möchte wissen, wie es dort mit seinem Versicherungsschutz aussieht. Gleichzeitig schickt er Ihnen folgende Belege, mit der Bitte den Leistungsbetrag auf sein Konto beim Postgiroamt zu überweisen:

a) Rechnung vom 19. 5. 2008, Zahnarzt Dr. Plotz, Hamburg, über 2 206 € für Zahnbehandlung in der Zeit vom 26. 2. 2007 bis 14. 5. 2007
b) Rechnung vom 31. 1. 2008, Dr. Sendhuber, Bad Reichenhall, 71,40 € für ambulante Behandlung vom 17. 01. 2008 wegen Verspannungen der Nackenmuskulatur
c) Rechnung vom 31. 1. 2008, Stephan Welten, Masseur, Bad Reichenhall, 6 Teilmassagen auf Verordnung von Herrn Dr. Sendhuber, 120 €
d) Rechnung St. Marien-Hospital, Hamburg, vom 23. 5. 2008 über stationäre Behandlung vom 11.–17. 5. 2008, Unterbringung im Zweibettzimmer mit privatärztlicher Behandlung, 1 050 €,
Diagnose: Blinddarmentfernung

Über den Bildschirm erhalten Sie folgende Informationen:

Qualifizierter Zahlungsverzug:	8. 3.–12. 3. 2007 und seit 15. 5. 2008 (Beitragsrückstand 488,10 €)
Krankheitskostenversicherung:	ambulant 100 % ohne SB stationär Zweibettzimmer mit privatärztlicher Behandlung Zahnbehandlung 100 % Zahnersatz 85 %
Krankenhaustagegeld:	75 € täglich
Krankentagegeld:	90 € ab 43. Tag
Pflegepflichtversicherung	

Bearbeiten Sie diesen Leistungsantrag, begründen Sie Ihre Entscheidungen, und gehen Sie in kurzen Worten auf die Frage des Versicherungsnehmers ein. (Beachten Sie hierbei die Bedingungen der Proximus Versicherung.)

3. Aufgabe

Als Sachbearbeiter/-in der Proximus Krankenversicherung erhalten Sie am 2. 5. 2009 folgende Rechnungen von Familie Klein zur Erstattung:

a) Rechnung für Frau Klein vom 28. 10. 2006, Frau Dr. Mendelen, München, über 204 € für Behandlung am 14. 9. 2006, Diagnose: Krebsvorsorgeuntersuchung
b) Rezept für Frau Klein vom 14. 9. 1999, Ovulationshemmer (3 Monatspackung), 22,65 € aus der Mohren-Apotheke, München, bezogen
c) Rechnung für Herrn Klein vom 29. 2. 2009, Dr. Erding, München, über 397,15 € für Behandlung in der Zeit vom 20. 1. bis 25. 2. 2009 wegen Halswirbelsäulensyndrom
d) Apothekenquittung der Mohren-Apotheke, München, vom 4. 1. 2009 für Herrn Klein, 12,40 €, Nasenspray und Kopfschmerztabletten
e) Rechnung für Tochter Lisa vom 21. 12. 2008, Frau Dr. Kraushaar, München, über 64 €, Behandlung am 16. und 17. 10. 2008 wegen Diarrhöe

Über den Bildschirm erhalten Sie folgende Informationen:
– Leistungsausschluss für Edmund Klein: Wirbelsäulenerkrankungen und Folgen

Prüfen Sie die Leistungspflicht, und beschreiben Sie in Stichpunkten, welche Leistungen Sie Herrn Klein zahlen, bzw. begründen Sie evtl. Ablehnungen (beachten Sie hierbei die Bedingungen der Proximus Versicherung).

4. Aufgabe

Sie sind Mitarbeiter/-in der Proximus Krankenversicherung. Am 19. 6. 2009 erhalten Sie von Frau Trester ein Schreiben mit zwei Krankenhausrechnungen sowie eine Rechnung des Chefarztes.

Frau Trester wurde am 6. 5. 2009 mit einem Herzinfarkt ins Krankenhaus eingeliefert und dort bis zum 13. 6. 2009 behandelt. Die Arbeitsunfähigkeit dauert noch an.

Über den Bildschirm erhalten Sie folgende Informationen:

Krankheitskostenversicherung:	ambulant 100 % ohne SB stationär Zweibettzimmer mit privatärztlicher Behandlung Zahnbehandlung 100 % Zahnersatz 85 %
Krankenhaustagegeld:	30 € täglich
Krankentagegeld:	80 € ab 43. Tag
Pflegepflichtversicherung	
Beginn der Versicherung:	01. 03. 2002
Erhalt der Police:	23. 03. 2002

Nehmen Sie Stellung zur Leistungspflicht und begründen Sie Ihre Entscheidung. (Beachten Sie hierbei die Bedingungen der Proximus Versicherung.)

Gehen Sie davon aus, dass keine vorvertragliche Anzeigepflichtverletzung vorliegt.

5. Aufgabe

Sie sind Mitarbeiter/-in der Proximus Krankenversicherung. Frau Lange schickt Ihnen einige Belege zur Erstattung. Außerdem schreibt sie Ihnen, dass sie vom 15. 10. 2008 während ihres Urlaubs in den USA 10 Tage arbeitsunfähig war wegen einem Herz-Kreislauf-Kollaps. Sie bittet um Überweisung des Krankentagegeldes.

a) Rechnung vom 23. 3. 2009, HNO-Arzt Dr. Geyer, Stuttgart, über 115,20 € für ambulante Behandlung in der Zeit vom 22. 11. 2008 bis 3. 12. 2008 wegen einer Mittelohrentzündung
b) Rezept Dr. Geyer vom 22. 11. 2008 für ein Antibiotikum zur Behandlung der Mittelohrentzündung über 24,30 €, bezogen aus der Straußen-Apotheke, Stuttgart
c) Rechnungs-Zweitschrift vom 8. 8. 2008, Dr. Frisch, Heilbronn, 189,10 € für eine gynäkologische Vorsorgeuntersuchung am 27. 7. 2008
d) Rechnung Dr. Smith, New York, vom 24. 10. 2008, 912,50 Dollar für ambulante Behandlung vom 15. 10. 2008 bis 25. 10. 2008, Herz-Kreislauf-Kollaps

Über den Bildschirm erhalten Sie folgende Informationen:

Krankheitskostenvollversicherung	
Krankenhaustagegeld:	75 € täglich
Krankentagegeld:	90 € ab 8. Tag
Pflegepflichtversicherung	

Bearbeiten Sie diesen Leistungsantrag und begründen Sie Ihre Entscheidungen. (Beachten Sie hierbei die Bedingungen der Proximus Versicherung.)

Kundenberatungsgespräche zur privaten Krankenversicherung

Nach Ihrem Urlaub finden Sie als Vermittlungsagent der Proximus Krankenversicherung AG mehrere Telefonnotizen Ihrer Mitarbeiter vor:

1. Alexander Schwarz hat sich gerade als Gastwirt selbstständig gemacht, bisher gesetzlich versichert, 32 Jahre, geschätztes Monatseinkommen 3 600 €, verheiratet. Er möchte wissen, welche Vorteile ihm eine private Krankenversicherung bieten kann und bittet um ein Angebot.

2. Marion Schwarz, Ehefrau von Alexander Schwarz, 31 Jahre, Angestellte bei der Kaufhof AG, Monatsgehalt 2 200 €, gesetzlich versichert, möchte den Versicherungsschutz der GKV aufbessern. Sie kennt die Unterschiede zwischen gesetzlicher und privater Krankenversicherung nicht im Einzelnen.

3. Werner Mohr, 35 Jahre, ledig, Angestellter beim WDR in Köln, gesetzlich versichert, Monatsgehalt 5 220 € wünscht eine Beratung.

   Er stellt einige Fragen:

   a) Kann ich eine private Krankenversicherung abschließen?
   b) Wie sollte ein evtl. privater Krankenversicherungsvertrag gestaltet werden?
   c) Kann ich aus der gesetzlichen Krankenversicherung ausscheiden? Wie habe ich dann vorzugehen?

4. Sabine Meister, 29 Jahre, verheiratet, keine Kinder, Beamtin bei einem Bundesamt, freiwillig gesetzlich versichert, Monatsgehalt 1 990 € interessiert sich für den Abschluss einer privaten Krankenversicherung. Sie wünscht sich Kinder und fragt, ob der Abschluss einer privaten Krankenversicherung in dieser Situation sinnvoll ist.

   Umgehend rufen Sie die Interessenten an und vereinbaren einen Gesprächstermin.

Arbeitsauftrag

Bereiten Sie mit Ihrem Partner bzw. in der Gruppe das Gespräch mit dem Interessenten vor. Berücksichtigen Sie, dass es sich um absolute Laien in Versicherungsfragen handelt.

- Erarbeiten Sie mögliche Angebote und ermitteln Sie die finanzielle Belastung des Kunden.
- Das Angebot, das Sie Ihrem Interessenten konkret vorschlagen, sollten Sie im Kundenberatungsgespräch genau abstimmen.
  – Kundeninteressen erfragen –
- Beraten Sie in einem wechselnden Rollenspiel den Kunden genau als Übung auf das 20-Minütige Kundenberatungsgespräch zur mündlichen IHK-Prüfung.

Hinweis

Nutzen Sie intensiv alle Ihnen zur Verfügung stehenden Unterlagen und Informationsquellen (z. B.: Unterrichtsmaterial, Lehrbuch, MB/KK, MB/KT usw.).

Beachten Sie auch den **Bewertungsbogen** zum Kundenberatungsgespräch der IHK.

So könnte eine Planung zum „Projekt Krankenversicherung" aussehen

Aufgabenanalyse und -verteilung in der Gruppe

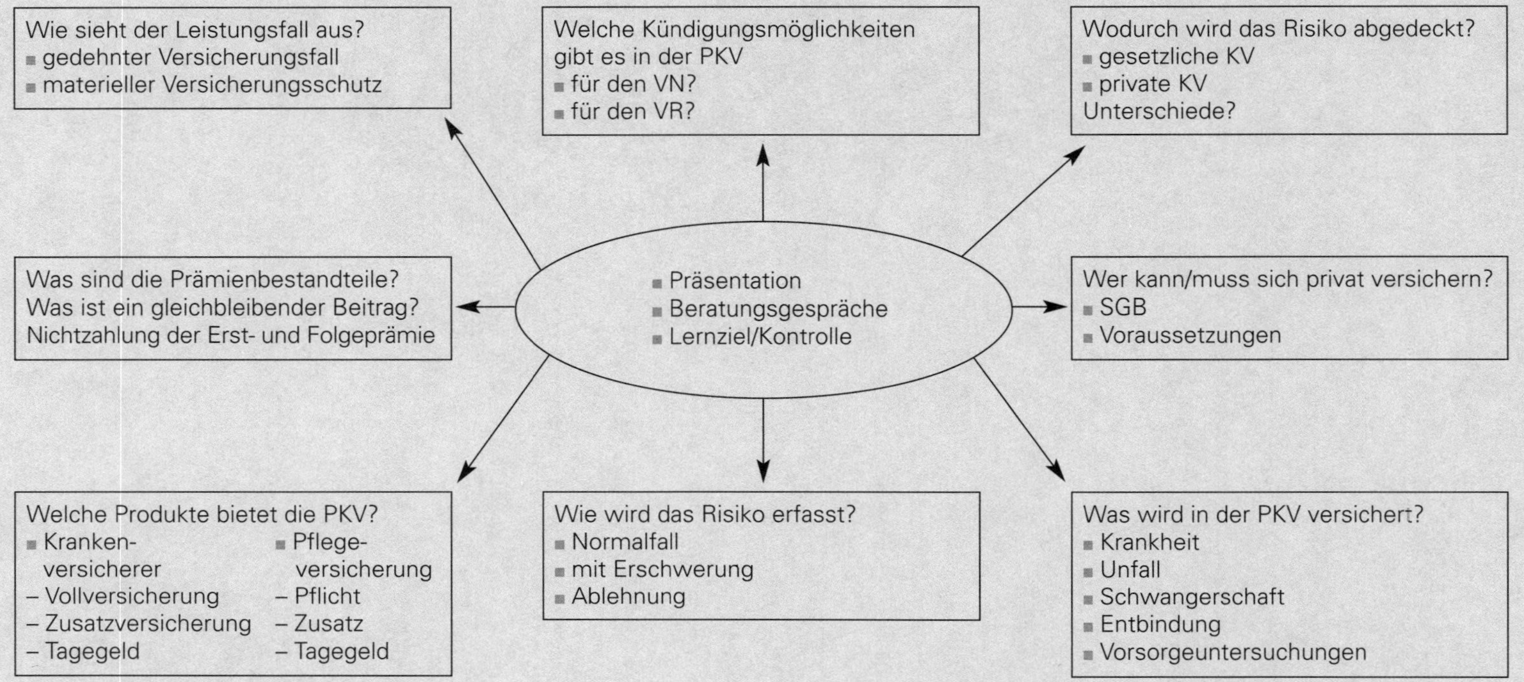

Die Gruppen der Klasse bereiten die Elemente vor und versorgen die übrigen Teilnehmer mit gezielten Materialien und führen gegenseitige Lernzielkontrollen durch. Der Lehrer überprüft die Richtigkeit der Skripte und hilft bei der Koordination.

Ausbildung zum Versicherungsfachmann/ zur Versicherungsfachfrau

Wiederholungsfragen zum Sachgebiet Private Kranken- und Pflegeversicherung

Test 1

1. Johannes Müller (62) hat seit 20 Jahren bei Ihrem Unternehmen eine Krankheitskostenvollversicherung mit Krankentagegeld und Krankenhaustagegeld versichert. Das Gehalt von Herrn Müller hat in dieser Zeit immer über der JAEG gelegen.

   Da er mit 64 Jahren in Rente gehen möchte, fragt er Sie, ob er mit Rentenbeginn seinen Vertrag in den Standardtarif umstellen kann.

   a) Ja, da das mit Rentenbeginn möglich ist, wenn er länger als 10 Jahre im Unternehmen versichert ist.
   b) Nein, er ist zwar länger als 10 Jahre im Unternehmen versichert, kann aber erst mit 65 in den Standardtarif wechseln.
   c) Ja, da er länger als 10 Jahre im Unternehmen versichert ist und das 60. Lebensjahr vollendet hat.
   d) Nein, weil er vor der Regelaltersrente in Rente gehen will.

2. Für Johanna Schmidt (60) besteht bei Ihrer Gesellschaft seit längerer Zeit eine Krankheitskostenvollversicherung und seit dem 1. 1. 2005 eine Pflegeversicherung. Jetzt möchte Frau Schmidt zu ihrer in Frankreich lebenden Tochter ziehen, da sie dort im Pflegefall von ihrer Tochter besser versorgt werden könnte.

   Frau Schmidt fragt, ob in diesem Fall Leistungen aus der Pflegepflichtversicherung erbracht würden.

   a) Ja, in Ländern mit denen ein Sozialversicherungsabkommen besteht.
   b) Nein, da Versicherungsschutz nur in Deutschland besteht.
   c) Ja, wenn eine besondere Vereinbarung getroffen wurde.
   d) Ja, im EU-Ausland ohne zeitliche Begrenzung.

3. Johann Thelen hat bei Ihrer Gesellschaft eine Krankheitskostenvollversicherung nach den MB/KK.

   Während seines Urlaubs in einem Kurort bricht er sich den Arm und muss ambulant behandelt werden.

   Herr Thelen erkundigt sich bei Ihnen, ob die Behandlungskosten von seiner Versicherung übernommen werden.

   Die Kosten ...

   a) werden nicht übernommen, da der Kurort nicht sein Hauptwohnsitz ist.
   b) werden nicht übernommen, da ambulante Heilbehandlungen in Kurorten nicht ersatzpflichtig sind.
   c) werden übernommen, da es sich nicht um eine stationäre Behandlung handelt.
   d) werden bedingungsgemäß übernommen.

4. Nils Wender ist seit dem 1. 7. des Jahres für den Fall eines Krankenhausaufenthaltes privat zusatzversichert. Es gelten die bedingungsgemäßen Wartezeiten. Am 24. 9. erhalten Sie von ihm einen Anruf aus dem Krankenhaus. Eine an diesem Tag festgestellte Lungenentzündung erfordert die sofortige Behandlung.

   Herr Wender erwartet eine klare Aussage bezüglich der Kostenübernahme durch seine private Zusatzversicherung.

   a) Eine Kostenübernahme erfolgt nicht, da der Versicherungsfall während der Wartezeit eingetreten ist.
   b) Eine Kostenübernahme erfolgt für den Teil des Krankenhausaufenthaltes, der nach Ablauf der Wartezeit liegt.
   c) Es besteht Versicherungsschutz, wenn Behandlungsende und Rechnungsstellung nach Ablauf der Wartezeit liegen.
   d) Es besteht Versicherungsschutz, da die Wartezeit nur für die Erkrankungen gilt, die bei Antragstellung bekannt waren.

5. Bert Schneider, leitender Angestellter hat seit 6 Monaten bei Ihrem Unternehmen eine Krankheitskostenvollversicherung. Seine Ehefrau ist als Halbtagskraft bei einem Steuerberater tätig und in der GKV pflichtversichert.

   Herr Schneider informiert Sie, dass er vor zwei Wochen Vater geworden ist. Leider hat der Arzt letzte Woche eine schwerwiegende Erkrankung des Kindes diagnostiziert, die eine längere Behandlungsdauer erfordert.

   Wie kann das Kind krankenversichert werden?

   Das Kind kann ...

   a) bei Ihrer Gesellschaft mit einem 100 % begrenzten Risikozuschlag versichert werden.
   b) bei Ihrem Unternehmen ohne Risikozuschlag versichert werden.
   c) bei Ihrer Gesellschaft mit einem auf die Dauer der Behandlung begrenzten Risikozuschlag versichert werden.
   d) im Rahmen der Familienversicherung bei der Mutter in der GKV versichert werden.
   e) beitragsfrei in der GKV versichert werden, sofern die Mutter ihren Erziehungsurlaub in Anspruch nimmt.

6. Sie erläutern Markus Seeheimer die Notwendigkeit der zusätzlichen Absicherung zur sozialen Pflegeversicherung.

   Dabei stellen Sie besonders heraus, dass die soziale Pflegeversicherung ...

   a) nur bei stationärer Pflege in vollem Umfang leistet.
   b) nur bei medizinischer Notwendigkeit Heil- und Pflegekosten zahlt, die Pflegezusatzversicherung aber unabhängig davon leistet.
   c) nur dann leistet, wenn die Unterbringung in einer Pflegeeinrichtung erfolgt, die Zusatzversicherung auch leistet, wenn es sich um Heimunterbringung handelt.
   d) bei stationärer Pflege nur für Pflegekosten zahlt, nicht aber für Unterbringung und Verpflegung.

7. Marion Meister ist Mitglied der GKV. Ihr Mann ist selbstständig und hat infolge einer schlechten Erwerbslage lt. Steuerbescheid keine positiven Einkünfte.

   Besteht für Herrn Meister die Möglichkeit, sich bei seiner Frau beitragsfrei mitzuversichern?

   a) Ja, da Herr Meister kein eigenes Einkommen hat.
   b) Nein, da für die Beitragsermittlung nicht der Steuerbescheid, sondern die anteilig auf Herrn Meister anfallenden Einnahmen maßgeblich sind.
   c) Nein, da hauptberuflich Selbstständige keinen Anspruch auf Familienversicherung haben, auch dann nicht, wenn ihr Einkommen die Grenze von 400 € unterschreitet.
   d) Ja, da Herr Meister als geringfügig Beschäftigter zu betrachten ist; er muss jedoch die Pauschalbeiträge entrichten.

8. In einem Beratungsgespräch erfahren Sie von Klaus Vogt, dass seine Frau Ina ein Haus geerbt hat. Die Mieteinnahmen aus diesem Haus betragen 700 € im Monat. Seine Versicherungssituation beschreibt er wie folgt:

   Herr Vogt (38) ist kaufmännischer Angestellter. Er verdient monatlich 3 000 € brutto und ist GKV-versichert. Seine Frau (35) ist Hausfrau und wie die Tochter (9, Schülerin) bei ihm familienversichert.

   Welche Aussage treffen Sie zu dem Krankenversicherungsschutz der Familie Vogt?

   a) Frau Vogt hat keinen Anspruch mehr darauf, in der Familienversicherung eingeschlossen zu sein und muss einen eigenen Beitrag für ihren Versicherungsschutz zahlen.
   b) An der Krankenversicherungssituation ändert sich nichts, eine Grundversorgung besteht.
   c) Da das Ehepaar Vogt jetzt mit ihren Gesamteinkünften über der JAEG liegt, wird Herr Vogt freiwilliges Mitglied in der GKV.
   d) Frau Vogt liegt nun über der Geringverdienergrenze und muss sich selbst pflichtversichern.

9. Martin Müller aus Dortmund ist freiwilliges Mitglied bei der BAK. Monatlich zahlt er einen Beitrag von 475,88 € einschließlich der sozialen Pflegeversicherung. Herr Müller interessiert sich für eine Krankheitskostenvollversicherung. Der Beitrag hierfür liegt bei 420 € zuzüglich 40 € für die private Pflegepflichtversicherung. Der Durchschnittsbeitragssatz beträgt 15,5 % zuzüglich 1,95 % für die soziale Pflegeversicherung. Die Jahresarbeitsentgeltgrenze liegt bei 3 675 €.

   Wie hoch ist der Arbeitgeberzuschuss zur Krankheitskostenvollversicherung inklusive PPV?

10. Gerd und Ursula Wössner sind seit 5 Jahren bei Ihrer Gesellschaft privat krankenversichert.

    Jetzt hat sich das Ehepaar entschlossen, ein Kind zu adoptieren. Der Adoptivsohn (9) leidet nach ärztlicher Untersuchung unter Asthma.

    Herr Wössner fragt Sie, ob Ihre Gesellschaft das Kind versichern würde.

    a) Nein, da nur bei Neugeborenen eine Verpflichtung besteht, das Kind anzunehmen.
    b) Ja, da Adoptivkinder Neugeborenen gleichgestellt sind; jedoch kann von Ihrer Gesellschaft ein Risikozuschlag in beliebiger Höhe erhoben werden.
    c) Ja, da Adoptivkinder Neugeborenen gleichgestellt sind, jedoch kann von Ihrer Gesellschaft ein Risikozuschlag bis zur einfachen Höhe des Beitrags erhoben werden.
    d) Nein, da Adoptivkinder nur bis zur Vollendung des 7. Lebensjahres Neugeborenen gleichgestellt werden.

11. Während des Gesprächs erläutern Sie Karl Gellert die Honorargestaltung der Ärzte, wenn er als Privatpatient im Krankenhaus behandelt wird.

    Herr Gellert fragt daraufhin besorgt, ob ein Arzt die Höhe der Rechnung beliebig festlegen kann.

    Nach der Gebührenordnung für Ärzte ...

    a) ist der Arzt gehalten, sich vor Behandlungsbeginn über den Umfang des Versicherungsschutzes des Patienten zu informieren.
    b) liegt die Höhe der Rechnungsstellung im Ermessen des Arztes.
    c) benötigt der Arzt oberhalb des Höchstsatzes das schriftliche Einverständnis des Patienten.
    d) gelten für die Rechnungshöhe Pauschalen, die nur mit Zustimmung des Patienten geändert werden können.

12. Martin Zakowsky (kfm. Angestellter) pflegt seine Mutter und erhält von ihr für diese Tätigkeit das monatliche Pflegegeld in Höhe von 200 €.

    Bevor er seine Einkommensteuererklärung beim Finanzamt abgibt, bittet er Sie um Auskunft, inwieweit er das bezogene Pflegegeld versteuern muss.

    a) Im Rahmen des vom Gesetzgeber für Arbeitnehmer eingeräumten Vorwegabzugs ist das ausgezahlte Pflegegeld bis zu einer Obergrenze von 1 432 € steuerfrei.
    b) Das bezogene Pflegegeld stellt für ihn ein zusätzliches Einkommen dar und muss in voller Höhe versteuert werden.
    c) Nach Berücksichtigung bestimmter Freibeträge wird der darüber hinaus gehende Teil individuell besteuert.
    d) Gewährte Pflegegeldleistungen werden steuerfrei ausgezahlt.

13. Monika Ulfig ist leitende Angestellte und freiwillig in der GKV versichert. Sie besprechen mit ihr die Leistungen dieser Krankenversicherung und kommen auch auf den Anspruch auf Krankengeld zu sprechen. Dabei erklären Sie ihr, dass ein Einkommensverlust entstehen kann.

    Reduziert um die Arbeitnehmeranteile zur Renten-, Arbeitslosen- und Pflegeversicherung, zahlt die gesetzliche Krankenversicherung 70 % ...

    a) von der Jahresarbeitsentgeltgrenze.
    b) vom Nettogehalt.
    c) vom Bruttogehalt, maximal 70 % der Beitragsbemessungsgrenze, jedoch nicht mehr als 90 % vom Nettogehalt.
    d) vom Bruttogehalt.

14. Sie klären gemeinsam mit Ihrem Kunden Horst Winkler, ob Krankenversicherungspflicht vorliegt. Zu diesem Zweck schlüsseln Sie das Gesamtbruttoeinkommen auf.

    Welche der folgenden Positionen muss bei der Ermittlung des maßgeblichen Jahresarbeitsentgelts unberücksichtigt bleiben?

    a) vertragliches Urlaubsgeld
    b) Sachbezüge (z. B. firmeneigener Dienstwagen)
    c) Familienzuschlag
    d) Vermögenswirksame Leistungen

15. Erna Kunze wird von Ihnen zum Thema private Krankenversicherung beraten.

    Sie möchte wissen, in welchem Falle sie Leistungen aus ihrer Pflegeversicherung erhalten kann.

    Sie erhält Leistungen, wenn sie ...

    a) voraussichtlich für mindestens 1 Jahr der Hilfe bedarf.
    b) auf Dauer, voraussichtlich für mindestens 1 Jahr der Hilfe bedarf.
    c) auf Dauer voraussichtlich für mindestens 6 Monate der Hilfe bedarf.
    d) voraussichtlich für 6 Monate der Hilfe bedarf.

16. Ingo Knöbel ist Angestellter mit einem Einkommen über der Jahresarbeitsentgeltgrenze. Er möchte von der GKV in die PKV wechseln.

    Er fragt Sie, ob er sich dann auch privat pflegeversichern muss.

    a) Die soziale Pflegeversicherung (SPV) wird durch die private Pflegepflichtversicherung (PPV) lediglich ergänzt.
    b) Da er bereits in der SPV Anwartschaften erworben hat, sollte er diese fortführen.
    c) Er hat ein Wahlrecht zwischen SPV und PPV.
    d) Aufgrund seines Einkommens kann er sich von der Pflegeversicherungspflicht innerhalb von drei Monaten befreien lassen.
    e) Da er eine private Krankheitskostenvollversicherung abschließen möchte, muss er sich auch privat pflegeversichern.

17. Ferdinand Knaup hat mehrere Jahre in den USA studiert. Nach seiner Rückkehr kündigt er nach halbjähriger Mitgliedschaft zum 31. 12. bei der GKV und schließt zum 1. 1. eine Krankheitskostenvollversicherung in der PKV ab. Er legt eine Bescheinigung über die Mitgliedschaft in der GKV vor.

    Daraufhin erklären Sie Herrn Knaup, ab wann er vollen Versicherungsschutz hat.

    a) 1. 1.
    b) 1. 3.
    c) 1. 4.
    d) 1. 9.

18. Leonard Gessler hat bei Ihrer Gesellschaft seit vielen Jahren eine Krankheitskostenvollversicherung. Er wird in Kürze seinen Rentenantrag stellen.

    Deshalb fragt er Sie, wie der wegfallende Arbeitgeberzuschuss im Rentenalter ausgeglichen wird.

    Er erhält als Zuschuss des Rentenversicherungsträgers ...

    a) den halben durchschnittlichen allgemeinen Beitragssatz der GKV auf den Zahlbetrag der Rente aus der GRV, maximal 50 % des zu zahlenden Beitrages.
    b) die Hälfte des PKV-Beitrages, maximal den halben durchschnittlichen allgemeinen Beitragssatz der GKV.
    c) den halben allgemeinen Beitragssatz auf den Zahlbetrag der Rente aus der GRV und rentenähnliche Einkünfte.
    d) den durchschnittlichen allgemeinen Beitragssatz der GKV, maximal 50 % des tatsächlich zu zahlenden Beitrages.

19. Hannes Wander hat bei Ihrer Gesellschaft vor zweieinhalb Jahren eine Pflegezusatzversicherung abgeschlossen. Nach einem schweren Unfall ist Herr Wander nun dauernd pflegebedürftig.

    Herr Wander erkundigt sich bei Ihnen, wann Ihre Gesellschaft leistet.

    Sie erläutern, dass ...

    a) keine Leistungspflicht besteht, da der Unfall während der dreijährigen Wartezeit eingetreten ist.
    b) keine Leistungspflicht besteht, da der Unfall während der fünfjährigen Wartezeit eingetreten ist.
    c) nach Ablauf der dreijährigen Wartezeit die vertraglichen Leistungen erbracht werden.
    d) nach Ablauf der fünfjährigen Wartezeit die vertraglichen Leistungen erbracht werden.

20. Frau Richter hat bei ihrer Gesellschaft eine Krankentagegeldversicherung. Sie teilt Ihnen mit, dass sie nach längerer Arbeitsunfähigkeit nunmehr berufsunfähig ist.

    Frau Richter möchte von Ihnen wissen, welche Auswirkungen dies auf ihren Versicherungsschutz hat.

    a) Der Eintritt von Berufsunfähigkeit hat keinen Einfluss auf den Versicherungsvertrag. Sie erhält ihr Krankentagegeld bis zur Aussteuerung.
    b) Bei Eintritt von Berufsunfähigkeit endet der Vertrag und damit die Leistungszahlung sofort.
    c) Ihr Vertrag endete mit dem Tag, an dem sie den Rentenantrag wegen Berufsunfähigkeit gestellt hat.
    d) Bei Eintritt von Berufsunfähigkeit erbringt der Versicherer die Krankentagegeldleistung noch für längstens weitere drei Monate.

Ausbildung zum Versicherungsfachmann/ zur Versicherungsfachfrau

Wiederholungsfragen zum Sachgebiet Private Kranken- und Pflegeversicherung

Test 2

1. Ihre Kundin, Frau Kahn, erwartet ein Kind. Welche Voraussetzungen müssen erfüllt sein, damit der Versicherungsschutz für das Neugeborene im Rahmen ihrer Privaten Krankenversicherung ohne Wartezeiten beginnt?

   1. Frau Kahn muss selbst alle Wartezeiten erfüllt haben.
   2. Sie muss seit mindestens 3 Monaten versichert sein.
   3. Die Anmeldung muss vor der Geburt erfolgen.
   4. Die Anmeldung muss rückwirkend zum 1. des Geburtsmonats erfolgen.
   5. Der Beginn des Versicherungsschutzes kann beliebig gewählt werden.
   6. Der Versicherungsschutz darf nicht höher/umfassender sein als der von Frau Kahn.
   7. Die Anmeldung muss innerhalb von 2 Monaten nach der Geburt erfolgen.

   Welche Kombination ist richtig?

   a) 1, 4, 6, 7
   b) 2, 4, 5, 7
   c) 1, 3, 6
   d) 2, 6, 7
   e) 2, 3, 6

2. Frau Therese Wilken beabsichtigt, sich in Kürze einem Face-Lifting zu unterziehen. Frau Wilken fragt, in welcher Höhe die Kosten für diese Behandlung durch die PKV übernommen werden.

   Sie zeigen ihr auf, dass ...

   a) Schönheitsoperationen grundsätzlich nicht übernommen werden.
   b) auch medizinisch notwendige Schönheitsoperationen nicht übernommen werden.
   c) Schönheitsoperationen nur bei stationärem Aufenthalt übernommen werden.
   d) bei Schönheitsoperationen nur das Arzthonorar übernommen wird.
   e) bei Schönheitsoperationen nur die ambulanten Behandlungskosten übernommen werden.

3. Der seit vielen Jahren bei Ihrer Gesellschaft privat krankenversicherte Hans Meurer wird in zwei Monaten Rentner. Nun beschäftigt ihn die Frage, ob er auch zukünftig einen Zuschuss zu seiner privaten Krankenversicherung erhält.

   Sie erklären ihm, dass privat krankenversicherte Rentner ...

   a) den maximalen Höchstbetrag zur GKV/SPV in voller Höhe selbst zu zahlen haben.
   b) von ihrem Rentenversicherungsträger einen Zuschuss, bezogen auf den Zahlbetrag der gesetzlichen Rente, zu ihrer privaten Krankenversicherung erhalten.
   c) beim Wechsel in den brancheneinheitlichen Standardtarif für Rentner einen Festbetragszuschuss erhalten.
   d) nur im brancheneinheitlichen Standardtarif für Rentner einen Zuschuss von ihrem Rentenversicherungsträger erhalten.

4. Markus Meier liegt seit einigen Wochen nach einer komplizierten Knie-OP im Krankenhaus. Er ist seit drei Jahren bei Ihrer Gesellschaft privat krankenversichert.

   Für ihn stellt sich die Frage, wie lange die Versicherung die Krankheitskosten übernimmt.

   Der Versicherer leistet, ...

   a) bis keine medizinisch notwendige Heilbehandlung mehr nötig ist.
   b) bis eine Erwerbsminderung eingetreten ist.
   c) bis zur Feststellung einer Pflegebedürftigkeit.
   d) bis der Arzt Arbeitsfähigkeit bescheinigt.

5. Herr Baum ist angestellter Kfz-Meister und seit drei Jahren in der GKV freiwillig versichert. Aufgeschreckt durch die Probleme in der GKV möchte er sich privat krankenversichern. Seine Frau ist als angestellte Industriekauffrau pflichtversichert, die kleine Tochter soll ebenfalls privat vollversichert werden. Nach Antragsannahme durch den Versicherer beträgt sein Beitrag 510 €, der seiner Tochter 145 €.

   Wie hoch ist der Anspruch auf Arbeitgeberzuschuss?

   Der Arbeitgeberzuschuss beträgt ...

   a) die Hälfte seines Beitrages einschließlich des Betrages für seine Tochter, maximal jedoch den halben Höchstbetrag seiner bisherigen Krankenkasse.
   b) die Hälfte seines Beitrages einschließlich des Betrages für seine Tochter, maximal jedoch die Hälfte des ermäßigten durchschnittlichen Beitragssatzes aller Kassen.
   c) die Hälfte seines Beitrages einschließlich des Beitrages für seine Tochter, maximal jedoch die Hälfte des allgemeinen durchschnittlichen Höchstbetrages aller Kassen.
   d) die Hälfte seines Beitrages, maximal die Hälfte des Höchstbetrages zur GKV.

6. Frau List hat den Antrag für ihre private Krankheitskostenvollversicherung unterschrieben und interessiert sich jetzt noch für den Abrechnungsmodus. Sie erklären ihr das Kostenerstattungsprinzip und zeigen Frau List eine Bespielrechnung. Ihr fällt auf, dass diese doch recht hoch ist.

   Sie weisen sie darauf hin, dass der behandelnde Arzt persönliche privatärztliche Leistungen nach der derzeit gültigen Gebührenordnung (GOÄ) abrechnet.

   Welche Gebührensätze kann er in Anrechnung bringen?

   a) Er kann mit schriftlicher Zustimmung des Patienten auch über den 2,3-fachen Satz hinaus liquidieren.
   b) Er kann mit mündlicher Einwilligung des Patienten auch über den 1,0-fachen Satz liquidieren.
   c) Er kann ohne Begründung den 1,0- bis 2,3-fachen Satz berechnen.
   d) Er muss mindestens den 1,5-fachen Satz berechnen, darf aber ohne weitere Begründung bis zum 3,5-fachen Satz abrechnen.

7. Ihre Kundin Frau Sylvia Fahrnhorst hat in den Medien von den Leistungseinschränkungen in der GKV gehört. Im Rahmen eines Beratungsgespräches zu einer Krankheitskosten-Zusatzversicherung möchte sie nun von Ihnen wissen, welche Kosten die GKV tatsächlich erstattet.

   Sie nennen Frau Fahrnhorst folgende Kosten, die von der GKV satzungsgemäß erstattet werden:

   1 Behandlung bei einem niedergelassenen Arzt
   2 medizinisch notwendige stationäre Krankenhausbehandlung
   3 Verdienstausfall durch Arbeitsunfähigkeit infolge einer Krankheit
   4 Zahnbehandlung
   5 Krankenrücktransport aus dem Ausland
   6 Gebühren aus einer Honorarvereinbarung

8. Ihr Kunde Nils Kröger ruft Sie aus dem Krankenhaus an. Er musste heute (22. 1.) wegen Darmbeschwerden auf unbestimmte Zeit stationär in die Klinik. Er möchte von Ihnen wissen, ab wann er Leistungen aus der am 1. 11. des Vorjahres abgeschlossenen Krankenhauskosten-Zusatzversicherung erhält.

   Sie erläutern ihm, ...

   a) dass hierfür keine Erstattung erfolgt, weil der Versicherungsfall während der Wartezeit eingetreten ist.
   b) dass die Kostenübernahme für den Teil des Krankenhausaufenthaltes erfolgt, der nach Ablauf der Wartezeit von drei Monaten anfällt.
   c) dass für akut aufgetretene Erkrankungen, wie in seinem Fall, keine Wartezeiten gelten.
   d) dass die Kostenübernahme für den Teil des Krankenhausaufenthaltes erfolgt, der nach Ablauf der Wartezeit von acht Monaten anfällt.

9. Sie beraten den Interessenten Franz Riesling (alleinerziehend) zu einer Pflegeergänzungsversicherung und erklären ihm in diesem Zusammenhang die wichtigsten Kriterien zur Beitragsermittlung in der Sozialen Pflegeversicherung. Das Einkommen von Herr Riesling beträgt 5 350 € monatlich (12 Gehälter).

   Wie hoch ist der monatliche Gesamtbeitrag zur sozialen Pflegepflichtversicherung von Herrn Riesling?

   _______ €

10. Frau Renate Schlüssler (42, Arbeitnehmerin, unverheiratet) hat bei Ihrer Gesellschaft vor 6 Jahren eine private Krankheitskostenvollversicherung abgeschlossen.

    Durch eine innerbetriebliche Versetzung verbunden mit einer Kürzung ihres Einkommens liegt ihr Verdienst ab dem nächsten Monat unterhalb der aktuellen Jahresarbeitsentgeltgrenze.

    Frau Schlüssler möchte weiterhin privat krankenversichert bleiben.

    Sie informieren sie, dass ...

    a) sie versicherungspflichtig wird und in die GKV zurückkehren muss.
    b) sie grundsätzlich versicherungspflichtig wird, jedoch die Möglichkeit hat, sich innerhalb von drei Monaten davon befreien zu lassen.
    c) in ihrem Fall, da sie bereits 5 Jahre privat krankenversichert ist, die Versicherungspflicht nicht eintritt.
    d) sie versicherungspflichtig wird und zum 1. Januar des darauffolgenden Jahres in die GKV zurückkehren muss.

11. Hans Beil hatte im Urlaub auf Kuba einen schweren Unfall und musste 3 Wochen in einem öffentlichen Krankenhaus behandelt werden.

    Nach seiner Rückkehr nach Deutschland fragt er Sie, ob er die Leistungen aus seiner Krankenhaustagegeldversicherung erhalten wird.

    a) Nein, da die Krankenhaustagegeldversicherung nur in Europa Leistungen erbringt.
    b) Ja, in diesem Fall leistet die Krankenhaustagegeldversicherung auch im außereuropäischen Ausland.
    c) Ja, sofern er die Reise vor Antritt beim Versicherer angezeigt hatte.
    d) Nein, da er den Unfall nicht innerhalb von 48 Stunden gemeldet hat.

12. Heute hat Herr Spieler seine Police zur Krankheitskostenvollversicherung erhalten, die er bei Ihrer Gesellschaft beantragt hatte. Sehr erfreut darüber, dass sein Antrag ohne Beanstandungen angenommen wurde, fragt er Sie, zu welchem Termin er nun seine GKV-Mitgliedschaft kündigen muss.

    Herr Spieler kann in dem Kündigungsschreiben die Kündigung frühestens auf das ...

    a) Quartalsende mit einer Frist von sechs Wochen datieren.
    b) Jahresende mit einer Frist von drei Monaten datieren.
    c) Ende des nächsten Monats datieren.
    d) Ende des übernächsten Kalendermonats datieren.
    e) Ende des laufenden Monats datieren.

13. Moritz Bleibtreu ist schon seit Jahren bei Ihnen mit einer privaten Krankheitskosten-Vollversicherung inklusive Krankentagegeld versichert. Während seines Winterurlaubs in Italien erlitt er einen schweren Skiunfall. Aus diesem Grund musste er für zwei Monate im Städtischen Krankenhaus von Meran behandelt werden.

    Herr Bleibtreu fragt bei Ihnen nach, ob er hierfür auch Krankentagegeld bekommt.

    a) Ja, im Falle eines medizinisch notwendigen Krankenhausaufenthaltes im europäischen Ausland wird Krankentagegeld im vertraglichen Umfang gezahlt.
    b) Ja, da der Ort der Erkrankung unerheblich ist, wenn der behandelnde Arzt in Italien eine Arbeitsunfähigkeitsbescheinigung ausfüllt.
    c) Nein, nur bei dienstlichen Reisen wird Krankentagegeld auch im europäischen Ausland gezahlt.
    d) Nein, da der Geltungsbereich für eine Krankentagegeldversicherung auf Deutschland begrenzt ist.

14. Die Ehefrau Ihres Kunden Mark Hof ruft Sie an. Ihr Mann hat einen Schlaganfall erlitten und wird dauerhaft gelähmt sein. Er ist zur stationären Pflege in ein Pflegeheim eingewiesen worden. Die Kosten für diesen Pflegesatz belaufen sich monatlich auf 3 200 Euro.

    Hiervon entfallen 1 300 Euro auf die pflegerischen Leistungen und 1 900 Euro auf Unterkunft und Verpflegung. In der Pflegestufe II werden pro Kalendermonat folgende Leistungen erbracht:

    - ambulante Pflegesachleistung: 1 040 €
    - stationäre Pflegesachleistung: 1 279 €
    - Pflegegeld: 430 €

    Frau Hof fragt, welche Kosten Sie unter Berücksichtigung der Leistung der PPV aus eigener Tasche zahlen muss.

    a) 1 921 €
    b) 1 432 €
    c) 1 900 €
    d) 1 300 €
    e) 1 688 €

15. Karl Zunft macht sich zum nächsten Monatsersten selbstständig. Seine Frau wird dann bei ihm für 425 Euro als Büroangestellte arbeiten. Herr und Frau Zunft sind derzeit in der GKV pflichtversichert, für die beiden Kinder besteht beitragsfreier Familienversicherungsschutz.

    Herr Zunft überlegt eine Krankheitskostenvollversicherung abzuschließen.

    Welche Konsequenzen ergeben sich daraus für den Krankenversicherungsschutz der Familie Zunft?

    a) Die Familienversicherung für die Kinder entfällt, da die Einkünfte von Frau Zunft über der Grenze für geringfügig Beschäftigte liegen.
    b) Wenn Herr Zunft regelmäßig über der Jahresentgeltgrenze verdient, müssen Frau und Kinder entweder privat oder mit Beitrag zusätzlich versichert werden.
    c) Da Frau Zunft geringfügig Beschäftigte ist, fällt die beitragsfreie Familienversicherung weg und alle Familienmitglieder müssen sich privat versichern.
    d) Sollte Herr Zunft regelmäßig über ein Zwölftel der Jahrearbeitsentgeltgrenze verdienen, wird die beitragsfreie Familienversicherung für die Kinder wegfallen. Für Frau Zunft ändert sich nichts.
    e) Die beitragsfreie Familienversicherung für die Kinder fällt weg, da Herr Zunft ein höheres Einkommen hat als seine Frau. Für die Ehefrau bleibt alles so wie bisher.

16. Ihr Kunde Frank Teuber hat schon seit Jahren eine Krankheitskostenvollversicherung. Seine Frau Martina möchte sich ebenfalls bei Ihnen privat krankenversichern. Da das Ehepaar Teuber in den nächsten zwei Jahren Nachwuchs plant, sprechen Sie auch über die Konsequenzen für die Krankenversicherung in der Elternzeit.

    Was sagen Sie Frau Teuber zu diesem Thema?

    Die Krankheitskostenvollversicherung ...

    a) Es ändert sich im Prinzip nichts, außer dass der bisher gezahlte Arbeitgeberzuschuss vom Arbeitsamt überwiesen wird.
    b) besteht in der Elternzeit unverändert weiter.
    c) besteht unverändert weiter, allerdings ohne den Arbeitgeberzuschuss.
    d) Der Vertrag wird um das Krankentagegeld reduziert, da keine Arbeitsunfähigkeit bestehen kann.

17. Sie erklären Ihrem Kunden Bernd Werda, dass er als pflichtversicherter Arbeitnehmer in der GKV bei längerer Arbeitsunfähigkeit Krankengeld erhält. Allerdings werden hier gegenüber seinem Nettoverdienst einige Abzüge fällig.

    Um ihm das zu verdeutlichen, erklären Sie ihm, wie sich der zu erwartende Krankengeldanspruch errechnet.

    a) 90 % vom Netto abzüglich Arbeitnehmer-Anteil zur GRV, Arbeitslosenversicherung und Sozialen Pflegeversicherung.
    b) 70 % vom Brutto abzüglich Arbeitnehmer-Anteil zur GRV, GKV und Sozialen Pflegeversicherung
    c) 70 % vom Brutto abzüglich Arbeitnehmer-Anteil zur GKV, GRV, Arbeitslosenversicherung und Sozialen Pflegeversicherung
    d) 90 % vom Netto abzüglich Arbeitnehmer-Anteil zur GKV, GRV, Arbeitslosenversicherung und Sozialen Pflegeversicherung

18. Herr Ludwig Renn hat vor 5 Jahren bei Ihnen eine Krankheitskostenvollversicherung abgeschlossen. Er teilt Ihnen mit, dass er seit dem 3. März einen neuen Wohnsitz in Paris hat.

    Gleichzeitig übersendet er Ihnen mehrere Arztrechnungen teils aus Deutschland teils aus Paris für den Behandlungszeitraum Januar bis April. Die Rechnungen entsprechen inhaltlich den Vorschriften der GOÄ.

    Hat sein Wohnsitzwechsel Auswirkungen auf die Erstattung der Rechnungen?

    a) Alle Rechnungen werden erstattet, jedoch nur bis zum vertraglichen Anspruch innerhalb Deutschlands.
    b) Da er den Wohnsitzwechsel nicht fristgemäß gemeldet hat, hat der Versicherer das Recht die Rechnungen anteilig zu kürzen.
    c) Der Umzug hat keinerlei Auswirkungen auf seinen Versicherungsschutz, da im europäischen Ausland gemäß MB/KK uneingeschränkter Versicherungsschutz besteht.
    d) Alle Rechnungen werden erstattet, jedoch werden bei den Rechnungen ab 1. März die im Rahmen des europäischen Krankenversicherungsabkommens üblichen Erstattungsgrenzen berücksichtigt.

19. Die gesamte Familie Brand ist bei Ihrer Versicherung krankheitskostenvollversichert. Am 1. 9. diesen Jahres wird die Tochter Sophie (16) eine Ausbildung zur Industriekauffrau beginnen.

    Herr Brand fragt, welche Änderungen sich daraus für seine Tochter in Bezug auf ihre Krankenversicherung ergeben?

    Seine Tochter ...

    1 kann die bestehende KV-Vollversicherung in eine Zusatzversicherung umstellen.
    2 kann sich von der Versicherungspflicht befreien lassen und in der PKV bleiben.
    3 bleibt selbstverständlich in der PKV, da ihr und ihren Eltern die Vorversicherungszeiten in der GKV fehlen, um wieder versichert werden zu können.
    4 ist mit Aufnahme ihrer Berufsausbildung in der GKV pflichtversichert.

20. Die Firma des Herrn Richter hat wirtschaftliche Schwierigkeiten. Der letzte Steuerbescheid weist keine positiven Einkünfte aus. Bei der Überlegung Kosten zu sparen, kommt ihm der Gedanke, seine private Krankenkostenvollversicherung zu kündigen und sich bei seiner gesetzlich versicherten Frau beitragsfrei mitzuversichern.

    Ist dies für Herrn Richter möglich?

    a) Ja, da Herr Richter über kein eigenes Einkommen verfügt.
    b) Nein, da er hauptberuflich selbstständig erwerbsfähig ist.
    c) Ja, wenn er mit seinem Einkommen als geringfügig beschäftigt gilt.
    d) Das geht nicht, da es nicht abzusehen ist, ob er in der nahen Zukunft über ein ausreichendes Einkommen verfügt.

Stichwortverzeichnis

A

Ablehnung 109
Abrechnung 149
Abzugsfähigkeit
– steuerliche 99
Abzugsfranchise 73
Altersvorsorgeaufwendungen 177
Alterungsrückstellungen 76, 122, 123, 125
Amtsgericht 165
Anfechtung 173, 175
Angaben
– versicherungstechnische 105
Anpassung
– dynamische 214
Antragsannahme 108
Anwartschaft
– große 83
– kleine 83
Anwartschaftsversicherung 82
– in der privaten Pflegepflichtversicherung 84
Arbeitgeberanteil 177
Arbeitgeberzuschuss 49
Arbeitnehmer
– höherverdienende 46
Arznei- und Verbandmittel 25
Ärzte 149
Auffanggesellschaft 131
Aufsichtsrecht 99
Auslandsreise-Krankenversicherung 69, 70
Ausscheideordnung 118, 119
Ausschlüsse 159

B

Basistarif 57
Beamte 44
Beendigungsgründe 173
Begrenzung
– des objektiven Risikos 111
– des subjektiven Risikos 111
Behandlung
– ärztliche 24
– kieferorthopädische 24
– zahnärztliche 24
Beihilfen 45
Beihilfesatz 45
Beitrag
– Aufbau des 122
Beiträge 185, 209
Beitragsanpassung 129
Beitragsbegrenzung 60
Beitragsbemessung 14
Beitragsberechnung 86
Beitragsentlastung
– im Alter 72
Beitragsentlastungsstrategie 130
Beitragskalkulation
– Veränderungen bei der 124
Beitragsrückerstattung 113, 114
Beitragsvergleich 189
Beitragszahlung 14
Beitragszuschlag 126
Beitragszuschuss 14
Belastung
– außergewöhnliche 181
– zumutbare 183
Belastungsgrenze 33
Berufung 37, 165
Bestandsversicherte 58
Betriebskrankenkassen 8
Bruttobeitrag
– Berechnung des 121
Bundesgerichtshof 165
Bundessozialgericht 37

D

Deckungsrückstellung 125

E

Eigenanteile 177, 182, 185
Empfängnisverhütung 22
Ergänzungstarife 57
Ersatzkassen 8

F

Fahrtkosten 30
Familienangehörige 45
Familienversicherte 9, 11, 200
Freiberufler 43

Freiwillig Versicherte 9, 10, 14, 200
Früherkennung 23

G

Gebührenordnung
– für Ärzte 152
– für Zahnärzte 152
Gebührenverzeichnis
– für Heilpraktiker 152
Geltungsbereich 7, 143
Gerichtsbarkeit 36, 164
gesamtschuldnerische Haftung 61
Gesundheitsfonds 17, 19
Gesundheitsförderung 22
Gesundheitsprüfung 59
Großschadentarif 88
Grundschutz 61
Gruppenversicherung 79

H

Haushaltshilfe 23
Heilbehandlung
– ambulante 52
– stationäre 53
Heilmittel 26
Hilfebedürftigkeit 60
Hilfsmittel 26
Höchstbeitrag 57, 60
Höchstbeträge 181
Höchstsätze 155
Honorarvereinbarung 155

I

Innungskrankenkassen 8
Internet-Informationen 218

J

Jahresarbeitsentgelt 47
Jahresarbeitsentgeltgrenze 47
Jahrestarif 70

K

Klage 37, 165
Knappschaftliche Krankenkasse 8
Kollektivkrankenversicherung 80
Kombination von Sachleistung und Pflegegeld 203
Kontrahierungszwang 58
Kopfschäden 118
Krankengeld 28
– bei Erkrankung des Kindes 29
Krankenhausbehandlung 27
Krankenhäuser
– öffentliche 150
– private 150
Krankenhaustagegeldversicherung 63, 133
Krankentagegeldversicherung 63, 133, 143
Krankenversicherung
– Antrag auf 104
Krankheitskostenversicherung 51, 133, 143
Krankheitsvorsorge 23
Kündigung 175
– außerordentliche 171
– ordentliche 170
Kuraufenthalte 72
Kurbehandlung 89
Kurzzeitpflege 204
Kurzzeittarif 70

L

Landessozialgericht 37
Landgericht 165
Landwirtschaftliche Krankenkassen 8
Leistungen 59, 185
– bei Mutterschaft 30
– bei Schwangerschaft 30
– der GKV 22
– für Kuren 27
– zahnärztliche 54
Leistungsarten 78
Leistungsausschluss 109
Leistungsberechnung 158
Leistungspflicht
– Umfang der 149
Leistungsvergleich 194
Liquidation 149, 152

M

Maximal-Prozentualsystem 74
Maximalsystem 73
Medicator AG 131
Mitgliedsunternehmen 40
Musterbedingungen 100

O

Oberlandesgericht 165
Obliegenheiten 159
Ombudsmann 99

P

Personengruppen 80
Personenkreis
– beihilfeberechtigter 44
– versicherter 43
– versicherungsberechtigter 57
Pflege
– ambulante 202
– stationäre 204
– teilstationäre 204
Pflege-Zusatzversicherung 215
Pflegebedürftigkeit
– Stufen der 202
Pflegeberatung 207
Pflegefall
– Beitragsfreiheit im 214
Pflegegeld 202
– im Ausland 211
Pflegekosten
– Abdeckung der 215
Pflegekostenversicherung 213
Pflegepflichtversicherung 215
– private 62, 206
Pflegetagegeld 64
Pflegetagegeldversicherung 90, 213
Pflegeversicherung 198, 199
– soziale 198
Pflegezusatzversicherung 177
Pflichtversicherte 9, 14, 200
PKV
– Beendigung der 175
– Kennzahlen der 130
– Vorteile der 192
Poolvertrag 210
Portabilität 124
Produktinformationsblatt 103
Prozentual-Maximalsystem 74
Prozentualsystem 73

Q

Quotentarife 56

R

Rating 130
Rechnungsgrundlagen 117, 118
Rechnungszins 118
Rechtsgrundlagen 97
Rechtsprechungsrecht 8
Reformgesetze 8
Regelspanne 155
Rehabilitation
– medizinische 28
Reichsversicherungsordnung 8
Restschuldversicherung 72
Revision 37, 165
Richter 44
Riester-Vorsorgeaufwendungen 177
Risiko 105
– versicherungsmedizinisches 105
Risikoabwälzung 5
Risikoanalyse 3
Risikoausgleich 59
Risikobewältigung 3
Risikomeidung 5
Risikoprämie 123
Risikovorsorge 5
Risikozuschlag
– fiktiver 59
Risk-Management 5
Rücktritt 173, 175
Ruhensversicherung 83

S

Sachleistungen 202
Sachleistungsprinzip 20
Sanatoriumsaufenthalte 72
Sanatoriumsbehandlung 89
Satzung 8
Schwangerschaftsabbruch 22
Schwellenwert 155
Sechs-Jahres-Betrachtung 189
Selbstbehaltstufen 60
Selbstbeteiligung
– risikobezogene 109
Selbstbeteiligungssysteme 73
Selbsthilfe
– Förderung der 22
Selbstständige 43
Sicherheitszuschlag 118
Soldaten 44
Sonderausgaben 181
Sondervergünstigungen 79
Sozialgericht 37
Sozialgerichtsbarkeit 37
Sozialgesetzbuch 8, 99

Staffelung 74
Standardtarif 57, 91
Sterilisation 22
Steuern 176
Streitigkeiten 164

T

Tarifarten 56
Tarifbedingungen 100
Tarife 87, 100
– für Freiberufler 68
– für Selbstständige 68
Tarifformen 78
Tarifumstellung 62
Tarifwechsel 75

U

Unternehmensrecht 98

V

Verdienstausfallversicherung 63
Vereinbarungen
– spezielle 100
Vermögensanlagen 127
Versicherung
– für langfristige Auslandsaufenthalte 70
Versicherungsarten 78
Versicherungsbedingungen
– allgemeine 100
Versicherungsfall 133
– gedehnter 141
versicherungsfreie Personen 9, 12
Versicherungsinformationen 102
Versicherungsleistungen
– Auszahlung der 162
Versicherungspflicht
– Befreiung von der 13
Versicherungsschutz
– Beginn des 14, 134
Versicherungsverhältnis
– Beendigung des 19
Versicherungsvertragsrecht 97
Vertragsbeendigung 170
Vertragsumstellung
– bei Beihilfeempfängern 75
Verwaltungskosten
– Berechnung der 125
Vorsorgeaufwendungen 177
– sonstige 177

W

Wahlleistungen 53
Wahltarife 34
Wartezeiten 60, 133, 215
– allgemeine 138
– Anrechnung der 138
– Beginn der 137
– besondere 138
– Dauer der 137
– in der Pflegeversicherung 139
Werbungskosten 181
Widerruf 134

Z

Zahnärzte 149
Zahnersatz
– Versorgung mit 24
Zusammentreffen
– mehrerer Kostenträger 160
Zusätzliche Versicherungsinformationen in der Krankenversicherung 102
Zusatztarife 56
Zusatzversicherte 48
Zusatzversicherungen 61
Zuzahlungen der Versicherten 31
Zuzahlungsbefreiung 33

Notizen

Notizen

www.vvw.de